D1723165

SALUS PUBLICA SUPREMA LEX

Tonio Walter

Die Kultur der Verantwortung

www.merus-verlag.de

Die Deutsche Nationalbibliothek – Bibliographische Information
Die Deutsche Nationalbibliothek verzeichnet diese Publikation in der
Deutschen Nationalbibliographie; detaillierte bibliographische Daten sind
im Internet über <http://d-nb.de> abrufbar.

© 2007 by merus verlag, Hamburg

merus verlag
Postfach 60 53 39
22248 Hamburg
www.merus-verlag.de

Lektorat: Dr. Alexander Heck
Umschlaggestaltung: Malcolm James Langham, Hamburg
Druck und Bindung: Hubert & Co., Göttingen
Printed in Germany
ISBN-10: 3-939519-38-3
ISBN-13: 978-3-939519-38-6
1. Auflage Januar 2007

Vorwort

Vor recht genau einem Jahr erhielten die Autoren des C. H. Beck Verlages und erhielt so auch ich als schöne und großzügige Jahresgabe ein Buch von Udo *Di Fabio*, „Die Kultur der Freiheit". Auf einer weihnachtsbedingten Zugfahrt begann ich, darin zu lesen, und schon bald konnte ich nicht mehr anders, als die Seiten mit verärgerten Randbemerkungen zu versehen, obschon das bei so ansehnlichen Druckerzeugnissen sonst nicht meine Art ist. Über die Feiertage trug ich weitere Notizen zusammen, und noch im alten Jahr reihten sich die ersten Zeilen einer zornigen Besprechung aneinander. Sie hatte am Ende den Nachteil, für eine Besprechung zu lang und für ein eigenständiges Werk zu sehr eine Besprechung zu sein, und hat es daher lediglich auf meine Internetseiten geschafft (siehe unten Fußnote 1). Nach einigem Hin und Her entschloß ich mich, ein eigenes kleines Buch zu schreiben. Letzter Auslöser dafür war das Ringen der Sozialdemokratischen Partei Deutschlands um ein neues Grundsatzprogramm, denn als Mitglied dieser Partei wollte ich mich daran beteiligen und sah in dieser Beteiligung die Chance, die eigenen Thesen zu erproben und neue Einsichten zu gewinnen. Diese Hoffnung hat sich weithin erfüllt. In Regensburg bildete sich im Frühjahr 2006 ein Arbeitskreis zum Grundsatzprogramm, und dort konnte ich parallel zu der Arbeit an diesem Buch in Runden mit wechselnder Besetzung vieles erörtern, wovon ich schreiben wollte. Und in den letzten Tagen sind dann nicht nur die Druckfahnen dieses Buches zur Post gekommen, sondern hat auch unser Arbeitskreis sein Ergebnis vorgestellt, immerhin ein vollständig ausformulierter Entwurf für ein neues sozialdemokratisches Grundsatzprogramm. Ich bin nicht mit allem einverstanden, was er enthält. Aber das war auch nicht mein Ziel und wäre geradezu beunruhigend gewesen. Umgekehrt verhält es sich mit diesem Buch: Für jeden seiner Sätze hafte nur ich, das aber aus Überzeugung. Natürlich freute es mich bei Sozialdemokraten besonders, wenn sie den folgenden Kapiteln im wesentlichen zustimmen könnten. Aber einen Anspruch darauf habe ich nicht anzumelden.

Mein Dank gilt allen, die mir geholfen haben, dieses Buch zu schreiben. Namentlich nenne ich Hannes *Ludyga*, der einiges recherchiert hat; Florian *Kreis*, der als mein Mitarbeiter und Mitglied einer zwar sozialen, doch nicht sozialdemokratischen Partei den daraus folgenden Loyalitätskonflikt gelassen gemeistert hat; Frau

Martina *Binas*, meine Sekretärin, die das Manuskript getippt hat; schließlich stellvertretend für die Mitglieder des Regensburger Arbeitskreises Konstantin *Bösl* als dessen Mitkoordinator.

Das Motto, das diesem Buch vorangestellt ist, lautet auf Deutsch: „Das öffentliche Wohl ist oberstes Gesetz". Für einen Juristen nicht ganz unproblematisch, denn mit diesem Spruch scheint man sich über Recht und Gesetz hinwegsetzen zu können, solange dies nur im Dienste frei bestimmbarer öffentlicher Interessen geschieht. Doch so hat diese Maxime *Cicero,* auf den sie zurückgeht (De legibus 3, 3, 8), ebensowenig verstanden wie die Mitglieder der *Weißen Rose*, auf deren Flugblättern die hiesige Fassung des Zitates zu finden ist. Vielmehr ging es ihnen darum, das Wohlergehen aller – und nicht nur das Eigeninteresse – zum Wegweiser gesellschaftlichen und staatlichen Handelns zu machen. Dieser Wegweiser zeigt auch noch nach über 2000 Jahren in die richtige Richtung.

Regensburg, im November 2006   *Tonio Walter*

Inhalt

Freiheit und Verantwortung – Einführung

Die „Kultur der Freiheit" Udo *Di Fabios* hat in den Gemütern und Feuilletons einigen Wind gemacht und kraß gegensätzliche Besprechungen provoziert. Überhaupt hat das Buch provoziert; allerdings nicht, wie es sein Anspruch war, rundum und wider allgemein herrschende Haltungen, sondern parteipolitisch gezielt gegen die damals noch amtierende rot-grüne Regierung. Mal mehr, mal weniger subtil, aber stets mit fast chirurgischer Präzision. So hat man das Buch im gegenüberliegenden politischen Lager auch verstanden: als intellektuellen Finalstoß gegen die wankende Regierung und konservatives Manifest für eine bessere Zeit.[1] Die Aufgabe 1 hat sich unterdessen erledigt, Aufgabe 2 nicht. Ob das Buch sie befriedigend erfüllt, muß seine Klientel entscheiden, das sind die konservativen Geister im Einzugsbereich der christdemokratischen und christlich-sozialen Union sowie des neoliberalen Flügels der FDP (ob sie noch einen anderen Flügel hat, ist nach einem Jahrzehnt Westerwelle nicht mehr mit einem Satz zu beantworten). Ohne Frage jedoch hat die „Kultur der Freiheit" eine weitere Aufgabe geschaffen, nämlich ihr einen Gegenentwurf an die Seite zu stellen. Einen Gegenentwurf, der nicht nur die nötigen Berichtigungen der geschichtlichen, sachlichen und Denkfehler anbringt und den Weheklagen ob mannigfach erfühlter Mißstände den einen oder anderen objektiven Befund gegenüberstellt. Sondern einen Gegenentwurf, der den Sinn einer solchen Grundsatzschrift insofern anders bestimmt, als er aus seinen Überlegungen auch Empfehlungen ableiten will, wie zu handeln und was zu tun sei – vom Bürger und, mehr noch, von Parlament und Regierung. Wer zum Beispiel klagt, uns gehe der Gemeinsinn ab, sollte feste, umsetzbare Vorschläge machen, wie man ihn aktivieren könnte. Der Aufruf allein: „Habt doch bitte mehr Gemeinsinn!" ist so wirkungsvoll wie Roman *Herzogs* Appell, es möge nun endlich ein Ruck durch Deutschland gehen, das heißt wirkungslos. Daher ist der Schlußteil dieses Buches eine Sammlung solcher Vorschläge; ein politisches Programm. Und da ich weniger Scheu habe als mein – hochgeschätzter! – Kollege Udo *Di Fabio*, unter klarer Flagge zu segeln, möchte ich dieses

---

[1] Siehe die Besprechungen von: *Fromme* in der „Jungen Freiheit" vom 21. Oktober 2005; *Kistenfeger* in FOCUS vom 20. Juni 2005; *Lau* im Merkur-Heft Nr. 681 (Januar 2006). Dagegen meine Besprechung unter http://www.uni-regensburg.de/Fakultaeten/Jura/walter/ („Aktuelles").

Programm sozialdemokratisch nennen. Einen Anspruch auf dieses Prädikat hat es allerdings nicht, denn es ist nur die Äußerung eines einzelnen Sozialdemokraten aus – von ihm so verstandenem – sozialdemokratischem Geist, ohne die Zustimmung oder auch nur einen Kommentar eines Vertreters der organisierten Sozialdemokratie.

Mancher mag sich fragen, warum *Di Fabio* sein Buch „Die Kultur der Freiheit" genannt hat. Mit letzter Genauigkeit weiß ich es auch nicht. Doch ist gewiß, daß es sich um ein positives Leitbild handeln soll, und versteht *Di Fabio* Kultur zum einen als eine alles durchdringende praktisch geübte Geisteshaltung und zum anderen als etwas, das uns derzeit fehlt. Daß *Di Fabio* diese Kultur als eine der Freiheit bezeichnet, hat einen feinen, nachgerade ironischen Hintersinn. Denn unter Freiheit versteht er nicht, was man spontan darunter versteht, also größte Vielfalt der Möglichkeiten und die Abwesenheit von Zwang. Vielmehr versteht er darunter die Selbstbindung: an einen Mann oder eine Frau in der Ehe, an Kinder, an die Nation. Dieser Gedanke ist keineswegs neu und keineswegs geistiges Eigentum des Konservativismus oder gar der Illiberalität. Etwa hat Marion Gräfin *Dönhoff* schon vor zehn Jahren (und früher und ständig) gepredigt, „daß zur wirklichen Freiheit Selbstbeschränkung gehört"[2]. Jedoch beachtet schon dieses Zitat einen Unterschied, den *Di Fabio* verwischt, denn Selbstbeschränkung ist kein Definiens oder Teil der Freiheit, sondern eine Art, sie zu gebrauchen. Die Ironie der Gleichsetzung liegt bei *Di Fabio* darin, daß er mit ihr seinen virtuellen Lieblingsgegnern eine Nase dreht, der Rebellenclique von '68. Die hatten die Freiheit und Befreiung von allem möglichen auf ihre Banner geschrieben, die Freiheit war *ihr* Kampfruf par excellence. Und jetzt sagt ihnen das konservative Deutschland mit schelmischem Lächeln: Meine Lieben, das Monopol auf diesen Ruf habt ihr soeben verloren, denn für die wahre Freiheit stehen – wir. Alles eine Frage der Definition. Dieses Buch indes definiert schlichter und begreift Freiheit zunächst tatsächlich als nicht mehr denn einen Reichtum an Möglichkeiten, und das ist zugleich das weitestgehende Fehlen von Zwang. So verstanden ist Freiheit zwar Bedingung des Guten, aber nicht das Gute selbst,

---

[2] Aus einer Rede auf einem Seminar in Prag 1996 über die Chancen des Liberalismus nach der Wende, veröffentlicht in: Was mir wichtig war. Letzte Aufzeichnungen und Gespräche, herausgegeben von Haug von Kuenheim und Theo Sommer (Taschenbuchausgabe 2004) S. 101 (102).

mithin auch kein Selbstzweck. Was dann das ominöse Gute sei, ist in einer Religion Glaube und in einer Demokratie Diskussions- und schließlich Mehrheitssache. Diskussionsbeiträge liefert dieses Buch in seinem politischen Programm. Zwischen ihm und der Freiheit steht deren notwendige, unausweichliche Folge: Verantwortung. Wer frei ist, trägt Verantwortung, ob er will oder nicht, und es ist lediglich die Frage, ob und wie er ihr gerecht wird. Und weil es recht eigentlich diese Frage ist, die für ein Gemeinwesen zu Buche schlägt, führt vorliegende Schrift die Verantwortung im Titel. Die Verbindung mit der Kultur verdankt sich der gleichen Vorstellung, die sich *Di Fabio* von diesem Begriff macht. Allerdings vermisse ich jene Kultur in unserem Land nicht mit der gleichen Vollständigkeit und Katastrophenstimmung wie *Di Fabio*.

Aufbau und Gliederung des Folgenden schreiten vom Grundsätzlichen zum Besonderen. Leitfrage über und hinter allem ist sehr naiv: Wie soll es bei uns in Deutschland sein? Unter welchen Bedingungen wollen wir zu welchen Zwecken leben? Und die Frage nach dem Zweck findet gleich im ersten Kapitel zu einer Krönung der Naivität in der Beschreibung dessen, was menschliches Glück ausmacht. Das ist nämlich bis zu bestimmtem Grade erstaunlich klar und empirisch belastbar zu sagen, und diese Einsichten müssen am Anfang aller Überlegungen stehen, die um den Menschen und seine Polis kreisen. Es folgt der Makroblickwinkel auf die Bedingungen gesellschaftlichen Glücks und damit auf die Motoren gesellschaftlichen Wandels. Dabei geht der erste Blick darauf, worin solcher Wandel überhaupt bestehe. Das konservative Dauerlamento besagt: im Sittenverfall, durchzudeklinieren über die Felder Umgangsformen, Sprache und Kleidung bis hin zu Kunst, Kriminalität und politischem Geschäft. Das ist subjektiv verständlich, aber objektiv falsch. Nach den Einzelheiten zu diesem unendlichen Thema folgt eine bescheidene eigene These zu den Ursachen gesellschaftlichen Wandels. Dann ein Kapitel zur deutschen Geschichte und ihrer Deutung vom zweiten Kaiserreich bis heute mit Akzenten auf den oft idealisierten und idyllisierten inneren Verhältnissen im wilhelminischen Deutschland und in den fünfziger Jahren sowie auf den Vorgängen rund um 1968, deren Ursachen, Ausmaß und Wirkungen heute nicht nur von Konservativen in aberwitzigster Gedankenführung verkannt und zu einem Dolchstoß verbogen und stilisiert werden, in dessen Heimtücke und Wucht sich eigene Fehler und die eigene Verantwortung – gestern wie heute – in eine äußerst lösliche, leicht flüchtige Substanz verwandeln. Im Anschluß folgen Kapitel zu den Komponenten des Gemeinwesens, in dem wir leben, vom Kleinen zum Großen gedacht: von der Familie über den Staat bis hin zu Religion und Kirche. Am Schluß wie gesagt ein politisches Programm als Tour d'horizon mit den üblichen Stationen: Nach einem Wort zu unserem Menschenbild sind dies Gesundheit und Umwelt, Bildung und soziales Netz, Wirtschaft und Arbeit, Finanzen und Steuern, innere Sicherheit sowie die Außen- und Verteidigungspolitik. Machen wir uns an die Arbeit!

1. Kapitel. Bedingungen des Glücks

Jeder Mensch hat das Recht, nach Glück zu streben. So steht es eingangs der amerikanischen Verfassung, und daß sich dieses prominente Dokument gleich an erster Stelle mit der Suche nach dem Glück befaßt, mag belegen, wie angebracht dieser Ausgangspunkt auch für politische Überlegungen ist. Dabei ist „Glück" nicht im Sinne eines ekstatischen Augenblicksgefühls zu verstehen – jedenfalls nicht nur –, sondern als Lebenszufriedenheit. In diesem Sinne ist die Suche nach dem Glück ein Menschenrecht, und dem einzelnen dieses Recht zu gewährleisten, ist der erste Gesellschaftszweck. So haben es die Denker der Aufklärung verstanden, in deren Geiste die amerikanische Verfassung geschrieben ist,[3] und so müssen wir auch heute denken, wenn wir in unserer Entwicklung nicht hinter die Stufe zurückfallen wollen, die wir mit der Aufklärung erklommen haben. Man wird einwenden: Was heißt schon Glück? Was ist Lebenszufriedenheit? Sind sie nicht für jeden etwas anderes, und kann ein Gemeinwesen – ein Staat – sie deshalb nicht allein dadurch gewährleisten, daß es seine Glieder in größtmöglicher Ruhe läßt; wie es Konservative und Neoliberale und ihre Schnittmenge mit großer Ausdauer fordern? Nein, denn Lebenszufriedenheit ist zwar auch, aber nicht nur etwas Höchstpersönliches, und sie ist meßbar. Etwa in den Raten streßbedingter Krankheiten (Herz-Kreislauf-Erkrankungen, Zuckerkrankheit) und mit statistischen Erhebungen. Die Hirnforschung kann uns sogar bildlich zeigen, wie sich Freude im menschlichen Gehirn bemerkbar macht und wie sich seelische Erkrankungen auswirken. Aber Lebenszufriedenheit ist nicht nur deshalb eine gesellschaftliche Aufgabe, weil sie das Recht des einzelnen ist, sondern sie liegt auch im übergeordneten Interesse des Gemeinwesens, denn ihr Gegenteil, schlimmstenfalls Depressionen, machen den Menschen auch körperlich krank (und damit pflegebedürftig), und umgekehrt sind zufriedene Menschen gemeinwohlorientiert, bessere Partner im gesellschaftlichen Umgang, schöpferischer und leistungsfähiger. Wohl ist es richtig, daß der Weg zur Lebenszufriedenheit zunächst eine Sache des einzelnen ist. Bei seiner Suche und seinen Bemühungen braucht er aber

---

[3] Siehe *Hutcheson,* Francis, An Inquiry into the Original of our Ideas of Beauty and Virtue; In Two Treatises (2. Aufl. 1726). Die zweite Abhandlung „concerning moral good and evil" deutsch in: Wolfgang Leidhold (Hg.), Francis Hutcheson: Eine Untersuchung über den Ursprung unserer Ideen von Schönheit und Tugend. Über moralisch Gutes und Schlechtes (1986) S. 1 ff.

Unterstützung, ohne die er scheitern muß, ganz gleich, wie kraftvoll und hartnäckig er zu Werke geht.

1. Das Einfachste: Liebe und Zuwendung

a) Liebe und Zuwendung in reiner Form

Jahrhunderte lang galt und gilt wahrscheinlich noch immer ein Mann nur dann als Mann, wenn er keine Probleme hat, sondern sie löst, und wenn er auf Schmerzen und Niederlagen allenfalls mit zusammengebissenen Zähnen reagiert. Dementsprechend werden erstaunlicherweise immer noch – ganz überwiegend von Frauen – Jungen zur Härte erzogen, und sei es auch nur zur Härte gegenüber sich selbst. Die überkommene Methode dazu ist die Abhärtung, und die ist, wenn nicht das Gegenteil, so doch die Abwesenheit von Zärtlichkeit und Zuneigung. Diese Rechnung ist im gesellschaftlichen Gesamtsaldo durch viele Epochen hindurch aufgegangen, weil den Jungen und Männern für ihre Härte und (vermeintliche) Gefühlsarmut ein seelischer Ausgleich, eine „Lustprämie" (Norbert *Elias*[4]) winkte in Form von Sozialrenommee und dem Bewußtsein, dadurch etwas Besseres zu sein als Frauen und Stellen einnehmen zu können, die dem schwachen Geschlecht verschlossen blieben. Damit ist es vorbei, und daher zeitigt der männliche Härtekult heute nur das, was man bei allen Menschen und vielen Säugetieren beobachten kann, wenn man ihr Inneres vereinsamen läßt und vom Zustrom wärmerer Empfindungen abschneidet: geistige Trägheit, Krankheit und Gewalttätigkeit gegenüber anderen und gegenüber sich selbst (Autoaggression). Die neue Forschung – immerhin gibt es sie jetzt – zur körperlichen und geistigen Entwicklung von Jungen liefert dafür traurige Belege:[5] An den Gymnasien sind die Jungen gegenüber den Mädchen mittlerweile in der Minderheit, während sie an den Sonderschulen mit rund 65 Prozent der Schülerschaft deutlich überrepräsentiert sind; Kinderärzte und -psychologen haben wesentlich mehr männliche als weibliche Patienten, und körperliche Gewalt ist sowohl auf seiten der Täter als auch, gerne übersehen, auf seiten der Opfer ganz überwiegend eine Männerveranstaltung. Über das Hauptmittel gegen solche Fehlentwicklungen sind sich die Fachleute einig, es lautet: Zuwendung. Zeit,

---

[4] *Elias*, Norbert, Studien über die Deutschen, herausgegeben von Michael Schröter, 3. Auflage 1998, S. 100.
[5] Zusammenfassend und mit weiteren Nachweisen das GEO-Heft vom März 2003, S. 64 ff.

Zärtlichkeit und Zuwendung sind die drei magischen „Z", die in der traditionellen Erziehung der Jungen zu kurz kommen. Die Mädchen teilen diese Grundbedürfnisse; bei ihnen sind sie von den Erziehenden aber schon immer wesentlich großzügiger befriedigt worden.

Ratten mögen zwar keine besonders angenehmen Tiere sein, aber in einem sind sie dem Menschen auf sympathische Weise verwandt: Ihre Jungen brauchen die körperliche Nähe, und wenn sie fehlt, werden sie leicht krank, entwickeln weniger leistungsfähige Gehirne und bleiben lebenslang ängstlich und irritierbar, während Rattenjunge, die besonders oft gestreichelt werden, doppelt so schnell wachsen wie unter normalen Bedingungen. Das gleiche Phänomen zeigt sich bei menschlichen Säuglingen im Brutkasten. Und der Stauferkaiser Friedrich II., der auf Sizilien residierte, mußte schon im 13. Jahrhundert feststellen, was es bewirkt, wenn man Kindern menschliche Zuwendung verweigert. Er wollte wissen, was die Ursprache der Menschen sei, die sie sprächen, wenn sie nicht von dieser oder jener Gesellschaft mit einer bestimmten Sprache erzogen würden. Er ließ daher Kleinkinder einzeln einsperren, bevor sie sprechen konnten, und verbat den Dienern, von denen die Kinder Essen und Kleidung empfingen, mit den kleinen Versuchspersonen zu sprechen oder sonst zu kommunizieren. Die Kinder starben. Der Mensch lebt nicht vom Brot allein, und auch das Wort Gottes ist ihm zum Überleben nicht genug, solange kein Artgenosse mit ihm spricht. Daher muß es ein erstes gesellschaftliches Ziel sein, ein Lebensklima zu schaffen und zu erhalten, in dem Freundlichkeit und Gefühl den Ton angeben statt Vorteilssucht und Zanklust. Franzosen und Engländer haben uns in dieser Hinsicht einiges voraus, und das Naiv-Ideale dieser Forderung sollte daher nicht davon ablenken, daß wir ihr zumindest besser genügen können, als wir es derzeit tun. Die bundesdeutsche Gesellschaft ist dazu auch parteiübergreifend auf dem richtigen Weg, und gerade die vermeintlich ausufernde Gewalt ist dafür ein Zeichen, da sie sich in erster Linie einer deutlich erhöhten Empfindlichkeit gegenüber der Gewalt und ihren Vorformen verdankt. Doch dazu später.

b) Liebe und Zuwendung sublimiert und vergesellschaftet: soziale Anerkennung

Erwachsenen tut körperliche Zuwendung genauso gut wie Kindern, doch sorgt vor allem das delikate Haupt der Sexualität, das sich mit ihr erhebt, dafür, daß Erwachsene sie sich nicht mit der gleichen

Unbefangenheit und Intensität spenden können wie den Kindern. Und selbst wenn sie es könnten, machten sie sich darüber hinaus auf die Suche nach der erwachsenen Form der Zuwendung, das heißt sozialer Anerkennung. Sie kennt unterschiedliche Währungen, die je nach Land und Epoche unterschiedlich hoch im Kurs stehen. Vom militärischen Rang oder dem Sozialprestige, das einem bestimmten Beruf verbunden ist, über Orden, andere Auszeichnungen und Urkunden, etwa einen Meisterbrief, bis hin zur lobenden Erwähnung durch einen Vorgesetzten im Mitarbeiterkreis; Anerkennung und Achtung durch die anderen sind Treib- und Schmierstoff jedes gesellschaftlichen Motors. Daß *Geld* in dieser Aufzählung bislang fehlt, hat seinen Grund, denn oberhalb der Armutsgrenze, das heißt existentieller materieller Not, spielt es für die Lebenszufriedenheit nachweislich kaum eine Rolle, und soweit es eine Rolle spielt, tut es dies wiederum nur als Indikator sozialer Anerkennung oder als ein Mittel, um dieser Anerkennung teilhaftig zu werden.[6] Marion Gräfin *Dönhoff* hat einmal ausgerufen: „Warum soviel Frust, wo es doch den meisten so gut geht wie nie zuvor?"[7] Ich zweifle, ob der Befund („soviel Frust") die Wirklichkeit zumal der jungen Menschen heute in höherem Maße trifft als früher, dazu im 2. Kapitel unter 1. Aber jedenfalls ist die Antwort leicht: weil dinglicher Wohlstand ab einem bestimmten Niveau für das Wohlbefinden des Menschen einerlei ist. Dies zu verkennen und als realitätsvergessene Schwärmerei linksintellektueller oder sektiererischer Geister zu belächeln, ist einer der größten, wenn nicht der größte Fehler westlicher Gesellschaften.

Es ist auch gesellschaftliche Anerkennung und nie materieller Reichtum allein, die den einzelnen als Lustprämie für Entsagungen entschädigt; Entsagungen, die ihm die gesellschaftlichen Regeln abverlangen. Und wenn die Anerkennung in negative Werte sinkt, das heißt zur Mißachtung wird, kann sie sogar Ursache dafür werden, daß jemand nicht einmal mehr die erste dieser Regeln beachtet, das Tötungsverbot. Es waren für sich betrachtet weder Geldsorgen noch schlechte Zensuren, die den Erfurter Amokläufer Robert Steinhäuser in seine Bluttat trieben, sondern es war das Gefühl, ausgegrenzt und verachtet zu sein. Das soll sein Tun nicht

---

[6] Hierzu *Klein*, Stefan, Die Glücksformel (2002) S. 232 ff. Dieses Buch hat einen irreführenden Titel und ist kein Ratgeber à la „Sorge Dich nicht, lebe", sondern ein solides populärwissenschaftliches Werk, dessen Verfasser auch schon mindestens einen Preis für Wissenschaftsjournalismus erhalten hat.
[7] (Fn. 2) S. 97.

entschuldigen, und sicher läßt sich ein solcher Einzelfall mit seinen hundert persönlichen Facetten nicht als Standardfolge dessen betrachten, daß jemand schulisch und sozial ins Hintertreffen gerät. Jedoch bin ich sicher, daß Robert Steinhäuser und seine Opfer heute noch lebten, wenn er rechtzeitig Menschen getroffen hätte, die ihm das Gefühl gegeben haben würden, ein gleichberechtigtes und -geachtetes Mitglied einer sozialerheblichen Gruppe zu sein. Nichts anderes kommt in dem Wort Erich *Fromms* zum Ausdruck, daß der Mensch eines noch mehr fürchte als den Tod, nämlich zum Außenseiter zu werden.[8] Das ist auch erklärlich, wenn man bedenkt, daß der Mensch ein, schlicht gesprochen, Herdentier ist, gebildet gesprochen: ein „zoon politikon" (Aristoteles). Sein Wesen ist auf Gemeinschaft angelegt, und nur dort entfaltet er das volle Spektrum seiner Fähigkeiten.

Zugleich gibt ihm die Gemeinschaft ein gutes Stück seines Selbstgefühls und Selbstwertes schon dadurch, daß es sie gibt und er ein Teil von ihr ist. Jemand mag noch so ungebunden und eigensinnig sein, er kann doch nicht anders, als sich auch über jene Gemeinschaft zu definieren, der er angehört. Das können unterschiedliche Kollektive sein, von der Familie bis zur Nation. Welches Kollektiv in dieser Hinsicht die größte Bedeutung hat, hängt wiederum von dem Über-Kollektiv ab, innerhalb dessen sich der einzelne bewegt und über die Zugehörigkeit zu einer Untergruppe von anderen unterscheiden will. In Europa ist spätestens seit dem vorvergangenen Jahrhundert die Nation das wichtigste Kollektiv. Das mag man mißbilligen und für vergänglich halten, verleugnen läßt es sich nur um den Preis mehr oder weniger großer Schwierigkeiten beim eigenen Persönlichkeitsbau. Auch das Ableiten eines positiven Selbstbildes aus der Zugehörigkeit zu einem Kollektiv, namentlich der Nation, ist unabhängig von materiellen Gütern. Und daher gilt für uns: „Eine schleichende Identitätskrise wie sie die deutsche Bundesrepublik befallen hat, ist nicht weniger bedrohlich als eine Wirtschaftskrise." Doch so wahr dieser Satz von Norbert *Elias* ist,[9] so ermutigend gilt ebenso, daß sich eine Identitätskrise der Gemeinschaft leichter aus ihrer eigenen Kraft überwinden läßt als eine Wirtschaftkrise in der globalisierten Weltökonomie.

---

[8] *Fromm*, Erich, Haben oder Sein (1976) S. 106.
[9] Wie Fn. 4 (S. 543).

2. Gesellschaftliche Rahmenbedingungen der Lebenszufriedenheit

a) Gerechtigkeit

In Brasilien liegt die durchschnittliche Lebenserwartung bei 65 Jahren. Brasilien ist kein reiches Land, doch noch immer sechsmal reicher als der südindische Bundesstaat Kerala. Dort indes liegt die durchschnittliche Lebenserwartung bei 74 Jahren.[10] Die Ernährung allein oder genetische Veranlagung vermag diesen Unterschied nicht zu erklären. Daß die Menschen in Kerala so vergleichsweise alt werden, führt man vielmehr auf die gesellschaftlichen Verhältnisse dort zurück, gekennzeichnet durch Chancenhöhe, Chancengleichheit und Solidarität der Bürger. Im Gegensatz zu vielen anderen indischen Staaten können sie praktisch alle lesen und schreiben, und die meisten haben eine Bildungslaufbahn einschließlich einer höheren Schule hinter sich. Das kulturelle Leben hat einen hohen Stand. Die Familien besitzen fast durchweg eigenes Land, aus dem sie sich unabhängig von Großgrundbesitzern und der Industrie ernähren können. Das Einkommen verteilt sich relativ gleichmäßig auf die Bevölkerung, das heißt die Schere zwischen Arm und Reich ist in Kerala deutlich enger als andernorts. Auch die medizinische Versorgung, die vergleichsweise gut ist, steht den Menschen ohne Ansehung der Person offen. Die Menschen dürfen daher das Gefühl haben, daß es bei ihnen gerecht zugeht; daß niemand ein Leben am wirtschaftlichen Abgrund fristet, daß gleiche Arbeit gleichen Lohn verheißt, daß jeder einen brauchbaren Zugang zum Bildungswesen hat und daß ihn die Gemeinschaft, wenn er krank ist, nicht im Stich läßt. Das sind die klassischen sozialdemokratischen Ideale, und daß sie mittlerweile wissenschaftlich bestätigt die Lebensklugheit auf ihrer Seite haben, wird lediglich dadurch beeinträchtigt, daß Sozialdemokraten diese Ideale zumeist mit dem weiteren Glaubenssatz verbunden haben, mehr Wohlstand für alle bedeute automatisch auch mehr allgemeine Lebenszufriedenheit. Denn das absolute Wohlstandsniveau erklärt das Kerala-Phänomen gerade nicht.

Gleiches gilt für eine verwandte Feldstudie in der amerikanischen Kleinstadt Roseto in Pennsylvania.[11] In der ersten Hälfte des

---

[10] Hierzu und zum Folgenden *Sen, Amartya,* Development as Freedom (New York 1999); darauf gestützt Klein (Fn. 6) S. 262 ff.

[11] Siehe *Bruhn,* John, und *Wolf,* Stewart, The Roseto Story (Norman/Oklahoma 1979); *Egolf,* Brenda, und andere, The Roseto effect: A 50-

20. Jahrhunderts fiel dieser Ort dadurch auf, daß seine Einwohner von Herz-Kreislauf-Erkrankungen weitgehend verschont blieben. Diese Erkrankungen, an erster Stelle der Herzinfarkt, sind in den modernen Industriestaaten die häufigste Todesursache und alles in allem streßbedingt. In Roseto indes spielten sie für die Bürger vor dem Eintritt ins Rentenalter keine Rolle, und noch jenseits dieser Schwelle starben Männer nur halb so oft an einer solchen Krankheit wie im amerikanischen Durchschnitt. Man führt dies darauf zurück, daß die Gesellschaft in Roseto bis etwa 1960/70 eine äußerst homogene Gemeinschaft war. Fast alle stammten von einigen wenigen Familien ab, die einst nahezu gleichzeitig aus Apulien eingewandert waren und in ihrer neuen Heimat zunächst so weiterlebten wie in Italien, mit gemeinsamer Freizeit, einem gemeinsamen Glauben, Kirchenfesten und einem Lebensstil, der dazu anhielt, etwaig erworbenen Reichtum zwar zu haben und zu vermehren, aber nicht zu zeigen. Auch die Generationen hielten zusammen; Kinder, Eltern und Großeltern lebten unter einem Dach. Dieses Lebensgefühl der Gütergleichheit und des Gehaltenseins in der Gemeinschaft machte die Menschen in Roseto stark und dadurch auch physisch widerstandsfähig. Das gab sich, als ab 1970 amerikanische Verhältnisse Einzug hielten. Die Familien begannen, sich abzuschotten, man war bestrebt, seinen sozialen Status mit Autos, Häusern und Swimmingpools herauszustellen, und mit der sozialen res publica schwand auch die Gesundheit ihrer früheren Glieder. Wohlgemerkt: Der materielle Wohlstand war gestiegen. Vergleichbares läßt sich in den Ländern des ehemaligen Ostblocks nach 1989 beobachten. So ist die Sterblichkeit in Rußland seither um etwa ein Drittel gestiegen, obschon das Land insgesamt keineswegs ärmer geworden ist, im Gegenteil. Aber Vermögen und Einkommen sind jetzt viel ungleichmäßiger verteilt.[12]

Eine möglichst kleine Einkommensschere hat für ein Gemeinwesen noch eine weitere förderliche Wirkung, denn sie läßt den Gemeinsinn der Bürger steigen. Wenn der einzelne den Eindruck hat, daß niemand unmäßige Vorteile genießt, ist er eher bereit, sich uneigennützig für andere einzusetzen. Dieser Einsatz muß nicht gleich die Gestalt aufopfernden Rittertums haben. Aber es ist eine

---

year comparison of mortality rates, in: American Journal of Public Health 82 (1992) S. 1089; darauf gestützt *Klein* (Fn. 6) S. 266 ff.

[12] Hierzu und zu den anderen im Text erwähnten Feldstudien *Klein* (Fn. 6) S. 262 ff.

soziologisch belegte Relation, daß in Regionen mit geringeren Einkommensunterschieden das soziale Netz aus Vereinen, Clubs, Bürgerinitiativen und dergleichen dichter ist. Und das wirkt wiederum auf das staatliche Leben ein, denn je dichter ein gesellschaftliches Gefüge gemeinschaftlicher Aktivitäten ausfällt, desto geringer ist die Gefahr staatlicher Korruption und Mißwirtschaft.[13]

b) Selbstbestimmung

Schon die Lebensqualität der Menschen in Kerala hängt auch daran, daß ihre Mehrheit eigenes Land besitzt und dadurch unabhängig ist, während Menschen in schwach entwickelten Gebieten üblicherweise unter der Herrschaft eines Großgrund- oder Fabrikbesitzers stehen und über ihre Arbeit nicht frei verfügen. In einer Reihe weiterer Untersuchungen an Mensch und Tier haben Soziologen und Naturwissenschaftler herausgefunden, daß in hierarchischen Ordnungen die seelische Belastung zunimmt, je weiter man in einer solchen Ordnung nach unten geht, und mit der seelischen Belastung nehmen auch streßbedingte Krankheiten und die Sterblichkeit zu und nimmt die Lebensqualität ab. Etwa förderte eine Studie in der britischen Verwaltung zutage, daß dort die Angehörigen der niedrigsten Rangstufe sich dreimal so oft krank meldeten wie die Behördenchefs, und ihr Sterberisiko war ebenfalls dreimal so hoch. Andere Faktoren als das Ranggefälle – Ernährung, Rauchen und so weiter – waren als Ursache auszuschließen, und auch die Unterschiede im Einkommen waren nicht so deutlich, daß sie den Mangel an Lebenszufriedenheit der rangniedrigeren Mitarbeiter hätten erklären können. Und je tiefer man in der Hierarchie kam, desto häufiger äußerten die Mitarbeiter in den Befragungen Unmut über Fremdbestimmung, auch wenn es nur um vermeintlich geringe Dinge ging wie den Zeitpunkt, zu dem sie ihre Pause machen konnten.[14] Umgekehrt läßt sich das Lebensgefühl der Menschen spürbar steigern, indem man ihnen auch nur in Kleinigkeiten mehr Autonomie gewährt. So ließ man in einem amerikanischen Altenheim die Bewohner ihr Essen aus einer Speisenwahl selbst zusammenstellen, statt ihnen ein bestimmtes Gericht vorzusetzen, ließ sie bei Ausflügen unter mehreren Zielen wählen, statt ein Ziel vorzugeben, und ermunterte sie, selbst für ihre Zimmerpflanzen zu sorgen, statt sie von den Pflegern gießen zu lassen. Es ist schwer vorstellbar, daß

---

[13] Vgl. *Putnam,* Robert, Making Democracy Work (Princeton 1993); hierauf gestützt *Klein* (Fn. 6) S. 270 f.

[14] Hierzu wie zum folgenden *Klein* (Fn. 6) S. 274 ff. mit Nachweisen.

diese geringen Änderungen überhaupt als solche besonders wahrgenommen worden wären. Aber das wurden sie ganz offenbar, und die Wirkungen waren verblüffend: Die Bewohner des Altenheims wurden seltener krank, steigerten ihre soziale Aktivität, erklärten sich in der Befragung zufriedener als früher, und die jährliche Todesrate sank auf die Hälfte! Der Träger des Nobelpreises für Wirtschaft Amartya *Sen*, der die Verhältnisse in Kerala untersucht hat, ist zu dem Schluß gelangt, daß es der Hauptsinn gesellschaftlicher Entwicklung sei, die Selbstbestimmung des einzelnen zu erweitern; anderes, insbesondere den Wohlstand zu steigern, sei weit weniger wichtig. Auch an dieser Stelle spielt Geld mithin nur sehr mittelbar eine Rolle für die Lebenszufriedenheit, eben als „gespeicherte Freiheit", die Lebensmöglichkeiten eröffnet. Doch wenn andere Zwänge, etwa im Beruf, diese Freiheit wieder beschneiden oder wenn die Verteilung des Geldes als hochgradig ungleich erlebt wird, ist das Geld für die Zufriedenheit des Menschen nichts mehr wert, selbst wenn es absolut gesehen eine ganze Menge ist.

Studien in der Schweiz zeigen, daß der Zusammenhang von Selbstbestimmung und Lebensqualität nicht nur für die ganz privaten Angelegenheiten gilt, sondern auch für die politische Ebene. Denn je mehr die Bewohner eines Kantons auf die Verhältnisse vor Ort in Abstimmungen unmittelbar Einfluß nehmen können, desto zufriedener zeigen sie sich im Vergleich zu den Bewohnern anderer Kantone. Das alles kann für ein Gesellschaftsideal nicht ohne Folgen bleiben und verschafft dem Wahlspruch Willy Brandts von 1972 ungebrochene Aktualität: Mehr Demokratie wagen! Und es bedeutet, daß wir in unserer Verfassung und in unserem politischen Leben das plebiszitäre Element stärken sollten. Daß Volksentscheide (Plebiszite) auch eine problematische Seite haben, ist zuzugestehen (die Stimmung eines Augenblicks kann entscheiden, Populisten haben eine größere Chance). Aber diese Probleme lassen sich zu einem Teil durch das Verfahren mindern und sind im übrigen als Preis der Verantwortung in Kauf zu nehmen.

c) *Arbeit*

Arbeitslosigkeit senkt die Lebenszufriedenheit, und das selbst bei denjenigen Angehörigen einer Gesellschaft, die Arbeit haben. Dies zweite ist zwar schwer zu erklären, doch ebenfalls ein recht gesicherter soziologischer Befund. Daß umgekehrt Arbeit zufrieden macht, ist keine sonderlich überraschende Erkenntnis und mag allenfalls insofern neu sein, als subjektiv sinnvolle Arbeit für das

Wohlbefinden wertvoller ist als Freizeit im Sinne von Nichtstun. Überraschend mag aber das Ausmaß sein, in dem Arbeitslosigkeit die menschliche Seele zerstört. Ältere Anschauung liefern die Beobachtungen, die zwei österreichische Soziologen nach der Wirtschaftskrise des Jahres 1929 in der kleinen Stadt Marienthal südlich von Wien machen mußten. Der Hauptarbeitgeber vor Ort, eine Textilfabrik, hatte die Tore geschlossen, und seine früheren Arbeiter konnten bis auf weiteres nirgends neue Arbeit finden. Materiell waren sie durch staatliche Unterstützung gar nicht schlecht versorgt. Doch das gesamte Sozialleben des Ortes brach zusammen; seine Bewohner versanken in Schwermut bis hin zur Depression. Der Park, den die Arbeiter angelegt hatten, verwilderte, Zeitungsabonnements und Buchausleihen gingen um mehr als die Hälfte zurück, man ging nicht mehr aus und brauchte für die einfachsten Verrichtungen unglaubliche Zeit; Tagebücher, welche die Betroffenen auf Bitten der Soziologen führten, geben darüber Aufschluß. Es war, als seien die Seelen dieser Menschen in Morast gestürzt, in dem sie sich nur noch im Zeitlupentempo bewegen konnten. Und wieder hatte dies kaum mit einem wirtschaftlichen Mangel zu tun, den man in Heller und Pfennig hätte ausdrücken können. Sondern es war das Gefühl, nutzlos zu sein.

Neuere Untersuchungen bestätigen die Studie in Marienthal voll und ganz.[15] Körperlich meßbare Wirkungen längerer Arbeitslosigkeit, das heißt von Arbeitslosigkeit deutlich über ein halbes Jahr hinaus, sind neben Depressionen Ängstlichkeit, Schlaflosigkeit, Reizbarkeit, Konzentrationsstörungen und Nervosität. Und sie treffen Männer wesentlich häufiger und empfindlicher als Frauen:

„Gerade für Männer bedeutet Erwerbsarbeit eine Art ‚Heimat', ein Gegengewicht zum weiblich geprägten Familienleben. Für sie ist der Verlust der Stelle ein besonderes Trauma, weil sie sich im Gegensatz zu Frauen nicht auf anerkannte Alternativrollen wie Hausarbeit oder Kindererziehung zurückziehen können. […] Die Basis, auf die Männer ihr Selbstbild aufgebaut haben, bröckelt; sozialer Abstieg und persönliche Verunsicherung sind Folgen. Sozialarbeiter in den Brennpunkten des sozialen Wohnungsbaus berichten, daß es gerade arbeitslose Männer sind, die Anlaß zur Sorge geben." (Fn. 15.)

---

15 Näher und mit den folgenden Zitaten *Gesterkamp,* Thomas, in zwei Artikeln in der Zeitung Das Parlament vom 22./29. Mai 2006, S. 17 („In der lähmenden Abwärtsspirale" und „Männer verharren in der Heimat, Frauen suchen eine neue Existenz").

Im Verhältnis der Geschlechter und in der Partnersuche wirkt sich die Arbeitslosigkeit ebenfalls für Männer nachteiliger aus als für Frauen, weil Frauen stärker als Männer auf die Versorgerqualitäten des anderen achten: „Gelingt es Arbeitslosen nicht, den weiblichen Wünschen nach einem ausreichenden Einkommen zu entsprechen, sinken ihre Chancen, überhaupt eine feste Beziehung einzugehen." (Fn. 15.) Das soll nicht den Eindruck erwecken, für Frauen wäre Arbeitslosigkeit kein Problem, da sie sich ohnehin nicht selbst versorgen wollten und nur nach einem Mann suchten, der für sie aufkommen könne. So ist es natürlich nicht, und es sei zudem darauf hingewiesen, daß die Arbeitslosenquote mittlerweile bei Frauen und Männern fast gleichhoch liegt (zwischen 10 und 11%). Aber es wäre eine individualpsychologische wie soziologische Blindheit zu behaupten, bei Männern und Frauen hätte Langzeitarbeitslosigkeit strikt identische Folgen.

Auch die Empörung jener, die von der sogenannten Hartz-IV-Reform zunächst materielle Einbußen befürchteten und später – wenn auch deutlich seltener – auch erlitten, hat ihre seelische Wurzel nach meiner Vermutung weniger in wirtschaftlicher Existenzangst denn in dem Gefühl, als ohnehin schon an den gesellschaftlichen Rand Gedrängte nun noch einmal einen Knuff in die Seite zu bekommen, dessen volkswirtschaftlicher Sinn auch auf anderem Wege zu erreichen gewesen wäre; ob dies nun stimmt oder nicht. In Kerala lag der monatliche Durchschnittsverdienst zu der Zeit der soziologischen Untersuchungen bei unter 40 €. Mit Hartz IV wäre man dort ein halber Einkommensmillionär, eine deutsche Sozialwohnung wäre dort ein Palast, und doch ist es ganz unausweichlich, daß die Menschen in Deutschland anders empfinden. Arbeitslosigkeit ist eben nicht bloß als ein wirtschaftliches Problem zu begreifen, sondern als ein psychisches. Leider macht dies ihre Bekämpfung nicht so einfach, wie man zunächst denken mag. Denn keineswegs wäre das Problem mit Psychotherapie, Zwangsbeschäftigung und Ermunterungssprüchen zu lösen. Solche und vergleichbare Maßnahmen können nicht glaubhaft das Gefühl vermitteln, auf das es ankommt: daß die eigenen Fähigkeiten gebraucht werden und gefragt sind. Doch ebensowenig ist das Problem hauptsächlich ein solches der finanziellen Ausstattung, dessen befindensschädigende Folgen schon in den Griff zu kriegen wären, indem man die Sozialsubventionen möglichst großzügig bemäße. Sie können die verlorene Arbeit im Seelenhaushalt des einzelnen nicht einmal ansatzweise ausgleichen.

d) *Soziales Engagement*

Das Folgende zu sozialem Engagement ist eine letzte Bemerkung zum Stellenwert wirtschaftlichen Wohlstandes. Denn es geht keineswegs um das Engagement, dessen Adressat man ist, sondern um die eigene Arbeit für andere. In den Überlegungen eines homo oeconomicus ist unentgeltlicher Einsatz für andere Unsinn, denn er bringt seiner Definition gemäß nichts ein. Jedenfalls nichts, mit dem der homo oeconomicus rechnen könnte. Glücklicherweise ist der Mensch aber kein homo oeconomicus und ist selbst, in eigener Person, der größte seelische Nutznießer seines Engagements für andere. Gleiches gilt für wechselbezügliches Engagement etwa in einer Theatergruppe oder in einem Chor. Ein gelebtes Füreinander ist Balsam für die Seele; auch hierüber gibt es Erhebungen.[16] Gewinner ist dabei auch der Staat. Nicht, weil er irgendwelche Steuern oder Abgaben einnähme, sondern weil es einen Zusammenhang gibt zwischen der sozialen Aktivität in einer Gesellschaft und der Korruption und Mißwirtschaft auf seiten ihrer Regierung. Je weiter sich der tätige Gemeinsinn entfaltet, desto geringer sind solche Mißstände in der Regierung. Dies zeigt eine Studie, deren Verfasser die Verhältnisse in den unterschiedlichen Regionen Italiens untersucht hat, vor allem den Unterschied zwischen den vergleichsweise korruptionsarmen Provinzen des Nordens und den korruptionsträchtigeren Provinzen Süditaliens. Dieses Ergebnis leuchtet ein, denn je mehr sich die Bürger für die Welt vor ihrer Haustür interessieren, desto weniger kann dort unbeobachtet oder unkommentiert stattfinden.[17]

3. Positive Motivation

Negative Motivation heißt Antrieb durch die Aussicht auf einen Nachteil; positive Motivation ist der Antrieb durch die Aussicht auf einen Vorteil. Verbunden finden sich beide in dem geflügelten Wort von „Zuckerbrot und Peitsche". In der menschlichen Geistestätigkeit haben beide an unterschiedlicher Stelle einen bevorzugten Platz. In der Wahrnehmung und Bewertung drängt sich die Angst vor einem Nachteil in den Vordergrund; der Mensch hat eine evolutionär bedingte Schwäche fürs Schwarzsehen und neigt im Zweifel dazu, im Ungewissen eher Gefahren als Chancen zu ver-

---

[16] Siehe *Argyle,* Michael, The Social Psychology of Leisure (London 1996); darauf gestützt *Klein* (Fn. 6) S. 269 f.
[17] Wie Fn. 13.

muten. Wenn es aber nicht mehr um die Diagnose geht und man einen Menschen vor neutralem Hintergrund zu einer bestimmten Handlung bringen möchte, so gelingt dies wirkungsvoller durch positive als durch negative Motivation. Denn im menschlichen Motivationssystem ist das Dopamin der wichtigste Botenstoff, zuständig für das Vermitteln von Vorfreude und hoffnungsvoller Erwartung. Wer tätige und zupackende Menschen will, muß ihnen Erfolge in Aussicht stellen. Das Androhen eines Übels hat nur jene Minimalaktivität zur Folge, die erforderlich ist, um das Übel zu vermeiden. Der Rest ist Lethargie. Und daher kann es beispielsweise nur ein letztes, wenn überhaupt ein Mittel sein, Arbeitslose zurück in den Arbeitsmarkt zu bringen, wenn man ihnen den Entzug von Leistungen androht, sofern sie sich nicht in der gewünschten Weise um neue Arbeit bemühen. Solange ein Erfolg solcher Bemühungen gleichbleibend unwahrscheinlich ist, führen derartige Motivationsversuche in erster Linie zu Schein- und Umgehungshandlungen.

4. Eine Antwort auf den Tod

Es ist ein Verdienst *Di Fabios*, darauf hinzuweisen, daß eine Gesellschaft etwas zum Tod zu sagen haben muß, wenn sie ein anderes Lebensgefühl stiften will als Hektik und stille Verzweiflung. Die Majestät des Todes ist die zentrale Lebensfrage des Menschen. Wer im Tod nicht mehr zu erkennen vermag denn das Ende alles Lebenssinnes, beantwortet diese Frage nicht, sondern verdrängt sie. Daß nicht wenige Menschen erst im Alter oder gar auf dem Sterbebett religiöse Regungen spüren, belegt die Unbeugsamkeit des Verdrängten. Alle großen Religionen sind auch eine Antwort auf den Tod, und gleiches trifft auf die tausend und eine Privatreligion zu, die sich abseits der großen Religionsgemeinschaften der einzelne in aller Regel zurechtlegt; sortenreine Atheisten gibt es selbst in den Industrienationen des Westens kaum, am wenigsten unter den Älteren. Doch die Zerfaserung des Glaubens im Privaten schadet der gesellschaftlichen Identität und auf diesem Weg auch wieder dem einzelnen, für den diese Identität ein Baustein seiner Persönlichkeit ist. Doch läßt sich eine gemeinsame Antwort auf den Tod kaum von oben stiften; von Verwaltungsakten zeigt sich ein Herz unbeeindruckt. Ein säkularer Staat, wie wir ihn haben und brauchen, kann sich nicht wie ein Gottesstaat an die Stelle einer Glaubensgemeinschaft setzen. Und doch und immerhin können seine Vertreter und Träger darauf hinweisen, daß schon die Gemeinschaft, die sie (mit-)organisieren, etwas ist, das den einzelnen überdauert. Dies spricht dem Kollektiv keinen höheren Wert zu als dem Individuum, aber eine andere Qualität in der Zeit. Daß diese Qualität keine Einbildung gar nationalistisch verbohrter Geister ist, geht bereits daraus hervor, wie sich im Seelenleben einzelner hier und heute Lebender die Erfahrungen niederschlagen, die ihre Gemeinschaft in den voraufgegangenen Generationen gemacht hat, auf der Ebene der Nation bis zurück in ferne Jahrhunderte und bezogen auf die Familie immer noch so weit zurück, wie die Erinnerungen der Eltern reichen, oft auch weiter. Im kleineren Maßstab lebt der einzelne in jenen Menschen weiter, denen er auf ihrem Weg eine Stütze und Hilfe gewesen ist. Vor allem ist er dies für seine Kinder, und da sie im Normalfall auch biologisch von ihm abstammen, fällt es um so leichter, sie als die Fortsetzung des eigenen Daseins zu betrachten. Das birgt andererseits die Gefahr, daß Eltern ihre Kinder in erster Linie als eine solche Fortsetzung betrachten und darüber vergessen, daß jeder Mensch ein Wesen aus eigenem Recht ist und Anspruch hat auf einen autonomen Lebensentwurf. Aber darum geht es hier nicht. Hier geht es darum, daß bei aller staatlichen Indifferenz gegenüber eschatologischen Fragen der Staat doch das Bewußtsein fördern darf, daß seine Angehörigen in ihrem Gemeinwesen und den Menschen ihrer Fürsorge über den eigenen physischen Tod hinaus ein sinnerfülltes Dasein haben.

2. Kapitel. Gesellschaftlicher Wandel und Sittenverfall

Gesellschaftlicher Wandel ist der Gegenstand der Politik. Konservative Kräfte wollen ihn verhindern oder bremsen, progressive Kräfte ihn herbeiführen. Daß Konservative den Wandel aufhalten wollen, liegt in ihrer Sicht solchen Wandels begründet; sie empfinden ihn weithin als Sittenverfall, das heißt als Abwärtsbewegung und nicht als Fortschritt. Gute Neuerungen vermögen sie zumeist lediglich in technischen Errungenschaften zu erkennen, während guter gesellschaftlicher Wandel in ihren Augen allein die Form von Rückbesinnung und Rückgängigmachung bisheriger Fehlentwicklungen haben kann. Sobald es nicht mehr um die Natur- und Ingenieurwissenschaften geht, ist ihnen Neues verdächtig. Die Fragen lauten: zu Recht? Und warum?

1. Gesellschaftlicher Wandel als Sittenverfall?

a) Ein Grundgefühl und seine Ursachen

„Die Steuern steigen. Die Bürokratie blüht und wird immer arroganter. [...] Der Bildungsstand sinkt. Unser traditioneller Handwerkerstolz ist im Schwinden. [...] Gewalt und Verbrechen nehmen zu und werden nicht mehr gebührend bestraft. [...] Kinder werden zu verantwortungslosen Schmarotzern erzogen. Das moralische Niveau der Nation ist tiefer als je in den letzten 200 Jahren. Vaterlandsliebe und Treue sind aus der Mode gekommen." Das ist eine Klage, wie sie sich unsere Bundesrepublik so oder so ähnlich oft gefallen lassen muß. Die Klage ist allerdings schon 44 Jahre alt und nicht auf Deutschland gemünzt, sondern auf England.[18] Dies indes wird einen Konservativen nicht beirren. Er wird vielmehr sagen, daß bei den Briten folglich schon viel früher als bei uns diese unsäglichen Zustände geherrscht haben oder daß wir jetzt offenbar auf das sittliche Niveau gesunken sind, das die Briten anno 1962 erreicht hatten und von dem sie sich unterdessen wieder langsam erholt hätten. Die Dauerklage über den Verfall der Sitten ist integrativer Bestandteil konservativen Lebensgefühls, seit es Konservative gibt, das heißt seit die Menschheit besteht, und es ist schwer zu sagen, was man mehr bedauern muß: daß sie deswegen auch sinnvollen Fortschritt behindern oder daß es ihnen latent die Stimmung

---

[18] Aus einer Anzeige der *National Fellowship*, zitiert nach *Elias* (Fn. 4) S. 448 f.

vermiest. Allerdings verschwimmt an dieser Stelle der Begriff des Konservativen und ist größtenteils durch den des älteren Menschen zu ersetzen. Aber damit sind wir bereits bei den Ursachen besagten Grundgefühls, vor deren Betrachtung wir uns noch einen Moment mit dem Gefühl selbst befassen wollen.

Ihm zufolge ist praktisch jedes Lebensgebiet von dem Verfallvirus infiziert. Einen schönen Ausschnitt dieses Spektrums findet man zum Beispiel in den Gesprächen, die Marion Gräfin *Dönhoff* an ihrem Lebensabend mit Haug von Kuenheim und Theo Sommer geführt hat.[19] Zur Kultur: „Deutschland ist von einer Kulturnation zu einer Konsumnation geworden." Zur geistigen Situation des Landes: „Unser Zeitalter [...] hat keine geistigen Voraussetzungen." Zur Philosophie: „Wir haben keine Philosophen mehr." Zur Integrität der Verwaltung: „Nie zuvor hat es soviel Korruption bis in die höchsten Kreise gegeben [...]." Zu Ethik und Rechtsgefühl: „Das normale Rechtsempfinden, das Gefühl für das, was man tut und nicht tut, ist durch das Fehlen ethischer Grundsätze und moralischer Barrieren [...] verkümmert [...]." Wie gesagt lassen sich Eideshelfer solchen Lamentos unschwer für sämtliche Lebensgebiete finden, von der Verarbeitungsqualität einer Wintersocke bis hin zum Verfall der deutschen Sprache, der Gesetzgebungskunst und der politischen Kultur insgesamt. Das Bemerkenswerte, von den Klagenden indes durchaus nicht Bemerkte ist nun, daß sich solche Klagen mit geringer Varianz quer durch die Jahrtausende finden. Ein schwacher Hinweis hierauf sind schon die eingangs zitierten Zerknirschungen des National Fellowship, die ein deutscher Konservativer heute ebensogut äußern könnte, wie sie englische Konservative vor über 40 Jahren geäußert haben. In der Rückschau jedoch wird nahezu jede Epoche in den Augen der aktuell Verzweifelten zum Lebensidyll.

Zum Beispiel die Antike: Jahrhunderte vollendeter Baukunst und Bildhauerei, Wiege und Urbild demokratischer Kultur, Paradies philosophischer Grundlegungen und Höhenflüge, hohe Schule der Rhetorik, fruchtbarster Boden für Epos, Drama und Komödie, mannigfach stilbildend und überhaupt Grund und Fundament abendländischer Kultur. Und doch riefen auch damals die Menschen, wenn sie in die Jahre kamen mit *Cicero:* „O tempora! O mores!" Und sehr wohl sind für alle Jahrhunderte jener Epoche Gesetze, Gebräuche und Vorfälle zu verzeichnen, die sich nicht

---

[19] (Fn. 7) S. 68, 97 f., 100, 106.

zwanglos in das Idyll einfügen wollen. Völkermord etwa, für uns nicht eben das geringste Delikt, war damals keine vollkommen ungewöhnliche Form außenpolitischen Handelns, und so empfanden beispielsweise die Athener kaum Gewissensbisse, als sie beschlossen, die Bevölkerung von Melos auszurotten, weil sich diese Stadt nicht in das Athener Kolonialreich einfügen wollte: „Es gab dutzende von anderen Formen dessen, was wir heute Genozid nennen, in der Antike."[20] Die Sklavenwirtschaft, die Entrechtung der Frau, drakonische Strafen, lakonische Antworten, Schierlingsbecher – alles aus heutiger Sicht eher unfeine Accessoires des Lebens im vielbesungenen Arkadien. Man mag mir vorwerfen – und damit recht haben –, in diesen knappen Sätzen mehrere Jahrhunderte und Hochkulturen munter durcheinander geworfen zu haben. Und man wird ebenfalls zu Recht darauf hinweisen, daß es wenig gewinnt, mit dem ethischen Maßstab des 21. Jahrhunderts in fernen Epochen herumzumessen und alleweil auf die schwersten Verfehlungen zu stoßen. Doch darum geht es nicht. Es geht um die Neigung der konservativen Seele, an jenen Epochen umgekehrt solange herumzuverklären, bis eine mindestens ebenso ahistorische Traumwelt herausgekommen ist.

Aber durchstreifen wir noch einige andere geschichtliche Phasen und vergleichen wir die sehnsüchtige Rückschau mit historischen Befunden. Nehmen wir das 12. Jahrhundert, Geburtsstätte des Minnesangs und höfischen Frauendienstes. Erreicht die Kultur der Liebe in diesem Dienst nicht ihren Höhepunkt? Ist die Frau je wieder so zart und ehrfurchtsvoll auf Händen getragen worden? In der stilisierten Liedkunst und wenn sie adlig war gewiß. Doch der Normalfall an der Geschlechterfront sah ganz anders aus. Hierüber liest man bei Andreas Capellanus. Zum Umgang des Ritters mit einem Bauernmädchen führt er sinngemäß aus, daß sich der Mann einem solchen Mädchen gegenüber alles herausnehmen könne.[21] — Für das 16. Jahrhundert mag man an die protestantische Ethik und den ebenso sprach- wie denkgewaltigen Martin Luther denken; denken wird man dann aber auch an die verzweifelten Aufstände der geschundenen Bauern, die brutal und mit Luthers rhetorischer Schützenhilfe niedergemacht wurden. Denken wird man auch an den allseits blutig ausgeübten Glaubensterror in der Folge der Re-

---

[20] *Elias* (Fn. 4) S. 46.
[21] Siehe Andreae *Capellani*, De amore libri tres, hg. von E. Trojel (1892) S. 235 f.

formation, und ob die damaligen Vorstellungen von Hygiene und Tafelkultur Gnade gefunden hätten in den Augen geschichtstümelnder Zeitgenossen, darf man bezweifeln. Die Rückschau ist eben sehr selektiv. — Das trifft noch verstärkt zu, wenn sich der Blick ins Rokoko des 18. Jahrhunderts wendet: Wie lieblich war die Musik Mozarts, wie geschmackvoll die Architektur und wie erlesen die Sprache! Doch man muß nicht *Mozarts* Bäsle-Briefe gelesen haben, um zu wissen, daß seine Zeit zugleich ein hohes Gefälle vom Formellen zum Informellen aufwies:

> „Animalische menschliche Betätigungen, deren Nennung heute, besonders beim gesellschaftlichen Zusammensein von Männern und Frauen, allenfalls marginal beiläufig und mit dezent herabgeschraubter Stimme möglich ist, konnten in Mozarts Kreis noch höchst direkt erwähnt werden. Diese Erwähnung wurde als milder Tabubruch betrachtet, den Männer und Frauen bewußt zur Erhöhung der geselligen Fröhlichkeit herbeiführten; und sie konnten dabei Ausdrücke gebrauchen, die heute nicht nur in gemischter, sondern auch in einer reinen Männergesellschaft Gefühle des Unbehagens, Scham- und Peinlichkeitsgefühle erwecken würden."[22]

Weniger zurückhaltend und so in diesem Zusammenhang angemessen formuliert: Das Rokoko war auch eine Zeit, in der Analhumor und Pornographie sehr wohl gelittene Urständ feierten. Äußerten Jugendliche heute in ihrer Sprache, was *Mozart* in den Bäsle-Briefen schrieb – sie träfe fraglos ein sittlicher Bannstrahl nebst der Bemerkung, so weit sei es bereits gekommen; in tiefstem apokalyptischem Timbre. Und schon 1726 schrieb Francis *Hutcheson*, Moralphilosoph, von der „allenthalben beklagten Verderbnis der Sitten"[23] und damit von der zeitlosesten aller Klagen.

Schreiten wir fort zur Erzinkarnation der guten alten Zeit, dem zweiten deutschen Kaiserreich. Wie es dort um Anstand und Ethik bestellt gewesen sein muß, geht beispielsweise aus folgenden Äußerungen eines Professors für Öffentliches Recht hervor (den Ingo *Müller* übrigens für einen „der radikalsten Nazi-Professoren" hält)[24]:

> „Die in Deutschland nach 1871 zunächst herrschenden Schichten des Adels und des Bürgertums hatten es verstanden, die in ihnen geltenden Werte von Leben, Freiheit, Eigentum und Vermögen,

---

[22] *Elias* (Fn. 4) S. 41.
[23] (Fn. 3) S. 116.
[24] *Müller,* Ingo, Furchtbare Juristen. Die unbewältigte Vergangenheit unserer Justiz (1987) S. 224.

22

Ehe und Familie, Sicherheit des Bürgers und Staatssicherheit aus der Relativität von konkreten, historisch, auch politisch bedingten Situationen und Meinungsbildungen herauszulösen und zu absolut richtigen Größen zu erheben. [...] In jener Zeit war es also den in Gesellschaft und Staat herrschenden Schichten gelungen, die in ihr gebildeten Werturteile zu allgemein anerkannten Maßstäben zu machen, aus diesen Maßstäben Richtlinien für das wechselseitige menschliche Verhalten und die Gesamtordnung herzuleiten, die gefundenen Grundsätze durch die gesetzgebenden Organe zu fest umrissenen Regeln auszugestalten [...] und alle diese Regeln durch Gericht und Verwaltung in den Einzelheiten zu verwirklichen."[25]

Die Lebenswirklichkeit im wilhelminischen Deutschland war von anderem geprägt, näher im 3. Kapitel unter 1: von einer sittlichen Vierfach-Moral, für die es sehr darauf ankam, welchen Geschlechts und welchen Standes die Akteure waren; von einer deutlichen Kluft zwischen der Norm des Gesetzes und der gelebten Norm, am krassesten hinsichtlich des offiziell sogar strafbaren Duells, dem ein Mann von Ehre tatsächlich aber nur bei völligem Gesichtsverlust ausweichen konnte; von einer überkommenen, undurchlässigen Teilung des Volkes in Schichten, deren obere den Rest mit ausgesuchter Arroganz und Rücksichtslosigkeit behandelte; vom Kampf dieser Menschen, namentlich der Fabrikarbeiter, ums Überleben und ein menschenwürdiges Dasein; und schließlich von einem Kult der Gewalt, der Brutalität und des latenten Sadismus, hervorgegangen aus der Erfahrung, daß sich die Sehnsucht nach nationaler Einheit nur durch Kriege verwirklichen ließ, und praktiziert in den Kasernen, in den Schlägermensuren der Studenten, im Umgang der Satisfaktionsfähigen untereinander, wo Rücksichtnahme und Anstand im Zweifel das Privileg des schlechteren Schützen blieben, in Schulen und überall, wo Kinder oder junge Männer erzogen wurden. Ich komme noch darauf zurück, doch schon hier der Hinweis, daß unsere heutigen, höchst empfindlichen Sensoren für körperliche, erst recht seelische Gewalt damals schlicht gesprengt worden wären, weil Gewalt als Mittel der Erziehung und Durchsetzung nicht nur alltäglich war, sondern auch einen guten Klang hatte; was nicht tötete, härtete ab, und das war ein allgemeines Ziel charakterlicher Bildung. Unter den Fernwirkungen leidet der deutsche Nationalcharakter noch heute, man vergleiche einmal die Minen und Handlungen deutscher Fahrgäste

---

[25] *Küchenhoff,* Günther, Die Staatsrechtliche Bedeutung des Verbotsirrtums, in: Festschrift für Ulrich Stock (1966) S. 75 (f.).

23

beim Besteigen eines Busses mit einer analogen Situation in Amerika oder Frankreich. Soziologischer Kronzeuge ist einmal mehr Norbert *Elias*, der abschließend zitiert sei mit einem Befund zur wilhelminischen Unterhaltungsliteratur, bezogen auf deren Schilderung brutal-sadistischer Handlungen gegen Gefangene im Krieg von 1871:

> „Was man als charakteristisch für die deutsche bürgerliche Situation von 1912 betrachten kann, ist die Tatsache, daß hier diese Art von Brutalität in einem Unterhaltungsroman ganz ausdrücklich als Zeichen eines bejahten und lobenswerten Verhaltenskanons dargestellt wird."[26]

Versuchen wir unser Glück noch mit den fünfziger Jahren. Auch zu ihnen unten ausführlicher (im 3. Kapitel unter 4). Hier sind sie gleichwohl nicht zu übergehen, denn sie haben sich seit einiger Zeit zum Lieblingsidyll konservativer Vergangenheitsromantik gemausert, etwa in Horst *Köhlers* Rede beim Arbeitgeberforum „Wirtschaft und Gesellschaft" am 15. März 2005 in Berlin und auf die Spitze getrieben von *Di Fabio* in seiner „Kultur der Freiheit". Doch über Aufbaupathos, Wirtschaftswunder und Nierentischnostalgie, so wenig man sie verteufeln soll, geraten die anderen Seiten jener Jahre leicht in Vergessenheit: daß die deutschen Prozesse gegen nationalsozialistische Verbrecher nicht eben tatkräftig betrieben wurden; daß Altnazis zu Zehntausenden wieder dort tätig wurden, wo sie zuvor mit Verve Hitler gedient hatten, und bis in höchste Staatsämter gelangten wie Adenauers Minister *Oberländer* und Adenauers Chef des Kanzleramtes *Globke;* daß die Deutschen mit dem Nationalsozialismus keineswegs gebrochen hatten, sondern ihn in weiten Teilen der Bevölkerung noch immer, wie eine Umfrage zeigte, „an sich" ganz richtig fanden; daß man die Vertriebenen keineswegs mit offenen Armen aufnahm, sondern oft als Last empfand und sie dies spüren ließ; daß die Emigranten als Gegner oder Verfolgte des Regimes keineswegs auf Zuspruch und Anerkennung rechnen konnten, sondern im Gegenteil auf Mißtrauen und Ablehnung, teils aufgrund schlechten Gewissens, teils weil man sie der Fahnenflucht bezichtigte; daß schließlich in der Konsumseligkeit der materielle Eigennutz gegenüber ideellen Werten und Gemeinnutz Boden gewann, selbst – nach Auschwitz und Treblinka – gegenüber Israel, dem Adenauer 1952 nur mit Hilfe der sozialdemokratischen Opposition und gegen beträchtliche Widerstände des

---

[26] (Fn. 4) S. 238.

konservativen Lagers Wiedergutmachungsleistungen zuwenden konnte. Und ausgeklammert bleibt bei dem noch die Fortsetzung der wilhelminischen Vierfachmoral in Sachen Sexualität. Fraglos waren die fünfziger Jahre von wirtschaftlichem Leistungswillen gekennzeichnet und von einem Aufschwung der Lebensfreude! Aber das war nach ihrer Vorgeschichte kein Wunder. Und das Allround-Paradies, als das sie uns jetzt allen voran *Di Fabio* verkaufen will, das waren sie nicht. Hält man sich an *Kants* Maxime, daß jedem widerfahren muß, was seine Taten wert sind, und bedenkt man, wie fürsorglich diese Zeit mit Hitlers Helfern und Vollstreckern verfuhr und wie ungnädig mit seinen Gegnern und Opfern – den Überlebenden wie den Toten –, dann mögen einem die fünfziger Jahre gar als das Jahrzehnt erscheinen, in dem die Ungerechtigkeit in Deutschland die liederlichste Herrschaft hatte. Für einen Juristen, Verfassungsrichter zumal, vielleicht kein ganz nebensächlicher Gesichtspunkt.

Von der Geschichte zurück zum Phänomen, dem konservativen Dauergefühl, es werde stetig alles schlechter. Die historische Realität trifft dieses Gefühl nicht, und daß es die Realität auch im übrigen verfehlt, wird spätestens deutlich, wenn man die Ewigkeit der Klagen bedenkt: Wenn Gewalttäter tatsächlich schon so lange „immer jünger" würden, wie man dies behauptet – sie hätten längst das pränatale Stadium erreicht. Und wenn ihre Taten tatsächlich schon so lange „immer brutaler" würden, wie man meint – wir könnten nicht vor die Tür treten, ohne knietief im Blut zu waten. Aber woher dann die unendliche Abwärtsneurose und Sehnsucht nach der guten alten Zeit und dem „Früher" im Gegensatz zum „Heutzutage"? Was ist die *Ursache* des ältesten Seufzers der Menschheit? Es ist dies der Mensch selbst mit einigen speziestypischen Eigenschaften. Erstens kann er nicht aus seiner Haut und erlebt seine Jugend im Vergleich mit späteren Jahren nun einmal als eine an Möglichkeiten, Hoffnungen – und Illusionen – reichere Zeit, in der ihm körperlich und geistig das meiste leichter von der Hand geht. Darüber hinaus verfährt unsere Erinnerung selektiv und bewahrt bevorzugt das Gute, Schlechtes jedoch, wenn überhaupt, positiv konnotiert, weil man es doch durchgestanden und gemeistert hat. Hierüber hat Kurt *Vonnegut* in „Slaughterhouse 5" sehr wahr geschrieben. Drittens arbeitet unsere Wahrnehmung evolutionär bedingt aber gerade anders herum und stürzt sich aufs Schlechte und wittert im Unbekannten zunächst Gefahr und nur nach gutem Zureden auch eine Chance: Im Wettkampf um unser

Augenmerk siegt der beängstigende vor dem erfreulichen Gedanken.[27] Vergangenheit und Gegenwart haben in unserem Bewußtsein also höchst ungleiche und parteiische Berichterstatter. Des weiteren führen die generellen Vorbehalte gegenüber dem Unbekannten zu ebensolchen Vorbehalten gegenüber der Veränderung; denn das Neue ist eben zunächst einmal unbekannt. Und so wird ein schlichtes „Anders" gerne zu einem „Schlechter". Wenn etwa die Partnerwahl für Frauen aus den Händen der Väter vollständig in die der betroffenen Töchter gewandert ist, so haben ältere Zeugen dieses Wandels ihn als einen Übergang in die Regellosigkeit, als Sittenverfall erlebt, während er objektiv nicht mehr gewesen ist als der Wechsel einer Entscheidungsinstanz und, positiv interpretiert, ein Zuwachs an Selbstbestimmung.

Letzter Grund des Verfallsyndroms ist das normative Denken des Menschen. Er hat recht genaue und anspruchsvolle Vorstellungen davon, wie es sein soll; schon die Inhalte unserer Erziehung haben diese Eigenschaft. Da aber etwas sinnvollerweise nur so gesollt ist, wie es auch sein kann, meint unser tiefstes Inneres, so, wie man es gerne hätte, sei es irgendwann einmal auch gewesen. Es ist kein zufälliges Märchen, sondern der Inbegriff menschlichen Vergangenheitsgefühls, was die Bibel an den Anfang dieser Vergangenheit stellt: die Vertreibung aus dem Paradies. Nach alledem bestimmt nicht das Sein das Bewußtsein, sondern das Bewußtsein bestimmt sich selbst, und zwar anhand einiger Stichworte, die ihm die Außenwelt zuwirft und von denen es keineswegs alle aufnimmt.

Wie geht man mit der Niedergangsrhetorik und ihrem emotionalen Substrat um, als Entscheidungsträger wie als Mensch? Zunächst indem man sich die Ursachen bewußt macht und so leichter zwischen echter und vermeintlicher Verschlechterung unterscheidet. Gegenüber den Klagenden dann mit Verständnis – subjektiv haben sie recht –, Objektivierungsversuchen und, bei Mißerfolg hierbei, nolens volens mit einem Schulterzucken. Die eigene Ungerechtigkeit gegenüber der Gegenwart bleibt in der Regel unerkannt, und wer sich dabei ertappt, hat sie eigentlich auch schon überwunden. Vorbeugend hilft allenfalls das Bemühen um Datenmaterial und historische Neugier, die nicht nur nach dem fragt, was das Gefühl von einer Epoche hören will. Außerdem hilft eine überzeugende Antwort auf den Tod, denn wer seine Welt mit dem eigenen

---

[27] *Klein* (Fn. 6) S. 46, 241.

26

physischen Dasein in eins setzt, kann gar nicht anders, als Zeuge eines Verfalls zu werden.

b) Insbesondere die Kriminalität

Für jedermann einsehbar veröffentlicht neuerdings die Polizei ihre Statistik zur Kriminalität, die Polizeiliche Kriminalstatistik (PKS), im Internet (http://www.bka.de/pks/). Die älteste dort eingestellte Statistik ist die von 1997, die jüngste die von 2005. Nun muß man sich davor hüten, diese Zahlen als naturgetreues Abbild der Wirklichkeit zu betrachten. Das sind sie schon von ihrem Ursprung her nicht, geben sie doch lediglich Verdachtsfälle und Anzeigen wieder, die auch zu Unrecht erstattet worden sein mögen und sich nicht bewahrheiten. Außerdem unterliegt die polizeiliche Statistik mannigfachen Möglichkeiten der Beeinflussung, weil es sehr darauf ankommt, wie man welchen Verdacht und welche Anzeige wo verbucht, und weil die Zahl der Verdachtsfälle nicht zuletzt abhängt von der Tätigkeit der Polizei, plakativ: Wenn sich die Polizeiarbeit verdoppelt, sinkt die Kriminalität in der PKS nicht, sondern steigt signifikant, denn jetzt werden wesentlich mehr Verdachtsfälle und Anzeigen erfaßt. Gleichwohl bietet die PKS auf den zentralen Feldern der Kriminalität immerhin einen Anhalt für deren Entwicklung. Vergleichen wir also die Zahlen von 1997 und 2005 auf diesen zentralen Feldern (vollendete Delikte):

	1997	2005	Vergleich
Mord	536	387	- 28%
Totschlag	622	417	- 33%
sexuelle Nötigung und Vergewaltigung	9.140	6.858	- 25%
Körperverletzung mit Todesfolge	477	170	- 64%
Handtaschenraub	5.868	4.076	- 31%
sonstiger Straßenraub	26.768	18.941	- 29%
Wohnungseinbruchsdiebstahl	125.529	69.536	- 45%
Kfz-Diebstahl (Kraftwagen einschließlich unbefugter Gebrauch)	92.819	38.152	- 59%

Fällt Ihnen auch etwas auf? In der Tat, die Zahlen gehen deutlich zurück. Zu ähnlichen Ergebnissen gelangt, wer die Betrachtung auf ein volles Jahrzehnt erstreckt.[28] Hinsichtlich der besonders beachteten Sexualdelikte ergibt der erste periodische Sicherheitsbericht der Bundesregierung von 2001 ebenfalls, daß sie auch insgesamt und auch langfristig rückläufig sind.[29] Zur Gewalt an den Schulen, die vermeintlich ebenfalls Woche für Woche neue Höhepunkte erreicht, noch das Datum, daß nach den Zahlen der Versicherungswirtschaft die Quote der „Raufunfälle" – gewalttätige Auseinandersetzungen mit körperlichen Folgen – je 1000 Schüler in dem Jahrzehnt von 1993 bis 2003 von 48,6 auf 32,8 zurückgegangen ist.[30] Es gibt auch keine Anhaltspunkte dafür, daß die Brutalität bei der einzelnen Schlägerei stiege.[31] Man mag diesen Befunden entgegenhalten, daß die Kriminalität aber nach der polizeilichen Kriminalstatistik aufs ganze gesehen nicht abnehme, da die Zahl der insgesamt verzeichneten Delikte – genauer: einschlägiger Verdachtsmomente – annähernd gleich geblieben, nämlich lediglich um 1% gesunken sei. Doch erstens ist auch eine Abnahme um nur 1% nicht eben der dramatische Anstieg, von dem alle Welt ausgeht. Zweitens und viel wichtiger jedoch gibt es für die Konstanz des Gesamtniveaus der polizeilichen Zahlen ganz andere Erklärungen als eine Konstanz der objektiven Deliktszahlen. Zunächst hat man sich vor Augen zu halten, welche Art von Delikten nach den Zahlen der Polizei zunimmt (denn da, wie eingangs festgestellt, eine Reihe wichtiger Kriminalitätsformen schwindet, muß es an anderer Stelle einen Zuwachs gegeben haben, wenn das quantitative Gesamtniveau unverändert ist). Zuwächse der Kriminalität verzeichnet die Polizei in der Tat bei leichteren Delikten, namentlich der leichten Körperverletzung (wobei „leicht" heißt, daß keine besonders gefährliche Begehungsweise vorliegt und keine besonders schweren Folgen eingetreten sind im Sinne der §§ 224 ff. StGB). Doch diese Zuwächse sind durch eine sogenannte Aufhellung des Dunkelfeldes zu erklären.

---

[28] Siehe *Pfeiffer*, Christian, *Windzio*, Michael, und *Kleimann*, Matthias, Die Medien, das Böse und wir, in: Monatsschrift für Kriminologie und Strafrechtsreform 2004, 415 ff.

[29] Bundesministerien des Innern und der Justiz (Hg.), Erster periodischer Sicherheitsbericht (2001) S. 78 f.

[30] Mitteilung des Bundesverbandes der Unfallkassen, in: Zeitschrift für Jugendkriminalrecht und Jugendhilfe 16 (2005) S. 459.

[31] Vgl. *Pfeiffer*, Christian, und *Delzer*, Ingo, Wird die Jugend immer brutaler? Erste Befunde einer regionalen Aktenanalyse zur Jugendgewalt, in: Festschrift für Alexander Böhm (1999) S. 701 ff.

„Dunkelfeld" nennt man den Bereich der Kriminalität, der nicht zur Kenntnis der Strafverfolgungsbehörden gelangt. Von ihm erfährt man durch Befragungen, die sich gleichsam wahllos an die Bevölkerung wenden, etwa Erhebungen bei einer repräsentativen Zahl und (zufälligen) Auswahl von Haushalten. In Deutschland finden solche Befragungen erstaunlicherweise und sehr zum Schaden der Kriminalpolitik viel zu selten und unregelmäßig statt. Aus den Vereinigten Staaten indes und den Niederlanden, wo dies anders ist, weiß man, daß die Gewaltkriminalität den polizeilichen Daten zum Trotz objektiv nicht ansteigt (Niederlande) oder sogar (Vereinigte Staaten) konträr zu diesen Daten sinkt.[32] Soweit es in Deutschland Studien zum Dunkelfeld gibt, sprechen sie die gleiche Sprache. Zweiter Beleg einer Aufhellung des Dunkelfeldes ist die steigende Zahl der Strafanzeigen. Für das bevölkerungsreichste Bundesland Nordrhein-Westfalen läßt sich dies zum einen daraus ableiten, daß seit 1994 bei den Körperverletzungsdelikten der Anteil weiblicher Opfer aus dem sozialen Nahbereich des Täters deutlich gestiegen ist (von 58% auf 71%), daß es seit kurzem die Möglichkeit gibt, eine Strafanzeige auch über das Internet zu erstatten (Online-Anzeige), und daß von dieser Möglichkeit zunehmend Gebrauch gemacht wird, sowie daraus, daß die Polizei durch einen neuen Erlaß von 2003 gehalten ist, bei sämtlichen Privatklagedelikten – das sind eine Reihe leichterer Delikte wie beispielsweise die leichte Körperverletzung und die Beleidigung – in *allen* Fällen eine Anzeige auch ohne einen entsprechenden Wunsch des Opfers zu schreiben, und daß daraufhin die Zahl der Privatklagedelikte in der Polizeistatistik zum Teil deutlich angestiegen ist.[33] Ein dritter, hoch zu veranschlagender Faktor ist das Sinken der Toleranzschwelle in bezug auf Gewalt und ist die Ausweitung deren Definition: Im Schnitt betrachten die Menschen heute Gewalt auch in vergleichsweise schwächerer Form als etwas, das aus der Norm fällt und zur Anzeige zu bringen ist, und damit geht ein weiteres Verständnis von Gewalt einher bis hin zu dem Punkt, daß man auch psychische

---

[32] Siehe *Heinz*, Wolfgang, Jugendkriminalität in Deutschland. Kriminalstatistische und kriminologische Befunde, im Internet unter www.uni-konstanz.de/rtf/kik; *Wittebrood,* Karin, und *Junger,* Marianne, Trends in violent crime: a comparison between police statistics and victimization surveys, in: Social indicators research 59, S. 153 ff.
[33] Siehe *Naplava*, Thomas, und *Walter*, Michael, Entwicklung der Gewaltkriminalität: Reale Zunahme oder Aufhellung des Dunkelfeldes? Monatsschrift für Kriminologie, Heft 5/2006.

Gewalt und seelische Grausamkeit unter diesen Begriff faßt.[34] Zeichen hierfür ist unter anderem das gesamtgesellschaftliche Engagement gegen Gewalt in der Erziehung von Kindern, im wahrsten Sinne des Wortes plakativ zum Ausdruck gebracht durch die Plakatkampagne „Mein Kind ist unschlagbar" und vom Gesetzgeber mit aller Weihe niedergelegt in dem neuen § 1631 Absatz 2 Bürgerliches Gesetzbuch (BGB). Auch der Aufschrei der Öffentlichkeit angesichts einiger Mißhandlungen bei der Bundeswehr im Rahmen einer Übung, bei der auch eine Geiselnahme simuliert wurde, läßt darauf schließen, daß die Empfindlichkeit und Intoleranz gegenüber Gewalt allgemein zunimmt; vor nicht allzu langer Zeit waren bei der Bundeswehr gegenüber den Neuzugängen einer Einheit noch Initiationsriten üblich, die jene Vorfälle bei der simulierten Geiselnahme an Brutalität wenigstens nicht unterboten. Schließlich noch wird man eine Aufhellung des Dunkelfeldes ergänzend angesichts dessen vermuten dürfen, daß die Polizei ihre Vorbeugungs- und Ermittlungstätigkeit auf einigen Feldern, etwa dem Drogenhandel, ausgedehnt und wirksamer gemacht hat.

Wenn die Kriminalität aber in wichtigen Sparten wie Mord, schwere Körperverletzung, Raub, Wohnungseinbruch und Kfz-Diebstahl deutlich zurückgegangen ist – siehe oben –, während ihre Zunahme sich in anderen Sparten lediglich einer Aufhellung des Dunkelfeldes verdankt, also keine reale Zunahme ist, so fragt sich, wie sich der reale Rückgang der Kriminalität erklärt; wobei zunächst noch außer Betracht bleiben soll, daß die Bevölkerung von diesem Rückgang weithin gar nichts weiß. Als seine Ursache wird man zunächst nennen müssen, daß infolge des demographischen Wandels, zu deutsch der Vergreisung unserer Gesellschaft, immer weniger jüngere Menschen da sind, die den Hauptteil der Täter gewaltsamer oder sonst körperlich anspruchsvoller Delikte stellen; Körperverletzung, Einbruch, Raub und ähnliches sind überwiegend Sache jüngerer Männer. Zweitens hat die Polizei ihre Erfolgsquote erhöht, das heißt die Aufklärungsquote hinsichtlich jener Taten, von denen sie Kenntnis erhält; in dem Jahrzehnt von 1993 bis 2003 von 43,8 auf 54,2%. Drittens kümmern sich mittlerweile die Länder, Gemeinden und die einzelnen Bürger stärker und erfolgreicher darum, Delikten vorzubeugen (Prävention). Der einzelne tut dies, indem er sein Eigentum und sein Vermögen wirkungsvoller gegen Beeinträchtigungen schützt, etwa durch elektronische Einbruchssi-

---

[34] Näher *Naplava/Walter* (Fn. 33).

cherungen, und indem er zu einem Teil private Sicherheitsdienste engagiert, die faktisch einen Teil der Polizeiarbeit übernehmen. Auf kommunaler und Landesebene gibt es die unterschiedlichsten Bestrebungen und Projekte bis hin zur Installation von Videokameras, die bestimmte öffentliche Räume überwachen sollen. Auch das Gewaltschutzgesetz von 2002 ist nach derzeitigem Erkenntnisstand präventiv wirksam, indem es häuslicher Gewalt früh ein Ende zu setzen erlaubt und so „Gewaltspiralen" erschwert oder unmöglich macht.

Angesichts dieser zahlreichen und gleichklingenden Befunde und Überlegungen der Fachleute erstaunt um so mehr, wie wenig die Bevölkerung davon weiß und wie sehr sie von der Vorstellung des Gegenteils besessen ist (auch wenn die Hysterie im vergangenen Jahrzehnt gottlob etwas zurückgegangen ist)[35]. Auch dieser und vergleichbarer Irrglaube hat seine Ursachen. Deren erste ist bereits die konservative Grundhaltung selbst, der zufolge uns die Straftäter zunehmend auf der Nase herumtanzen und auch im übrigen die Sitten verfallen, siehe oben a. Denn eine Studie zum „gefühlten Kriminalitätsanstieg" bei Kölner Rechtsanwälten hat ergeben, daß diese Personen, durchweg keine Laien, den vermeintlichen Anstieg der Kriminalität als um so stärker empfanden und die vermeintliche Laxheit der Justiz ihm gegenüber als um so weniger erträglich, je konservativer sich die Befragten selbst einschätzten.[36] Je stärker sich also jemand einbildet, daß es insgesamt bergab gehe und die überkommenen Werte in Schutz zu nehmen seien, desto stärker irrt er sich auch über die Entwicklung der Kriminalität. Die zweite, unheilvollere Rolle spielen die Medien.[37] Sie servieren unter dem Quotendruck, was die Leute am liebsten hören und sehen, also „Sex and Crime", und sie haben eine ausgeprägte Vorliebe für die schlechten Neuigkeiten, denn sie wissen, daß solche Neuigkeiten stets auf größeres Interesse bei Menschen stoßen als Erfreuliches. Steigt die Zahl der Drogentoten, so ist dies eine Meldung auf der Seite 1; sinkt die Zahl, so erscheint dies unter „Vermischtes" oder überhaupt nicht. Übrigens sinkt sie seit mehreren Jahren deutlich;

---

[35] Siehe die Allensbach-Umfrage in der Frankfurter Allgemeinen Zeitung vom 19. Juli 2006, S. 5.

[36] Ausführlich *Walter*, Michael, Über subjektive Kriminalität, in: Festschrift für Hans-Joachim Schneider (1998) S. 119 ff.

[37] Ausführlich Bundesministerium der Justiz (Hg.), Kriminalität in den Medien. 5. Kölner Symposium (Tagungsband) (2000); *Walter*, Michael, Jugendkriminalität, 3. Auflage 2005, Rn. 351 a ff.

2004 hatte sie den niedrigsten Stand seit der Wiedervereinigung. Auch wenn sich Journalisten an die Fachleute wenden, um etwas über bestimmte Entwicklungen der Kriminalität zu erfahren, so können sich diese Fachleute selten des Eindruckes erwehren, daß die Gegenseite nur an ganz bestimmten Äußerungen Interesse hat und anderes entweder schon gar nicht hören will oder im nachhinein wegschneidet. Berichten die Medien von sogenannten Problemjugendlichen, eine äußerst quotenträchtige Spezies, so geht es ihnen vor allem anderen darum, Fälle wie den des Mehmet herauszustellen, und es interessiert sie weit weniger, daß insgesamt allenfalls knapp 5% der jugendlichen Straftäter in diese Rubrik gehören und daß die anderen durch die zunehmend auf Förderung und Erziehung setzenden Bemühungen der Jugendhilfe erfolgreich vom Pfad der Untugend abgebracht werden. Und selbst die Schwererziehbaren können in Einrichtungen, die ihnen gewachsen sind, einen neuen Anfang schaffen mit Sport, Disziplin und Kameradschaft. Gut Kragenhof ist so eine Einrichtung, und einer ihrer Trainer beschreibt den eigentlichen Kern des Erfolgsgeheimnisses so: „Überall bekommen die Jungs erzählt, daß sie nix können, daß sie schlecht in der Schule sind, Verbrecher. Wir fangen an, ihnen positive Gefühle zu geben."[38] Wenn schon so viel schiefgelaufen ist wie bei den betroffenen Jugendlichen, verlangt dies zwar viel Zeit, Kraft und Hartnäckigkeit, aber das, was am besten wirkt, ist hier wie überall: positive Motivation (vergleiche im 1. Kapitel unter 3).

Die Wirkung der Medien wird durch die der Unterhaltungsindustrie kräftig verstärkt. Denn in den üblichen Büchern und Filmen des Kriminalgenres findet stets das gleiche „Kasperltheater" (M. *Walter*) statt, in dem es darum geht, wie perfide und brutal die konstitutionell bösen Kriminellen vorgehen und wie wenig von den Bemühungen jener staatlichen Stellen zu halten ist, die zu ihrer Bekämpfung berufen sind: An erster Stelle steht ein Täter, der von Natur aus verdorben und unsympathisch ist. Er wird von einem Sympathieträger gejagt, einem Privatdetektiv oder vergleichsweise rangniedrigen Polizisten. Dank beherzten Zupackens und keiner allzu großen Ehrfurcht vor rechtsstaatlichen Schranken hat dieser Polizist oder Privatdetektiv in der Regel auch Erfolg. Der wird dann allerdings durch lasche, feige, teils gar korrupte, vorschriftenversessene und allzu milde Richter wieder zunichte gemacht, die den gefaßten Übeltäter rasch wieder auf freien Fuß setzen oder

---

[38] In der Zeitung Das Parlament vom 10./18. April 2006, S. 13.

unter Verkennung dessen verdorbener Persönlichkeit ein allzu harmloses Urteil fällen. Zum Teil liegt dies noch daran, daß eine weitere Kasperlpuppe auftaucht, nämlich der Verteidiger des Beschuldigten. Er ist bevorzugt ein skrupelloser, extrem gut verdienender und taktisch raffinierter Mann, der mit seinen stupenden Rechtskenntnissen den Beschuldigten „heraushaut" und die Richterbank, teils auch Staatsanwälte mit arroganten Drohungen und schierer Gerissenheit in ihre Schranken weist. Ab und an bevölkert auch noch ein Narr die Szene, will sagen ein Sozialarbeiter, der bei ungepflegtem Äußeren zwar gutwillig ist, aber schwärmerisch-naiv die porentiefe Schlechtigkeit des Täters verkennt, und dessen Unterstützung vom Täter umgehend in gemeinschaftsschädigendes Verhalten umgesetzt wird.

Betrüblich, wenn auch verständlich ist die Reaktion der Justiz auf die flächendeckende Anstiegs-Paranoia. Da auch Richter nur Menschen und Teil der Bevölkerung sind, lassen sie sich von dieser Paranoia mitreißen und verhängen deutlich häufiger und für längere Zeiträume Freiheitsstrafen; die Zahl der Gefangenen in unseren Justizvollzugsanstalten ist im letzten Jahrzehnt um 40% gestiegen. Bewußtes oder unbewußtes Motiv mag dabei auch der Wunsch sein, in der Öffentlichkeit nicht als der „Saustall" zu gelten, zu dem gewisse Blätter die Justiz ganz gerne einmal stempeln. Überflüssig zu erwähnen, daß auch der Gesetzgeber an der allgemeinen Paranoia teilnimmt. Leider tut er dies auch noch mit Maßnahmen, die meist denkbar untauglich sind, um irgendeine Kriminalität zu bekämpfen, und zwar durch ein Verschärfen des materiellen Strafrechts: Er schafft ständig neue Straftatbestände und erhöht bei den bestehenden die Strafrahmen. Eine Folge davon, daß sich unsere Gesellschaft auch auf dem Feld der Kriminalität exzessiv dem Gefühl hingibt, es werde alles beständig schlechter. Daß dies die Wirklichkeit verfehlt, ist eine Erkenntnis, die sachgerechte Entscheidungen ebenso erleichterte wie sie dem Lebensgefühl der permanent Zerknirschten zuträglich wäre.

2. Ursachen gesellschaftlichen Wandels – eine These

Da sich gesellschaftlicher Wandel also nicht als infiniter Verfall beschreiben läßt, fragt sich, was dann sein Motor sei? Hierzu nur in aller Kürze eine bescheidene und gänzlich ungesicherte eigene These. Ihre Prämisse lautet, daß sich Menschen zu einer Gesellschaft zusammenschließen, um so besser oder überhaupt der Überlebensprobleme Herr zu werden, denen sie sich in der Außenwelt ausgesetzt sehen. Die These lautet dann, daß sich dieser Zusammenschluß intern stets in der Weise organisiert, die mit dem Druck von außen und den Überlebensproblemen am besten fertig wird. Der Wandel einer Gesellschaft läßt sich danach als eine Funktion der Schwierigkeiten beschreiben, mit denen die Gemeinschaft befaßt ist oder von denen sie entlastet wird.

So war es in den vergangenen Jahrhunderten und Jahrtausenden für eine menschliche Gemeinschaft überlebenswichtig, daß sie in der Lage war, sich gegen häufige kriegerische Übergriffe der Nachbarn zur Wehr zu setzen. Auch erforderten die Ernährung der Menschen sowie ihr Schutz vor Wind und Wetter durch Bautätigkeit große körperliche Kraft, weil und soweit es an Maschinen oder anderer physischer Entlastung fehlte. Sowohl die kriegerischen Fähigkeiten – Aggressivität und Draufgängertum – als auch körperliche Kraft sind eher Eigenschaften des Mannes als der Frau, und das könnte erklären, warum in der Vergangenheit in nahezu allen Gesellschaften das männliche Geschlecht Vorrang vor dem weiblichen hatte. Ebenso wäre zu erklären, daß sich dies in unserer Zeit und unseren Breiten ändert. Denn die westlichen Gesellschaften fühlen sich immer weniger von äußeren Gegnern bedroht, die man gleichsam im Kampf Mann gegen Mann abzuwehren hätte. Und die Maschinisierung unseres Alltags ist so weit fortgeschritten, daß es kaum noch eine Verrichtung gibt, zu der es größerer physischer Kraft bedürfte. Zur Illustration unsere Autos, in denen vom Schiebedach über die Außenspiegel bis hin zu den Sitzen alles elektrisch einstellbar ist. Statt Treppen und Leitern gibt es Aufzüge und Rolltreppen; statt Fahrrädern Motorroller und Elektrowägelchen und so fort. Zwar verwundert etwas, wenn die gleichen Menschen, die sich im Alltag in dieser Art entlasten, nach Feierabend in die Fitneßstudios strömen, um die eingesparte Bewegung kostenpflichtig nachzuholen; am sinnfälligsten auf einem Laufband, das erneut per Elektromotor den Weg simuliert, den der Läufer zum Fitneßstudio oder Arbeitsplatz mit dem Auto oder Motorroller zurückgelegt hatte. Doch das läßt sich zum einen mit gewissen Unterschieden in der Art der Bewegung erklären, da die Übungen in einem Kraftraum oder auf dem Laufband den Körper gezielter und dosierter erreichen als körperliche Belastungen im Alltag. Und zweitens können auch sämtliche Fitneßstudios nicht daran vorbeiführen, daß die physische Gesamtbelastung der Bevölkerung sinkt, nicht zuletzt ablesbar an der großen und steigenden Zahl Übergewichtiger. An die Stelle kriegerischer und körperlicher sind bei uns geistige Her-

ausforderungen getreten („Wissensgesellschaft"). Gefragt sind For-
schergeist, Scharfsinn und geistige Kreativität, und da sie gleichermaßen bei Männern und Frauen zu finden sind, haben sich die
Gewichte gesellschaftsintern zugunsten der Frauen verschoben und
gibt es vor allem zahlreiche Versuche, Frauen in die Berufswelt zu
bringen; dorthin, wo sie ihre intellektuellen Fähigkeiten auch gesell-
schaftsnützlich entfalten können. Das ganze vollzieht sich zwar
unter den Fahnen von Recht und Moral – nicht nur pro forma,
sondern auch im Rechts- und Moralempfinden der Menschen. Es
spricht aber einiges dafür, daß Recht und Moral in diesem Fall wie
auch im Geschlechterverhältnis früherer Epochen mit der Umwelt
zu tun haben, in der sich eine menschliche Gemeinschaft bildet.

Es ist meines Erachtens auch kein Zufall, daß der Abschied
vom Krieg im Außenverhältnis und die Gleichstellung der Frau
einhergehen mit einem innergesellschaftlichen Abschied von der
Gewalt als anerkanntem Mittel zur Lösung von Konflikten, abzulesen am objektiven Rückgang der Gewalt, unserer erhöhten Empfindlichkeit ihr gegenüber (siehe oben) und dem Vordringen von
Einrichtungen und Verfahren, die sich einer gewalt- und streitfreien
Konflikterledigung verschrieben haben, Stichworte gütliche Einigung, Vergleich, Mediation, Schlichtung und so fort. Es ist geschichtlich betrachtet auch Humbug, wenn der Feminismus zum
Teil so tut, als hätten sich die Frauen kollektiv zähneknirschend seit
Jahrtausenden innergesellschaftlich und wider die Moral in Ketten
befunden wie das Volk Israel in Ägypten und hätten sich ein ums
andere Mal vor die Stirn geschlagen ob der männlichen Dummheit
als Ursache ständiger Kriege und gewalttätiger Auseinandersetzungen. Vielmehr haben sich Frauen diese Kriege und Auseinandersetzungen nicht weniger zu ihrer Sache gemacht als die Männer, und
wenn es auch Stimmen mutiger Pazifistinnen gegeben hat, so stand
ihnen stets eine mindestens ebenso große Zahl pazifistisch geson-
nener Männer gegenüber. Umgekehrt sind Frauen an staatenlenken-
der Stelle nie warmherziger oder friedliebender gewesen als ihre
männlichen Kollegen, von Cleopatra über Katharina die Große bis
hin zu Margaret Thatcher, die bekanntlich noch 1982 keine Bedenken trug, die jugendlichen (überwiegend männlichen) Träger der
Landesverteidigung in den Tod zu schicken, um der britischen
Krone einige Felsen zu erhalten, die sie vor Jahrhunderten vor der
argentinischen Küste in Beschlag genommen hatte. Auch wäre es
verwunderlich, wenn erst unsere Zeit Menschen hervorgebracht
hätte, deren moralisches Sensorium hinreichend ausgeprägt wäre,

um einen Mißstand zu erkennen, der objektiv seit Jahrtausenden auf der Hand läge. Und wiederum gilt, daß die vereinzelte Klage über die Unterdrückung der Frau keineswegs ein Monopol weiblicher Gesellschaftskritik gewesen ist. Die Gleichberechtigung der Frau in unserer Zeit ist denn auch nicht in erster Linie das Werk todesmutiger Revolutionärinnen oder eines weiblichen Massenaufstandes, sondern das Werk menschlicher Vernunft, vollendet durch Entscheidungen von Gerichten und Parlamenten, in denen ganz überwiegend Männer saßen; Männer, die zu ihren Entscheidungen von nichts anderem geleitet worden sind als den eigenen sittlichen Maßstäben und dem eigenen Rechtsempfinden. Dies alles soll die Bedeutung engagierter und tatsächlich mutiger Vorkämpferinnen der Frauenrechte nicht in Abrede stellen und die Richtigkeit der Gleichberechtigung in keiner Hinsicht anzweifeln. Hier ist es lediglich darum gegangen, diese Richtigkeit in ihren geschichtlichen Kontext einzubetten.

3. Kapitel. Geschichtlicher Wandel der deutschen Gesellschaft

Wenn ein Serbe bekundet, eine Abneigung gegen die bosnischen Muslime zu hegen, und man ihn fragt, warum er dies tue, so wird er womöglich antworten: „Weil sie ihr Volk verraten haben, indem sie sich für den Islam entschieden, die Religion der türkischen Unterdrücker, gegen die wir uns in der Schlacht auf dem Amselfeld heldenhaft, wenn auch vergeblich zur Wehr gesetzt hatten." Daß diese Schlacht und die türkische Invasion rund 600 Jahre zurückliegen, wird dieser Haltung keinen Abbruch tun. Entsprechendes gilt für französische Ressentiments gegen die Deutschen aufgrund der Invasion 1940, für deutsche Ressentiments gegenüber den Franzosen aufgrund der Kriege Ludwigs XIV. und Napoleons und für die freundschaftlichen „special relations" zwischen den Vereinigten Staaten und England aufgrund gemeinsamer Wurzeln und der Waffenbrüderschaft in den Weltkriegen. Wie der einzelne sein Gedächtnis hat, so haben auch Menschengruppen ein kollektives Gedächtnis und lernen aus ihren Erfahrungen – oder liefern sich einer kollektiven Neurose aus.[39] Das bedeutet positiv: „Je tieferen Grund im Vergangenen ich gewinne, desto wesentlicher meine Teilnahme am gegenwärtigen Gang der Dinge."[40] Daher das folgende Kapitel zur deutschen Geschichte. Es setzt erst mit dem wilhelminischen Kaiserreich ein, weil ein weiterer Rückblick zwar lohnend gewesen wäre, aber zuviel Raum in Anspruch genommen hätte, und weil das Kaiserreich nach 1871 neben den fünfziger Jahren das Lieblingsidyll konservativer Geschichtsromantik ist, der dieses Buch eine wirklichkeitsnähere Betrachtung gegenüberzustellen hat.

1. Das zweite Kaiserreich – ein Musterschüler mit gespaltener Persönlichkeit

Die Zeit, da die Männer noch Gehröcke und Zylinder trugen und die Frauen zwar kein Wahlrecht hatten, aber glühende Verehrer, treue Ehemänner und liebreizende Kleider, ist noch heute eine der wichtigsten guten alten Zeiten des deutschen Konservatismus. Wenn nicht im politischen Ideal, so doch im Lebensentwurf und überhaupt in Sachen bürgerliches Ambiente. Eine gewisse historische Wahrheit liegt darin insofern, als mit der Reichsgründung der

---

[39] *Elias* (Fn. 4) S. 27 f., 236 mit Fußnote 8.
[40] *Jaspers*, Karl, Vom Ursprung und Ziel der Geschichte (1949) S. 334.

Albdruck nationaler Zerrissenheit ein Ende nahm und man kollektiv in dem Gefühl leben durfte, „angekommen" zu sein – wenn auch mit einiger Verspätung. Darin liegt eine beschränkte Parallele zu den fünfziger Jahren, denen der Albdruck des Krieges und der Naziherrschaft vorausgegangen war. Und es gehört wenig prophetische Gabe zu der Vorhersage, daß man später einmal ähnlich über die neunziger Jahre denken wird, an deren Beginn die Tänze auf der Berliner Mauer stehen. Doch so, wie das letzte Jahrzehnt weder ein Paradies gewesen ist noch eine weitere Stufe im Sittenverfall, so wenig war das zweite deutsche Kaiserreich ein Idyll. Hinter dem, was wir uns für unsere Gesellschaft wünschen, steht es auf allen Gebieten zurück. Es trifft zu, daß jener deutsche Staat in Wirtschaft und Wissenschaft ein europäischer Musterschüler war. Ein Musterschüler indes mit gespaltener Persönlichkeit, die seinen Bürgern Lebenszufriedenheit und Glück nur selektiv gestattete.

a) Gespaltene Kunst: Kitsch und Avantgarde

„Nie waren die Widersprüche schneidender." So läßt sich mit Hagen *Schulze* das kulturelle Leben im zweiten Kaiserreich charakterisieren.[41] In der Architektur standen sich Historismus – Neobarock, Neoromanik, Neogotik – mit Zuckerbäckercharme und klassische Moderne gegenüber, stellvertretend das Rathaus Hamburgs oder Hannovers und die Fagus-Werke in Alfeld oder die AEG-Turbinenhalle in Berlin (von Walter *Gropius* beziehungsweise Peter *Behrens*). Fürs Mobiliar gab es überbordenden Historismus, Jugendstil oder Bauhaus-Design. In der Malerei standen auf der einen Seite die Maler der Akademie und des Hofes, am bekanntesten wohl Anton *von Werner*, und auf der anderen Seite die „Sezession" und die Expressionisten des Blauen Reiters und der „Brücke" – *Marc, Macke, Kirchner* und wie sie alle hießen. In der Literatur gab es einen *Wedekind*, einen *Werfel* und Theodor *Fontane* oder Thomas *Mann*, der sich wieder deutlich von seinem Bruder Heinrich unterschied, am zugespitztesten wohl in einem Vergleich seiner „Betrachtungen eines Unpolitischen" mit Heinrichs „Der Untertan". In den Konzertsälen und auf den Opernbühnen prallten zwei Strömungen aufeinander, für deren eine der romantische und formenstrenge Johannes *Brahms* als Repräsentant gelten konnte, während die andere mit Namen wie *Wagner, Mahler* und später *Schönberg* verbunden ist. Und in den Feuilletons betrieb man einerseits

---

[41] Aus: *Schulze*, Hagen, Kleine deutsche Geschichte (1996) S. 147 (ff.).

Hofberichterstattung mit großem Interesse etwa für die Paroleausgabe an Kaisers Geburtstag, die Investitur von Rittern des Schwarzen Adlers und weibliche Toilette, und schrieb andererseits über *Nietzsches* „Umwertung aller Werte", vielleicht auch, in Konkurrenz zum Politik-Ressort, über die sozialistischen Schriften von *Marx* und *Engels*. Die Kleidung reichte vom Matrosenanzug bürgerlicher Knaben bis zum Adamskostüm der neuen Freikörperkultur, und vom Monteverità bei Ascona bis Worpswede in Norddeutschland entstanden kleine Parallelgesellschaften aus Künstlern und anderen Aussteigern. Sie alle und die deutsche Jugend allgemein waren von dem Gefühl durchdrungen, in einer Welt auf Abruf zu leben, und begrüßten den Ausbruch des Ersten Weltkrieges apolitisch als Durchbruch und Aufbruch zu neuen Ufern; sie hatten die entschieden kranke Vorstellung, Europa mit einem europäischen Krieg einen Dienst zu erweisen. So schwer es fällt, dies zu glauben, wenn man vor den Tieren steht, die Franz *Marc* gemalt hat: Der Beginn des Ersten Weltkrieges war für ihn ein lange ersehnter Befreiungsschlag.[42]

b) Gespaltenes Recht: Duellverbot und Satisfaktionskult

Das Reichsstrafgesetzbuch von 1871 verbot in seinen §§ 201 ff. das Duell mit Waffen. In der gesellschaftlichen Wirklichkeit hingegen war kaum etwas so entscheidend für die Stellung des einzelnen wie die Fähigkeit und Pflicht, sich unter Einsatz des Lebens zu duellieren. Die wilhelminische Gesellschaft hatte eine Fülle ziselierter Rangstufen, doch keine war so wichtig wie jene zwischen den Satisfaktionsfähigen, die ein Duell fordern durften und einer solchen Forderung Genüge zu leisten hatten, und dem Rest. Dieses Recht und diese Pflicht standen im krassesten Gegensatz zum geschriebenen Gesetz, waren aber die gelebte Norm bis zum Kaiser hinauf, dem der Tod eines Duellanten zwar zuweilen nahe ging, der dem Überlebenden aber auch seine Gunst erweisen mochte – so in der historischen Vorlage für *Fontanes* Geschichte von Effie Briest – und dem keine Sekunde zweifelhaft war, daß sich ein Mann von Ehre, wenn es um diese Ehre ging, dem Duell nicht entziehen durfte. Späte Ausläufer solchen konservativen Rechtsgelöstheitsgefühls waren einige Manöver Adenauers etwa in der Spiegel-Affäre – teils liebevoll zu „taktischen Finessen" umgedeutet – und die CDU-

---

[42] Siehe insbesondere einen Brief an Wassily Kandinsky, auszugsweise zitiert von *Pese,* Claus, Franz Marc. Leben und Werk (1989) S. 45.

Spendenaffäre, in der Helmut *Kohl* sein Ehrenwort gegenüber anonymen Spendern bedenkenfrei über Recht und Gesetz stellte, denen er als Bundeskanzler unverbrüchliche Treue gelobt hatte. Die Kluft zwischen Gesetz und gesellschaftlicher Norm gab es im wilhelminischen Deutschland aber keineswegs nur im Bürgertum. Für die Land- und Bergbevölkerung stand das Wildereiverbot, ebenfalls ein Straftatbestand, dem Abenteuer und der Anerkennung gegenüber, die junge Männer fanden, wenn sie unter Einsatz ihres Lebens das Jagdmonopol des Landesherrn herausforderten.[43] Die normative Parallelwelt, vor allem aber das Duellwesen einschließlich seines Ablegers in der studentischen Schlägermensur, förderte die Auslese brutaler Persönlichkeiten und ebensolcher Verhaltensmuster; für beides hat Deutschland gebüßt, und beides verbietet es, das Kaiserreich als heile Welt mit Vorbildcharakter zu betrachten.

c) Gespaltene Moral: heilige Ehen und unheilige Affären, Kinderglück und Kindsmord

„Anna trug eine weiße Schürze über ihrem schwarzen, schlichten Kleide. Sie war wunderbar hübsch. Sie war zart wie eine Gazelle und besaß einen beinahe malaiischen Gesichtstypus: ein wenig hervorstehende Wangenknochen, schmale, schwarze Augen voll eines weichen Schimmers und einen mattgelblichen Teint, wie er weit und breit nicht ähnlich zu finden war. Ihre Hände, von derselben Farbe, waren schmal und für ein Ladenmädchen von außerordentlicher Schönheit."

Anna ist eine junge Blumenverkäuferin im Lübeck des Jahres 1846. Sie ist die Geliebte von Thomas Buddenbrook, dem gewinnenden, alerten Sohn des Konsuls Buddenbrook, Oberhaupt einer der angesehensten Familien der Stadt; einer Familie, die nach dem Konsul sein ältester Sohn Thomas zu führen haben wird. Das Zitat oben entstammt dem 15. Kapitel von Thomas *Manns* Buddenbrook-Roman, in dem Thomas Buddenbrook nach eineinhalb Jahren das Verhältnis beendet, um unbelastet nach Amsterdam fahren zu können, wo er sich eine standesgemäße Braut werben wird. Zweimal schärft er Anna ein, sich nicht „wegzuwerfen"; „denn bis jetzt hast du dich *nicht* weggeworfen, das sage ich dir!" Doch nach den Maßstäben, die damals galten, hatte sie dies sehr wohl getan. Denn sie war mit einem Mann ins Bett gegangen, mit dem sie nicht verheiratet war. Für Thomas hingegen ist ein sich „Wegwerfen"

---

[43] Zum Duell ausführlich *Elias* (Fn. 4) S. 61 ff. Zur Wilderei *Schulte*, Regina, Das Dorf im Verhör (1989) S. 179 ff.

keine Gefahr, denn von einem jungen Bürgersohn erwartete man geradezu, daß er sich vor der Ehe noch ein wenig die Hörner abstieß. Zwar galten auch für ihn die bürgerlichen Leitsätze der Sexualmoral, die ihm Achtung und Treue gegenüber der Frau abverlangten und Sexualität nur in der Ehe erlaubten. Aber diese Leitsätze galten nur gegenüber den Frauen des eigenen Standes. Nach unten hin durfte Mann Affären haben, zu Mägden, Arbeiterinnen, Kellnerinnen und eben auch zu einer Blumenverkäuferin. Selbst ein Besuch im Bordell ging durchaus in Ordnung. Und dies ist die erste Spaltung des angeblich so reinen und soliden bürgerlichen Moralbegriffs. Ein weiteres literarisches Beispiel aus Thomas *Manns* Produktion findet sich in der Novelle „Gefallen" – dort ist die Frau eine Schauspielerin –, und ein Beispiel aus dem Leben ist der Großvater Helmut *Schmidts*, der Bankier Ludwig Gumpel, der eine Kellnerin verführt hatte und sich nach der gemeinsamen Nacht nicht mehr blicken ließ; immerhin verdankt Helmut *Schmidt* diesem Vorfall seinen Vater.[44]

Damit sind wir bei der zweiten Spaltung des bürgerlichen Moralbegriffes, und zwar dem Unterschied zwischen nichtehelichen Kindern einer Frau einerseits und denen eines Mannes andererseits. Für Frauen waren solche Kinder ein untilgbarer und verheerender Makel, der sie in bürgerlichen Kreisen zur persona non grata machte. Für einen Mann hingegen waren nichteheliche Kinder mit Frauen unterhalb seines Standes ein Zeichen erfreulicher Virilität und Schneidigkeit. Die „gefallene Frau" gehörte zum Kernensemble des bürgerlichen Trauerspiels, man lese etwa „Rose Bernd" oder „Effie Briest". Gefallene Männer gab es nur im Krieg.

Ihre dritte Spaltung erfuhr die bürgerliche Moral, wo es um Kinder ging. Sie waren einerseits hoch erwünschte, wenn auch keinesfalls stets geliebte Folgen der Ehe. Außerhalb einer Ehe waren die kleinen Erdenbürger mit den neugierigen Augen aber leider Bastarde, denen man die Schmach ihrer Herkunft ein Leben lang nicht nachzusehen bereit war und die auch rechtlich hinter ehelichen Kindern meilenweit zurückzustehen hatten. Rechtsphilosophisch war das mit *Kant* einwandfrei zu legitimieren, dessen Ausführungen zur Stellung nichtehelicher Kinder in der „Metaphysik der Sitten" nicht zum Menschenfreundlichsten gehört, was die Aufklärung zu bieten hat; ein nichteheliches Kind wird danach

---

[44] Näher *Soell*, Hartmut, Helmut Schmidt 1918–1969. Vernunft und Leidenschaft (2003) S. 47 ff.

außerhalb des Gesetzes geboren, weswegen das Gesetz auch nicht für seinen Schutz zu sorgen hat und „seine Vernichtung" getrost ignorieren darf, jedenfalls bei einer Tat von seiten der Mutter. Ganz folgerichtig war es daher im Strafrecht des Kaiserreiches bei einem nichtehelichen Kind nicht ganz so schlimm, wenn die Mutter es während oder kurz nach der Geburt tötete. Hierfür hatte man angesichts der Bedeutung eines nichtehelichen Kindes für die Mutter Verständnis und ordnete in § 217 des Reichsstrafgesetzbuches eine Milderung derjenigen Strafe an, die sonst auf Totschlag stand. Eine Bestimmung, die sich in unserem Strafrecht bis 1998 gehalten hat.

Ihren vierten Bruch hatte die wilhelminische Sexualmoral entlang der Grenze zwischen Besitzenden und Besitzlosen. Denn diese Letztgenannten, Gesinde, Knechte und Mägde zumal auf dem Land, konnten nicht so einfach heiraten und einen eigenen Hausstand gründen. Ihnen fehlten die Mittel, und sie hatten ein unstetes Leben zu führen, da ihnen häufig betriebs- und launenbedingt gekündigt wurde. Da auch diese Menschen das Bedürfnis nach Liebe und Sexualität hatten, sind die Gerichtsakten aus jener Zeit voll von verheimlichten Schwangerschaften und Abtreibungen der Mägde.[45] Aufs Ganze gesehen ist es daher untertrieben, von einer bürgerlichen Doppelmoral zu sprechen. Es war eine Vierfachmoral, und wer Wahrhaftigkeit höher schätzt als moralische Fassadenarchitektur, wird das Kaiserreich auch in dieser Hinsicht schwerlich als gute alte Zeit betrachten können.

d) Gespaltene Gesellschaft: Adel, Bürgertum und der Rest

Auf dem Münchener Hauptbahnhof steht der Nachtzug nach Dresden unter Dampf und wird demnächst abfahren. An einem Fenster steht ein Schriftsteller und blickt auf den Bahnsteig. Dort nähert sich ein weiterer Fahrgast, ein Herr,

> „der sicher von edelster Abkunft ist. Er trägt ein Glas im Auge, was seine Miene verschärft, ohne sie zu verzerren, und sein Schnurrbart ist trotzig aufgesetzt, wodurch seine Mundwinkel wie sein Kinn einen verachtungsvollen und willensstarken Ausdruck gewinnen. […] Er wandelt sicher in seinen Gamaschen, sein Antlitz ist kalt, scharf faßt er Menschen und Dinge ins Auge. […] Er ist zu Hause im Leben und ohne Scheu vor seinen Einrichtungen und Gewalten, er selbst gehört zu diesen Gewalten, mit einem Worte: ein Herr."

---

[45] Ausführlich *Schulte* (Fn. 43) S. 126 ff.

Neben ihm verscheucht der Schaffner eine alte Frau, die aus Versehen in die zweite Klasse einsteigen wollte, obschon sie in die dritte gehört. Später wird der edle Herr dem Schaffner, weil er sich von ihm belästigt fühlt, das Fahrkartenheft mit einer Beleidigung ins Gesicht werfen, wofür sich der Schaffner mit zusammengezogenen Beinen und der Hand an der Mütze bedankt. — Der Leser möge es meinem norddeutschen Temperament nachsehen, wenn ich erneut aus einer Novelle Thomas *Manns* zitiere, dieses Mal aus „Das Eisenbahnunglück". Doch die Szene auf dem Bahnsteig und im Zug bietet eine zu plastische Anschauung für das Ständeverhältnis im Reiche Wilhelms II., als daß ich sie hätte unterschlagen können. Da ist in den Niederungen des Stände-Rankings die alte Frau, die sich in den Bahnklassen vertut; ihr vorgesetzt, wenn auch gleichen oder gar niedrigeren Standes, der Schaffner als Vertreter staatlicher Autorität, der von dieser Autorität auch rüden Gebrauch macht. Er buckelt aber unter Verzicht auf die eigene Würde vor einem Herrn „edelster Abkunft", der den Adelsstand und damit die gesellschaftliche Spitze repräsentiert. Das wilhelminische Deutschland teilte sich in Stände, und diese Teilung war von unten nach oben schwer zu überwinden, in Richtung Adel sogar unüberwindlich, denn im Gegensatz etwa zu England duldeten die deutschen Adelsfamilien keine Ehen mit Bürgerlichen. Das deutsche Streben nach Einheit war hauptsächlich eine Sehnsucht des Bürgertums, und innergesellschaftlich für den Adel sogar ein Albtraum.

Allerdings fanden Adel und ein Teil des Bürgertums – hohe Verwaltungsbeamte, Akademiker – zusammen in der Gemeinschaft der Satisfaktionsfähigen, und diese Distinktion war ebenso bedeutsam wie jene zwischen Adel und Nichtadligen. Es handelte sich um ein spezifisch deutsches Phänomen, das wohl nur zu erklären ist mit dem Aufstieg des Bürgertums in Verbindung mit dem Erfolg des adeligen Kriegerkultes bei der nationalen Einigung, die sich einer Reihe siegreicher, preußisch dominierter Kriege verdankte. In der Folge emanzipierte sich das aufstrebende Bürgertum nicht wie in anderen Ländern vom Adel, sondern warf schulterzuckend einen Teil der eigenen Ideale und Lebenskultur außenbords, die sich auf dem Weg zur nationalen Einheit nicht bewährt hatten, und huldigte fortan den Macht- und Brutalitätsmaximen von Adel und Militär. Kristallisationspunkt und Kern dieser Identifikation war die Konflikterledigung per Duell. Ihre sichtbarste Äußerung war die Verehrung alles Militärischen, am deutlichsten durch die Kleidung, denn wer die Uniform eines Reserveoffiziers tragen durfte, zog sie ande-

rer Kleidung vor, selbst wenn diese ihn als etwas Ranghöheres aus-
gewiesen hätte. Ein besonders bedrückendes Beispiel war die Ein-
weihung des neuen Reichstagsgebäudes im Jahre 1894, als der Präsident des Reichstages, der gewählten Vertretung des deutschen
Volkes, in Reserveoffiziersuniform erschien. Wie die bürgerliche
Liebe zum Militär und die nationale Einigung zusammenhingen,
verdeutlicht ein Ausspruch Heinrich *von Treitschkes*:

> „Das deutsche Heer ist unzweifelhaft das allerrealste und wirk-
> samste Band der nationalen Einheit geworden, ganz gewiß nicht,
> wie man früher hoffte, der Reichstag. Der hat vielmehr dazu beige-
> tragen, daß die Deutschen wieder sich gegenseitig zu hassen und
> verleumden begannen. Das Heer hat aber uns zu praktischer Ein-
> heit erzogen."[46]

Ebenso verdeutlicht dieses Zitat den Vorrang der Einheits- und
Einigungssehnsucht vor demokratischen oder liberalen Bedürfnissen. Auch in unserer Nationalhymne steht die Einigkeit nicht zufäl-
lig vor dem Recht und der Freiheit. Rückblickend ein verhängnis-
voller Vorrang!

Doch zurück zu den Spaltungen der deutschen Gesellschaft im
Kaiserreich. Eine weitere Front verlief zwischen Demokraten und
Monarchisten. Beiden gestand die Verfassung des Reiches ein Da-
seinsrecht zu, wenngleich die Monarchisten deutlich Oberwasser
hatten. Auch diese Front gab es in ihrer deutschen Schärfe keineswegs in jeder konstitutionellen Monarchie und noch weniger in
einer Republik wie Frankreich. Und politisch kann es kaum einen
größeren Gegensatz geben als den zwischen den Verfechtern einer
Herrschaft des Volkes und den Verfechtern einer Alleinherrschaft.
Teil dieses Gegensatzes war auch der Graben, der die sozialdemokratische und gewerkschaftliche Arbeiterschaft vom Staat trennte.
Auf die Spitze trieb diesen Konflikt *Bismarck* mit seinen Soziali-
stengesetzen, die aus den Arbeitern Vaterlandsverräter und subver-
sive Elemente machten, weil sie die ungeheuerliche Frechheit hatten, um menschenwürdige Arbeits- und Lebensbedingungen zu
kämpfen und politischen Einfluß zu fordern. Einen ähnlichen und
ähnlich erfolglosen Krieg führte *Bismarck* im sogenannten Kultur-
kampf gegen die katholische Kirche und ihren politischen Flügel,
die Zentrumspartei. In gewisser Weise Ausdruck einer weiteren
tiefgehenden gesellschaftlichen Spaltung des Kaiserreiches (wenn-

---

[46] *Von Treitschke*, Heinrich, Politik. Vorlesungen gehalten an der Universität
zu Berlin, Band 2 (1922) S. 357.

gleich nicht auf das Kaiserreich beschränkt), nämlich des Gegensatzes zwischen Protestanten und Katholiken.

Wenn man das Ganze überblickt, erscheint das wilhelminische Deutschland stärker von Spaltungen und Konflikten geprägt denn von der Homogenität und Ganzheitlichkeit, in denen sie die Nostalgie unserer Tage so gerne betrachtet. Die bürgerliche Behaglichkeit, die Bilder und Literatur jener Tage verströmen, zeigt stets nur einen kleinen Ausschnitt der wilhelminischen Welt, stets nur eine Fassade, hinter der es oft weniger behaglich zuging, und ist nicht nur aus diesem Grund gänzlich ungeeignet, in unserer Gegenwart gesellschaftspolitische Utopien zu stiften.

2. Weimar – Versuch einer Republik

Um Weimar zu verstehen, muß man nach Versailles. Dort, im Spiegelsaal des Sonnenkönigs, sagt George *Clemenceau*, Ministerpräsident der Dritten französischen Republik, am 28. Juni 1919 vor über tausend Menschen in eine große Stille hinein: „Faites entrer les Allemands" – bringt die Deutschen herein. Es erscheinen zwei verlorene Gestalten in grauen Anzügen, und es folgt die Unterzeichnung des Versailler Vertrages in einer Zeremonie, von deren Ende ein britischer Augenzeuge berichtet: „Wir reden kein Wort miteinander. Das Ganze ist zu widerlich gewesen."[47] Die Briten hatten selbst nach dem vierjährigen Schlachten ein Gespür für Anstand und Fairneß; ein Begriff, den nicht von ungefähr ihre Sprache geprägt hat. Den Franzosen war dieses Gespür gegenüber den Deutschen abhanden gekommen. Der Weltkrieg war für sie „das größte Verbrechen der Menschheitsgeschichte" (*Poincaré*), Frankreich dessen Opfer, Deutschland der Täter – da hatten es Anstand und Fairneß nicht leicht. Allerdings saß der Stachel eigentlich ganz woanders; und zwar dort, wo er den französischen Eliten seit Ludwig XIV. am wehesten tut: in der nationalen Eitelkeit. Und dorthin hatte ihn Deutschland nicht in den Jahren 1914 bis 1918 gesenkt, sondern 1870/71. Daß man am Ende des Weltkrieges mit derart ausgestrecktem Zeigefinger auf die Deutschen und nur auf sie zeigte, entlastete die eigenen Schultern von hunderttausenden toter Franzosen, mit denen niemand gerechnet hatte und die vielleicht selbst den ärgsten Revanchisten ein zu hoher Preis für die Revanche gewesen wären. Die Ausschließlichkeit, mit der man die Deutschen verteufelte, läßt sich als Zeichen eines schlechten Gewissens

---

[47] *Nicolson*, Harold, Friedensmacher 1919 (1933) S. 354.

lesen, weil man einem Krieg entgegengefiebert hatte, der so verheerend gewesen war. Und das hatten sie nun einmal getan, die französischen Eliten: Sie hatten dem Krieg entgegengefiebert, hatten ihn mit aller Entschlossenheit erwartet, denn daß sie für 1870/71 Revanche haben mußten, stand ihnen fest, und daß sich die nicht ohne Krieg machen ließ, war ebenso gewiß. In einer Ausstellung in Paris über das deutsch-französische Verhältnis habe ich (wohl 1997) auf einer Tafel zum Krieg von 1870/71 gelesen: Bismarck habe die Klugheit besessen, Napoleon III. den Krieg beginnen zu lassen. Das ist richtig. Die gleiche Klugheit hatte Frankreich 44 Jahre später. „Niemals davon sprechen, immer daran denken", das war *Gambettas* Parole zur französischen Revanche für die Niederlage im deutsch-französischen Krieg. 1914 war es endlich soweit; die Germanen hatten den entscheidenden Fehler gemacht. An ihm ist übrigens nichts zu beschönigen: Die deutsche Führung wollte den Krieg und hatte es in der Hand, ihn auszulösen oder zu verhindern, ganz wie Napoleon III. im Jahre 1870. Aber daß er auf der anderen Seite des Rheins ein nichts als friedliebendes Volk beim Boulespielen überrascht hätte, ist eine Legende, mit der dieses Volk noch heute sein Entsetzen darüber betäubt, wie hoch sich die Leichenberge 1918 türmten.

Gegen die Pläne der Amerikaner, die den Krieg entschieden hatten, setzten die Franzosen zum Nachteil der Deutschen auch inhaltlich ein hartes Vorgehen durch. Das Reichsgebiet schrumpfte um 1/7, die Bevölkerung damit um 1/10, die Kohlenförderung um 1/4 und der Eisenerzgewinn gar um 1/2; hinzu traten die Entwaffnung bis auf ein Maß, mit dem sich das Reich nicht mehr verteidigen ließ, und Entschädigungsforderungen, von denen der Brite John Maynard *Keynes* schon 1919 in einem kleinen Buch (The Economic Consequences of the Peace) schrieb, sie seien ebenso unmoralisch wie unrealistisch. Die deutsche Nation war vor den Kopf geschlagen. Doch „mehr als alle materiellen Lasten, die ihr von den Siegermächten aufgebürdet waren, hat sie die Verstoßung aus dem Kreis der geachteten Völker zutiefst empört, und ein scharfsinniger Beobachter hat dazu bemerkt, schon damals habe sich eine ‚Volksgemeinschaft der Erbitterten' gebildet, die nur noch auf einen Führer und Stichwortgeber wartete"[48]. Zudem war für sie der Waffenstillstand, dem sie den Schmachvertrag verdankte, eine

---

[48] *Fest*, Joachim, Der Führerbunker, in: Etienne François und Hagen Schulze (Hg.), Deutsche Erinnerungsorte, Band 1 (2001) S. 122 (131).

Niederlage, die keiner verstand. Noch kurz zuvor hatte das Reich im Osten gesiegt und hatten im Westen frisch verstärkte deutsche Truppen angegriffen. Das Reich war unbesetzt, die Hochseeflotte lag unbeschädigt in den Häfen – wie konnte da der Krieg verloren sein? Die Antwort lieferten die Verantwortlichen, indem sie die Verantwortung mit der Dolchstoßlegende und großer Perfidie auf jene schoben, die das bessere Deutschland vertraten: auf die demokratisch gesonnenen Parteien, in vorderster Linie das Zentrum und die Sozialdemokraten. Sie durften nach außen den Waffenstillstand und den Versailler Vertrag unterzeichnen und hatten im Inneren eine rote Revolution zu verhindern. Dieses Odium wurden sie und wurde mit ihnen die junge Republik nicht mehr los. Sie war in den Augen des Adels und des konservativen Bürgertums – der Schicht, von der *Di Fabio* schwärmt – „Meineid und Hochverrat", so die Worte des Münchener Kardinals Faulhaber.[49] So blieb Weimar eine Republik mit zu wenigen Demokraten.

Und doch hätte sie überleben können, den adeligen und bürgerlichen Antidemokraten, den Kommunisten und alliierter Unvernunft zum Trotz. Es mußte einiges zusammenkommen, um sie zu vernichten: eine Krise der Weltwirtschaft; die Senilität Hindenburgs und seine Abhängigkeit von fremder Einflüsterung; die rücksichtslose Dummheit der ostelbischen Grundbesitzer, die gegen *Brünings* Plan intrigierten, von ihren Rittergütern Land für die Bauern zu gewinnen; das verantwortungslose Vabanquespiel des Reichswehrgenerals Kurt *von Schleicher;* und schließlich die Indolenz und Feigheit der Reichstagsabgeordneten, die Hitler für sein Ermächtigungsgesetz zu der erforderlichen Zweidrittelmehrheit verhalfen, das waren bekanntlich alle bis auf die SPD. (Die Kommunisten waren zu dieser Zeit schon verboten und daher im Reichstag nicht vertreten.) Betrachtet man die Weimarer Republik von ihren Anfängen bis zu ihrem Ende, so gab es nur eine Gruppe, die ihr unverbrüchlich die Treue hielt: die Sozialdemokraten. Und es steht ebenso fest, wer ihre Totengräber waren. Wem angesichts dessen auch in der historischen Perspektive nichts anderes einfällt als eine Hymne auf das Bürgertum, der sollte keine politischen Bücher schreiben.

---

[49] Zitiert nach *Franz-Willing*, Georg, Die Hitler-Bewegung (1962) S. 220.

3. Was lange gärt, wird endlich schlecht – der Nationalsozialismus

a) Hitler – Aufstieg des Unterdrückten

Die Ursachen von Weimars Ende sind die Ursachen von Hitlers Aufstieg. Er ist ohne die Wirtschaftsmisere seit 1929 so wenig denkbar wie ohne die Demütigung Deutschlands durch Versailles. Indes waren diese beiden nur der Leidensdruck, der die Deutschen nach einem Retter suchen ließ, und kam es auch darauf an, daß Hitler ihnen Verheißungen machte, die sie in ihm jenen Retter erkennen ließen. Das gelang ihm beachtlich paßgenau. Freilich konnte er an eine Empfindenstradition anknüpfen, deren Anfänge schon im Preußen des Soldatenkönigs liegen und die das wilhelminische Deutschland bis zur Abartigkeit im Duell- und Mensurwesen gepflegt hatte: an den Kult der Unbarmherzigkeit und Gewalt gegen sich und andere als einzig wirksames Mittel, um sich durchzusetzen. Zur Ehrenrettung Preußens sei hinzugefügt, daß dieses Verabsolutieren der Gewalt eine bürgerliche Fehlinterpretation aristokratischer Strategien war, denn für die christliche Kriegerkaste Preußens war Gewalt eines von mehreren Mitteln zum Zweck und regelgebunden. Es gab Linien, die man nicht überschritt. Völkerrechtlichen Ausdruck fanden sie später in der Haager Landkriegsordnung von 1907, die beispielsweise den Befehl, kein Pardon zu gewähren, als Kriegsverbrechen einstufte. Dies hingegen war Hitlers sozialdarwinistische Ideologie: kein Pardon zu gewähren. Weder gegenüber den Juden noch gegenüber den Untermenschen im Osten. Und als dem preußischen Adel das in aller Realität bewußt wurde, regte sich Widerstand; viel zu spät, doch immerhin. Auch die Totalisierung des Ersten Weltkriegs war nicht das Werk des preußischen Offiziersadels, sondern eines Bürgerlichen in Generaluniform, Erich Ludendorff.

Damit kehren wir in den ursprünglichen Gedankengang zurück. Hitler konnte mit seiner Verherrlichung von Gewalt und Radikalität an eine Haltung anschließen, die zwar in Preußen ihren Ursprung hat, aber nicht ihre spätere Ausprägung erfuhr. Auch Hitlers Rassenwahn ist eine mißratene kleinbürgerliche Adelimitation; ein Abklatsch aristokratischen Stammbaumstolzes und des Bemühens, unter sich zu bleiben. Ein Bemühen, das in Deutschland viel weiter ging als in England, wo ein bürgerlicher, gar jüdischer Ahne für einen Adligen kein Unglück war, sofern er wußte, was sich für seinen Stand gehörte, und wo auch nur die ältesten Söhne Titel und

Rang des Vaters erbten, während die übrigen Nachfahren im Laufe der Generationen schrittweise ins Bürgertum abstiegen.[50] Der nationalsozialistischen Rassenlehre begegneten die Deutschen zwar mit größerer Skepsis als Hitlers Revisionismus, aber den Underdogs und allen, die sich minderwertig fühlten, bot sie doch eine Möglichkeit, Selbstachtung zu konstruieren, wenngleich in vorsintflutlicher Manier.

Schließlich bediente Hitler noch die Einheitssehnsucht der Deutschen, indem er ihnen eine ungeteilte Volksgemeinschaft verhieß, unübersehbar zum Ausdruck gebracht in der Uniformierung von allem und jedem. Die Zustimmung zum Naziregime war gleichwohl anfangs lau. In den letzten freien Wahlen lag sie nur bei 33% der Stimmen. Doch mit jedem konjunkturellen Schritt nach vorn, Finanzierung hin oder her, mit jeder Versailler Schmach, die Hitler tilgte, mit jedem Bauwerk, das aus dem Boden gestampft wurde, mit jedem Gemeinschaftserlebnis in den NS-Organisationen und Aufmärschen wuchs die Begeisterung. Ihren Höhepunkt erreichte sie nach dem Sieg über Frankreich. Spätestens jetzt mochten sich dort einige fragen, ob man dem europäischen Frieden in Versailles einen Dienst getan hatte.

b) Willige Vollstrecker?

Daniel J. *Goldhagen* zufolge waren die Deutschen Hitlers „willige Vollstrecker", die den Mord an ihren jüdischen Mitbürgern und deren Mißhandlung aus antisemitischer Überzeugung unterstützten.[51] Diese Generalanklage ist verständlich, wenn man auf der anderen Seite die Adenauersche Geschichtsversion bedenkt, die genauso verkehrt war und die sich die Bundesrepublik aber lange Jahrzehnte zu eigen gemacht hat: „Das deutsche Volk in seiner überwiegenden Mehrheit hat die an den Juden begangenen Verbrechen verabscheut und hat sich an ihnen nicht beteiligt"[52]. *Goldhagen* gegenüber wird man zunächst die Deutschen zu bedenken geben, die Widerstand leisteten und deren Zahl und Namen wir noch immer zu wenig kennen. Bekannt sind einige, die Hitler zu töten versuchten – immerhin gab es 42 Attentatsversuche –, am bekanntesten die Männer, in der zweiten Reihe auch Frauen, des 20. Julis. Bekannt sind auch die jungen Gesichter der „Weißen Rose", deren

---

[50] *Elias* (Fn. 4) S. 35 f. in Fußnote 2.
[51] Siehe *Goldhagen*, Daniel J., Hitlers willige Vollstrecker (2000).
[52] Aus: Verhandlungen des Deutschen Bundestages, Stenografische Berichte, 1. Wahlperiode, 165. Sitzung am 27. September 1951, S. 6697 f.

Flugblätter ich noch immer nicht ohne tiefe Bewegung lesen kann, weil sie so hellsichtig, selbstlos und mutig sind. Aber wer kennt jene, die im Stillen Verfolgte versteckten und ernährten oder sich weigerten, verbrecherische Weisungen auszuführen, etwa zur Euthanasie? Als Beispiel den Feldwebel Anton Schmid, ein Österreicher, der schon vor seiner Einberufung von Wien aus Juden zur Flucht verholfen hatte und später als Soldat in Wilna unter steter Lebensgefahr Juden im Ghetto Nahrung und Milch für die Säuglinge brachte, der Nachrichten an jüdische Widerstandskämpfer übermittelte, ihnen Waffen verschaffte und sie sonst vielfältig unterstützte, der selbst Juden aus dem Gefängnis holte und versteckte und der einem von ihnen auf die Frage nach dem Motiv seiner Waghalsigkeit antwortete: „Krepieren muß jeder. Wenn ich aber wählen kann, ob ich als Mörder oder als Helfender krepieren soll, dann wähle ich den Tod als Helfer."[53] Er starb ihn am 13. April 1942 vor einem Erschießungskommando, nachdem man sein Tun entdeckt hatte. In Yad Vashem gibt es für ihn eine Tafel, und seit dem Jahre 2000 ist in Rendsburg eine Kaserne nach ihm benannt, die zuvor – bis 2000 – den Namen eines nationalsozialistischen Generalobersten der Wehrmacht getragen hatte.

Doch bleibt es dabei, daß Menschen wie Anton Schmid eine Minderheit waren, mag sie auch größer gewesen sein, als *Goldhagen* glaubt. Richtig ist auch, daß Hitler problemlos die Vollstrecker fand, die seine Todesindustrie brauchte. Ein Grund dafür war die Charakterformung und -auslese, die der Brutalitätskult des Kaiserreiches bewirkt hatte, nicht selten verbunden mit Minderwertigkeitskomplexen in der Zivilgesellschaft und ohne sichere Verankerung in deren humanistischem Grund. Doch auch diese Vollstrecker in den Einsatzgruppen und KZs waren eine Minderheit. Das entlastet die Masse nicht automatisch, ändert aber den Schuldspruch. Er lautet auf ein Wegschauen, Nicht-wissen-Wollen und auf mindestens fahrlässig unterlassene Hilfeleistung. Im Nachspann zu dem Film „Der Untergang" bringt Traudl *Jung* dies aufrichtig zum Ausdruck, die letzte Sekretärin Hitlers: Sie habe nicht alles gewußt; aber sie hätte leicht mehr wissen können, wenn sie sich dafür interessiert haben würde. Lassen Sie mich zum Schluß dieses Abschnitts noch aus einem der schon erwähnten Flugblätter der *Weißen Rose* zitieren:

---

[53] Zitiert nach: *Wette*, Wolfram, „So etwas wie ein Heiliger", Zeitung zum Sonntag (Freiburg i. Br.) vom 7. Mai 2000, S. 4.

„Deutsche! Wollt Ihr und Eure Kinder dasselbe Schicksal erleiden, das den Juden widerfahren ist? Wollt Ihr mit dem gleichen Maße gemessen werden wie Eure Verführer? Sollen wir auf ewig das von aller Welt gehaßte und ausgestoßene Volk sein? Nein! Darum trennt Euch von dem nationalsozialistischen Untermenschentum! Beweist durch die Tat, daß Ihr anders denkt! Ein neuer Befreiungskrieg bricht an. Der bessere Teil des Volkes kämpft auf unserer Seite. Zerreißt den Mantel der Gleichgültigkeit, den Ihr um Euer Herz gelegt! Entscheidet Euch, eh' es zu spät ist!"

Doch sie entschieden sich nicht. Ein Vierteljahrhundert später verlangten ihre Kinder dafür eine Erklärung. Aber dazwischen kam es noch zu einer vermeintlich besonders seligen Zeit:

4. Das falsche Idyll. Die fünfziger Jahre

Keine Frage, die fünfziger Jahre haben Konjunktur, Hochkonjunktur sogar als glückliche Insel in einem unheilvollen Zeitenmeer zwischen Nationalsozialismus und den wertelosen Kulturrevoluzzern der Sechziger. Horst *Köhler* hat sie in seiner Rede beim Arbeitgeberforum 2005 beschworen, desgleichen Angela *Merkel* in ihrer Regierungserklärung, Tausende wallfahrten jährlich zu Adenauers Villa in Rhöndorf, und ihre endgültige Apotheose erfahren deren früherer Hausherr und seine Regierungszeit in *Di Fabios* „Kultur der Freiheit". Das ist einerseits verständlich aufgrund der Milde und Selektivität menschlichen Erinnerns, das in diesen Disziplinen von den Filmen jener Zeit noch übertroffen wird. Andererseits hatten jene Jahre so deutliche Schattenseiten, daß sie objektiv im besten Fall eine „Zeit voller Widersprüche" waren, als die Norbert *Frei* sie bezeichnet hat.[54]

a) Das schiere Glück, am Leben zu sein

Doch gibt es natürliche Faktoren, die der Nachkriegszeit bis Anfang der sechziger Jahre Glücksimpulse vermittelten. Einmal das erleichternde Gefühl, wenn der Schmerz nachläßt: Für die Soldaten hatte das Grauen der Front ein Ende, und sie konnten nach und nach zu ihren Familien zurück. Die wiederum hatten den Bombenterror überstanden und die Auswüchse des nationalsozialistischen Spitzel- und Gesinnungsstaates. Man war der Abwärtsspirale des Untergangs entkommen, es ging zum ersten Mal seit Jahren aufwärts, und das nach kurzem Stocken in raschem Tempo; die Besat-

---

[54] In: 60 Jahre DIE ZEIT (erstes Tabloid) S. 4.

zung verschwand, peu à peu verschwanden auch die Trümmer, und neue Gebäude wuchsen wie die Wirtschaft rasant empor. Zudem konnte man kurz nach dem Krieg in den Städten in dem Gefühl leben, daß es zwar allen ziemlich schlecht ging, aber eben auch allen; man kann auch mit Bombenteppichen für ausgeglichene Lebensverhältnisse sorgen, und oberhalb nackten Existenzkampfes hat eine solche Angleichung schon für sich genommen stabilisierenden Einfluß auf das Lebensgefühl (was nicht verleugnen darf, daß viele in den ersten Jahren und Wintern nach dem Krieg allerdings ums nackte Überleben kämpften). Nivellierende Wirkung hatte dann erneut die Währungsreform 1948, und auch im wirtschaftlichen Aufstieg der fünfziger Jahre blieb die Einkommensschere im Vergleich mit heute einigermaßen geschlossen. Die Rentenreform von 1957 war ebenfalls eine allgemein wirkende materielle Wohltat.

b) Von der Kunst des Verdrängens

Aber die Begeisterung für und die Konzentration auf Nierentisch, Tanztee und Urlaub in Italien waren zugleich Zeichen einer gigantischen Verdrängung, eines völligen Wegblendens des Zivilisationsausfalls in den Bombennächten, den KZs und an den Fronten des sechsjährigen Krieges. In welche Fratzen hatten die Augen der Wirtschaftswunderlinge geblickt, welche Schreie und tierischen Laute waren in ihre Ohren gedrungen, und was hatten ihre Hände in stummer, verzweifelter, blutiger Entschlossenheit getan! Noch Jahrzehnte danach gelingt es kaum einem von ihnen, davon zu erzählen – wenn sie es denn tun –, ohne ungehemmt zu schluchzen; einige Fernsehinterviews gibt es immerhin. Frauen hatten erlebt, wie im Hamburger Feuersturm Kinder verglühten. Fallschirmjäger hatten auf Kreta erlebt, wie sich die Schirme von Kameraden in Bäumen verfingen, wie sie daraufhin hilflos waren und mit Bajonetten abgestochen wurden und nach ihren Müttern schrieen, während sie verbluteten. Für das Geschehen in den Schützengräben mag die Schilderung eines Soldaten stehen, der einem Russen, der im Nahkampf auf ihm lag, reflexhaft in die Halsschlagader biß. Und und und! Von all dem jedoch im Wirtschaftswunderland – nichts. In Deutschland lebte eine weithin traumatisierte, unter den Männern vielfach verrohte, an Leib und Seele verkrüppelte Erwachsenengeneration und trank endlich wieder Bohnenkaffee. Niemandem, der nicht an ihrer Stelle stand, steht es zu, darüber zu richten. Und sowohl individualpsychologisch als auch nach dem überkommenen gesellschaftlichen Habitus, zumal für die Männer, war dieses Verdrängen verständlich, in Grenzen sogar notwendig. Aber was das Beschweigen und Tabuisieren in den Familien angerichtet hat, kommt seit den neunziger Jahren langsam zu Tage.[55] Denn jetzt beschäftigen sich die Kinder von damals bewußt damit, warum ihre Eltern so waren, wie sie waren. Wer bedenkt, daß im Vietnamkrieg der USA bei jedem zweiten US-Soldaten mindestens zeitweise die sogenannte posttraumatische Belastungsstörung festzustellen war, der mag erahnen, was unter den bunten Glanzflächen des deutschen Wirtschaftswunders gärte und rumorte. Kaum muß man erwähnen, daß auch den Kindern, die Kriegsschrecken erlebt hatten, keiner half, mit den Albträumen fertigzuwerden. Ihren Eltern gelang dies schließlich selbst nicht, und die Kinder- und Jugendliteratur jener Jahre bietet die gleiche Fehlanzeige.[56]

Das Verdrängen hatte seine beschaulichen Seiten. Dies ganz buchstäblich in den Filmen der Zeit, besonders den rund 300 Heimatfilmen, die schon nach ihrem Schauplatz, der Bergwelt, keine Gelegenheit boten, an den Krieg zu erinnern. Doch auch soweit die Filme in Städten spielen, sind dies unzerstörte oder wiederaufgebaute, staubfreie Glitzerstädte. Damit setzte die Filmindustrie einen Illusionismus fort, der schon im Krieg begonnen hatte; auch der „Feuerzangenbowle" sieht man nicht an, daß sie 1944 entstand. Die Menschen waren dankbar dafür. Sie hatten die Ruinen bereits in ihrem Alltag und ihren Seelen, in den Kinos wollten sie eine andere Welt. Beschaulich war auch manch andere Rückkehr in Vorkriegszeiten, etwa die Wiedereinführung der Anreden „Magnifizenz" und „Spektabilität" für Rektoren beziehungsweise Dekane an den Universitäten. Weniger beschauliche Seite des Verdrängens war jedoch, daß es auch die Opfer des Terrors beiseite schob. Schon in *Adenauers* erster Regierungserklärung kamen sie nicht vor, und als er später Israel Wiedergutmachungsleistungen zukommen lassen wollte, gelang ihm dies 1952 nach eigenem Schwanken und unter vehementem Protest des eigenen Lagers nur mit der Hilfe der Sozialdemokraten, die geschlossen für das Gesetz stimmten – ganz anders als die Regierungskoalition (auch in der Bevölkerung waren

---

[55] Hierzu exemplarisch *Jetter*, Monika, Mein Kriegsvater. Versuch einer Versöhnung (2004); *Moser*, Tilman, Politik und seelischer Untergrund (1993); *Eckstaedt*, Anita, Nationalsozialismus in der „Zweiten Generation". Psychoanalyse von Hörigkeitsverhältnissen (1989).
[56] Siehe *Theile*, Merlind, Leistung statt Leid, in: SPIEGEL Special „Die fünfziger Jahre", S. 42 f.

nach einer Allensbach-Umfrage nur 11% mit der Wiedergutmachung ausdrücklich einverstanden, 44% fanden sie überflüssig). Bereits den Besatzungstruppen waren 1945 zwar servile Deutsche begegnet, doch keine, die sich einer Schuld an irgend etwas bewußt gewesen wären.[57] Im Gegenteil fühlten sie sich in der Regel selbst als Opfer, wie zahlreiche Eingaben internierter Deutscher zeigen.[58] Der Bundestag ließ mit der Macht der konservativen Regierung 1960 die Totschlagsdelikte (ohne Mord) der Nazis verjähren und 1965 beinahe auch noch deren Morde, wenn es nicht außer den Sozialdemokraten auch in der Regierungskoalition verantwortungsbewußte Stimmen wie die von Ernst *Benda* gegeben hätte. Wesentlich leichter von der Hand gingen da 1949 und 1954 Amnestiegesetze, von denen vor allem Nazi-Täter profitierten. Man hätte sie auch „Amnesiegesetze" taufen können. Zudem widersetzte man sich beharrlich Versuchen, mit Gedenktafeln oder Mahnmalen an die Opfer zu erinnern.[59] Beispielsweise an die Kinder, die im April 1945 ganz in der Nähe meines Heimatortes in einer Schule am Bullenhuser Damm ermordet wurden. Der STERN berichtete 1979 von ihrer Geschichte und davon, daß der Hauptverantwortliche, Arnold Strippel, nie zur Rechenschaft gezogen worden war. Daraufhin schlugen Bürger des Hamburger Stadtteils Lokstedt vor, Straßen nach den Kindern zu benennen. Es brauchte zehn Jahre, bis Grüne und Sozialdemokraten diesen Vorschlag für das Neubaugebiet Burgwedel umsetzen konnten. Die Gegenstimmen hätten aus den fünfziger Jahren stammen können: Die CDU wollte die Straßen lieber nach Märchenfiguren benennen, und eine Anwohnerin beschwerte sich, daß ihr Straßenname nun nicht mehr in die Kästchen auf dem Lottoschein passe.

c) Heile Welt mit schwarz-braunen Schatten

Das Schlimmste an den fünfziger Jahren war aber das Ausmaß, in dem der Nationalsozialismus geistig und personell fortdauerte.

---

[57] Siehe *White*, Osmar, Die Straße des Siegers. Eine Reportage aus Deutschland 1945 (2005).

[58] Siehe *Klee*, Ernst, Wo die Täter Opfer spielten, war für die wirklichen Opfer kein Platz, in: Lorenz Böllinger und Rüdiger Lautmann (Hg.), Vom Guten, das noch stets das Böse schafft. Kriminalwissenschaftliche Essays zu Ehren von Herbert Jäger (1993) S. 15 (18 f.).

[59] Näher, auch zum Folgenden, *Neumann*, Klaus, Mahnmale in: Etienne François und Hagen Schulze (Hg.), Deutsche Erinnerungsorte, Band 1 (2002) S. 622 ff.

Bevor wir uns diesen schwarz-braunen Schatten zuwenden noch einige Worte zu der heilen Welt, auf die sie fielen. Diese Heilheit war in manchem unheilvoll. Zunächst die „Restauration" (*Kogon*) des wilhelminischen Harmoniereglements zum Verhältnis der Geschlechter. Immerhin gelingt es einer Sozialdemokratin, Elisabeth Selbert, im dritten Anlauf, im parlamentarischen Rat – 61 Männer, 4 Frauen – den Absatz 2 des Artikels 3 in das Grundgesetz zu bringen: „Männer und Frauen sind gleichberechtigt." Doch die Erwerbstätigkeit der Frau hält der CDU-Familienminister *Wuermeling* mit einem Gutteil der Bevölkerung für „gemeinschaftszerstörend" da individualistisch; *Wuermeling* ist von 1953 bis 1962 im Amt. Und zum Gleichberechtigungsgesetz von 1958 muß das Bundesverfassungsgericht die Adenauer-Regierung zwingen. Bis dahin bedurften die Frauen der Zustimmung ihres Mannes, wenn sie berufstätig sein oder auch nur ein eigenes Konto haben wollten. Die Sexualmoral erschließt sich unschwer über das Strafgesetzbuch: Ehebruch ist ebenso ein Straftatbestand wie männliche Homosexualität und „Kuppelei", das Ermöglichen des Geschlechtsverkehrs Unverheirateter. Die Vergewaltigung der Frau durch ihren Ehemann indes ist straflos (was sich erst 1997 ändert). In der Realität der Nachkriegszeit ist allerdings nach Schätzungen jedes zehnte Kind nichtehelich; natürlich auch ein Tribut an den Männermangel und die Anwesenheit von Besatzungstruppen nach Kriegsende.

Mit einer Bundesregierung, die sich über ihr Christentum definiert, mit einem katholischen Bundeskanzler und mit einem Anstieg des katholischen Anteils der Bevölkerung von 33% auf 45% – Folge der Gebietsverluste und der Migration – steigt der gesellschaftliche Einfluß der katholischen Kirche und führt zu einem Höhenflug der Prüderie. Als 1951 in dem Film „Die Sünderin" für einen Moment verschwommen Hildegard Knefs nackte Brust zu sehen ist, ruft der Kölner Kardinal *Frings* zu einem Boykott dieser „Zersetzung der sittlichen Begriffe unseres christlichen Volkes" auf; dabei spielte auch eine Rolle, daß die Sünderin in dem Film zugleich eine Prostituierte ist, die auch noch Selbstmord begeht. Und noch 1965 verkündet das Kölner Generalkirchenvikariat: „Nacktduschen widerspricht katholischer Moral." Es geht schließlich auch mit Badehose. Das ganze mutet heiter an, war aber für die Pubertierenden jener Zeit weniger lustig; sie standen mit allem, was auf sie einstürmte und was sie daraufhin taten, innerlich mit einem Bein in der Hölle. Witzig findet das üblicherweise nur, wer es nicht erlebt hat.

Die katholische Kirche ließ es sich auch nicht nehmen, gegen die Liberalen und die Sozialdemokraten offen zu agitieren. *Adenauer* mochte man es im Namen der politischen Auseinandersetzung nachsehen, wenn er die Mitglieder der Sozialdemokratischen Partei Deutschlands als Heiden diffamierte, obschon sie natürlich nicht selten Christen und gar katholisch waren. Aber daß katholische Priester und Bischöfe von der Kanzel und in Hirtenbriefen von den Gläubigen unverhohlen verlangten, CDU und CSU zu wählen, widrigenfalls es sich um eine Sünde handle – das wird man ihnen vorhalten müssen. Und noch etwas ist ihnen vorzuhalten und steht gegen die Saga von der heilen Welt, und zwar daß sie den Graben zwischen Protestanten und Katholiken vertieften, statt Brücken zu bauen. Der Konflikt der Konfessionen war nach dem Krieg schärfer als zuvor, und das ist überwiegend der katholischen Kirche anzulasten. Die Romane Heinrich *Bölls* spiegeln diesen Konflikt. Heute können sich das jüngere Menschen kaum vorstellen, aber es bedeutete damals ernste innere und äußere Schwierigkeiten, einen Angehörigen der anderen Konfession zu lieben, erst recht zu heiraten. Abermals in den Worten Kardinal *Frings'* lautete die Parole: „Im Kampf gegen die Mischehe dürfen wir nicht erlahmen." Die „Mischehe" war die Ehe zwischen Partnern ungleicher Konfession.

Heil war die Welt auch insofern nicht, als es um Juden, Emigranten und Vertriebene ging. Keineswegs nahm man sie mit offenen Armen in eine große Gemeinschaft der vom Nationalsozialismus Erlösten auf, wie es etwa *Di Fabio* suggeriert. Zum Teil hausten die Juden, die überlebt hatten, als „Displaced Persons" in Lagern und wurden von den Deutschen mit Neid bedacht, weil man eine Bevorzugung durch die Besatzungsmacht unterstellte. Auch die deutschen Behörden behandelten sie ungnädig.[60] Zu einem anderen Teil lebten Juden dort, wo sie schon immer gelebt hatten, unter der übrigen Bevölkerung. Eine von ihnen war die Journalistin Inge *Deutschkron*, die in unterschiedlichen Verstecken überlebt hatte und deren Familie bis auf die Eltern ermordet worden war. Sie kehrte 1955 aus England nach Deutschland zurück, um beim Aufbau der jungen Demokratie mitzuhelfen; gerade für die Menschen, die sie und ihresgleichen vor der Verfolgung geschützt hatten. Aus einem Interview, das sie dem SPIEGEL gegeben hat, zunächst zwei Schlaglicht-Episoden. Die erste spielt schon auf dem

---

[60] Hierzu das Interview mit Rachel *Salamander* im SPIEGEL special (Fn. 56) S. 44 f.

Amt, das der Rückkehrenden einen neuen Paß ausstellen soll. Die Beamtin besteht darauf, dort auch den Vornamen „Sara" aufzunehmen, den die Nationalsozialisten allen jüdischen Frauen und Mädchen aufgezwungen hatten; denn so stehe es schließlich in der Geburtsurkunde (von 1938). Einem Hinweis auf den Hintergrund dieses Namenszusatzes entgegnet sie barsch: „Das geht mich nichts an." Ein Vorgesetzter sorgt offenbar dafür, daß der Paß ohne den oktroyierten Vornamen ausgestellt wird. Aber als *Deutschkron* ihn abholt, spricht keiner ein Wort mit ihr. Die zweite Episode ist nur die Äußerung eines Beamten aus dem Wirtschaftsministerium. Er sagt zu der Journalistin: „Ich habe von ihrer Lebensgeschichte gehört, das ist ja ganz furchtbar, aber wissen Sie, wir waren ja auch ständig in Gefahr und standen mit einem Bein im KZ." Aus anderen Gesprächen mit ihm wußte *Deutschkron* indes, daß er als Teil der nationalsozialistischen Unrechtsbürokratie in einer Devisenstelle mit der Erfassung jüdischen Vermögens betraut gewesen war. Allgemein beschreibt *Deutschkron* ihr Leben in der Adenauer-Republik wie folgt: „Ansonsten habe ich auch in meiner engsten Umgebung zu spüren bekommen, wie wenig Ausgrenzung und Verfolgung die meisten Deutschen berührte." „Man wollte möglichst schnell zur Tagesordnung übergehen. Da war ich als Überlebende des Nazi-Terrors so etwas wie ein Störenfried."

Auch die Emigranten hatten nach 1945 keinen leichten Stand. Man betrachtete sie als halbe Vaterlandsverräter, die ihr Volk in schwerster Stunde im Stich gelassen hatten. Ihr Volk, in dessen Mitte sie freilich des Lebens auch ohne Krieg und Bomben keineswegs sicher gewesen wären. Noch 1954 sagen 40% der Bundesbürger, Emigranten sollten kein hohes Regierungsamt bekleiden; nur 13% sind ausdrücklich anderer Ansicht. Als ein Jahr darauf Thomas *Mann* in Kilchberg bei Zürich beerdigt wird, erscheint aus der Bundesrepublik nur deren Gesandter aus Bern (während die DDR ihren Kultusminister schickt). Mehr war ihr einer der größten Söhne der deutschen Literatur nicht wert; zu nahe war er ihr mit seiner Flucht vor den Nazis und seinen unablässigen Mahnungen über die BBC während des Krieges getreten. Und noch Willy *Brandt*, der Hitler aktiv Widerstand geleistet hatte, mußte sich im Wahlkampf von *Adenauer* seine Emigration vorhalten lassen. Eine Teilnahme an der nationalsozialistischen Rassenhetze, eine Tätigkeit für die Gestapo oder Vergleichbares hätten ihm nicht geschadet. Damit sind wir eigentlich schon bei den nationalsozialistischen Schatten, die *Adenauers* Republik verdunkelten. Zuvor nur noch ein Satz zu den rund zwölf Millionen Vertriebenen, die nach Westdeutschland gekommen waren. Man empfing sie in der Regel, die von Ausnahmen bestätigt wird, keinesfalls bereitwillig als vom Kriege Gezeichnete, die am ärgsten ausbaden mußten, was Gesamtdeutschland angerichtet hatte. Vielmehr sah man in ihnen mittellose Kost- und Logisgänger, Underdogs, und das ließ man sie und ihre Kinder auf teilweise ekelhafteste Art spüren; die beliebte Bezeichnung als „Polacken" war noch das Harmloseste. Indessen verdankt das Land den Vertriebenen ein gutes Stück des wirtschaftlichen Aufschwungs, denn sie waren überproportional gut ausgebildete Industriekräfte, und sie arbeiteten und strampelten um so entschlossener, je stärker man sie unter ihrem prekären Status leiden ließ.

Dem „Wunder von Bern" war vier Jahre später die Ernüchterung von Göteborg gefolgt: Dort unterlag Deutschland bei der Weltmeisterschaft 1958 Schweden im Halbfinale mit 3:1. Die *Saar-Zeitung* schrieb: „Das offizielle Schweden hat hämisch genießend zugelassen, daß rund 40.000 Repräsentanten dieses mittelmäßigen Volkes, das sich nie über nationale und völkische Durchschnittsleistungen erhoben hat, den Haß über uns auskübelten, der nur von Minderwertigkeitskomplexen kommen kann […]. Es ist der Haß eines Volkes, dem man das Schnapstrinken verbieten muß, weil es sonst zu einem Volk von maßlosen Säufern würde." Wer hier an Minderwertigkeitskomplexen litt, war allerdings die Frage, und die Frage war auch, an welche überdurchschnittlichen „völkischen Leistungen" der Verfasser mit Blick auf die Deutschen gedacht haben mochte. Vielleicht nicht nur an Schiller und Goethe. Jedenfalls hätte jener Kommentar zu einem Fußballspiel ohne weiteres auch aus dem Propagandaministerium von Joseph Goebbels stammen können, wenn es denn noch existent gewesen wäre.

Personell war es das sogar, und die meisten seiner Mitarbeiter hatten auch in der Bundesrepublik auf ihrem angestammten Schaffensfeld erneut Anstellung gefunden. Entsprechendes galt für andere Ministerien und staatliche Einrichtungen. Zum Beispiel waren im Auswärtigen Amt zwei Drittel der führenden Beamten ehemalige Mitglieder der NSDAP. Und im Bundeskriminalamt hatten noch Ende der fünfziger Jahre von den 47 führenden Beamten nur zwei einen nationalsozialistisch unbelasteten Lebenslauf vorzuweisen. Die übrigen hatten eine Karriere bei der Gestapo hinter sich, in den sogenannten Einsatzgruppen, bei der geheimen Feldpolizei und in vergleichbaren Organisationen. Von den hinlänglich bekannten prominenten Einzelfällen seien noch einmal erwähnt: Hans *Globke*, der die Nürnberger Rassegesetze kommentiert hatte und auf den mutmaßlich die Bestimmung zurückgeht, der zufolge Inge *Deutschkron* als Kind den Vornamen „Sara" führen mußte, und der für Konrad Adenauer der Chef des Kanzleramtes war; Theodor *Oberländer*, der 1923 an Hitlers Seite gegen die Republik putschte, 1933 in die NSDAP eintrat, in der SA Obersturmbannführer wurde und als Hochschullehrer mit mannigfachem Engagement zum harten Kern der völkischen „Wissenschaft" des Regimes gehörte;[61] Martin *Sandberger*, der als Führer des Sonderkommandos 1a Estland „judenfrei" gemordet hatte, der wegen seiner eingestandenen Verantwortung für die Ermordung von „etwa 350 Kommunisten" 1948 zum Tode verurteilt worden war und der nach einer Umwandlung dieses Urteils in lebenslänglich bereits 10 Jahre später aus der Haft entlassen wurde; Karl Christian *Müller*, der 1933 in die NSDAP eingetreten war, im Krieg das Daimler-Benz-Werk in Genshagen geleitet hatte, dabei für besondere Rücksichtslosigkeit gegenüber Zwangsarbeitern berüchtigt war und der 1948 wieder als Werksleiter in die Dienste von Mercedes Benz eintrat und später sogar das Bundesverdienstkreuz erhielt; „Panzer-Meyer", das war Kurt *Meyer*, als ehemaliger General der Waffen-SS zum Tode verurteilt für die Exekution von etwa 20 kanadischen Kriegsgefangenen, für den sich Adenauer einsetzte und der daraufhin nach wenigen Jahren Haft frei kam und seinem Fürsprecher für „mancherlei Hilfe" von Herzen dankbar war.[62] Auch zum späteren Arbeitgeberpräsidenten Hans-Martin *Schleyer* wird man erinnern dürfen, daß er Mitglied der NSDAP war, daß er in der Führung des nationalsozialistischen Studentenwerks gearbeitet hatte, dann Mitglied der SS wurde und in dieser Eigenschaft in der Wirtschaftsverwaltung der besetzten Tschechoslowakei beschäftigt war.

Etwa 250.000 Personen waren mehr oder weniger intensiv mit der Umsetzung der sogenannten Endlösung befaßt. Etwa 60.000, möglicherweise sogar 80.000 Nazis tauchten nach 1945 in Deutschland unter falschen Namen in die Illegalität ab. Gerichtlich zur

---

[61] Näher *Wachs,* Philipp-Christian, Der Fall Theodor Oberländer (1905–1998) (2000).

[62] Zu weiteren Fällen *Bönisch*, Georg, Amnesie und Amnestie, in: SPIEGEL special (Fn. 56) S. 112 f.; *Klee* (Fn. 58). Größtenteils zutreffend ist auch ein „Braunbuch", das die Führung der DDR hatte verfassen lassen, um auf die nationalsozialistische Vergangenheit bundesdeutscher Prominenz aufmerksam zu machen.

Verantwortung gezogen wurden in der Bundesrepublik 6.498.[63] In der Bevölkerung hatte der Nationalsozialismus mitnichten gänzlich verspielt. Vielmehr antworteten 1948/49 noch 54% in einer Umfrage, daß der Nationalsozialismus im Prinzip eine gute Sache gewesen sei, die man lediglich schlecht ausgeführt habe. 1953 meinten 44% der Befragten, der Nationalsozialismus habe mehr Gutes als Schlechtes gebracht. Und so verwundert es nicht, wenn in vielen Äußerungen aus jener Zeit brauner Ungeist wirksam ist. Etwa in folgendem Satz eines Bundestagsabgeordneten der CDU: „Die Volkssouveränität mit ihrer Gewaltenteilung ist aus der Verfassung auszumerzen."[64] Ähnlicher Geist wehte nicht selten durch die Einheiten der Bundeswehr. Schon ihre Kasernen, Geschwader und Schiffe trugen vielfach die Namen nationalsozialistisch profilierter Wehrmachtsoffiziere; ein Beispiel ist uns mit der Rendsburger Kaserne begegnet, die erst im Jahre 2000 Anton Schmid zum Namenspatron erhielt. Und auch der personelle Grundstock der neuen Streitkräfte bestand zum Teil aus Männern, die in der Wehrmacht nicht eben zum Kreisauer Kreis gehört hatten. In der Bundeswehr kommt es noch heute jährlich zu rund 140 „besonderen Vorkommnissen" mit Verdacht auf rechtsextremistischen oder fremdenfeindlichen Hintergrund. Gemessen an der Größe der Truppe und der Anziehungskraft alles Militärischen auf scharf rechts orientierte Menschen ist diese Zahl zu verkraften. Früher und zumal in den ersten Jahren haben sich aber nach den Berichten von Augenzeugen etwa an „Führers Geburtstag" kollektiv neonazistische Szenen abgespielt. Helmut *Schmidt* berichtet aus seiner Kriegsgefangenschaft über einen Mitgefangenen, Hans Bohnenkamp, der in einem Vortrag mit der nationalsozialistischen Herrschaft abrechnete und dafür von jüngeren Wehrmachtsoffizieren als Nestbeschmutzer angesehen wurde, während sich die Mehrheit „abwartend" verhielt – also keine Stellung bezog.[65]

Am Ende der Betrachtungen zu den fünfziger Jahren einige kurze Worte zu *Adenauer*. Daß er sich um den jungen Staat Verdienste erworben hat, steht außer Frage. Vor allem die Einbindung in den Westen und der Ausgleich mit Frankreich waren wichtige Schritte und Erfolge, wenn auch fraglich bleibt, ob die Westalliier-

---

[63] Zu den Prozessen gegen nationalsozialistische Verbrecher wieder *Klee* (Fn. 58).

[64] Zitiert nach *Soell* (Fn. 44) S. 298 mit Nachweis.

[65] Siehe *Soell* (Fn. 44) S. 162 f. mit Nachweisen. Siehe auch das Interview mit Helmut *Schmidt* im SPIEGEL special (Fn. 44) S. 18 (20).

ten irgend etwas anderes geduldet hätten. Ferner ist die Vermutung erlaubt, daß er in seiner autoritär-paternalistischen Art ein guter Mittler war zwischen den führungsverliebten, demokratieskeptischen Deutschen und ihrer neuen Staatsform. Aber ihn deswegen zum Überkanzler zu küren und mit einem Heiligenschein auszustatten, wie es Konservative, etwa *Di Fabio*, gerne tun, übersieht die durchaus unrühmlichen Seiten, die seine „Demokratur" verdunkelten. Er war kein in der Wolle gefärbter Demokrat. Das Parlament galt ihm bestenfalls als Bestätigungsstelle für das, was er für richtig befunden hatte, seine Minister betrachtete und behandelte er als persönliche Referenten, und die Kompetenzen des Verfassungsgerichts hielt er spätestens 1961 für einen Fehler, als es ihm seine Pläne für ein Staatsfernsehen verwarf, das selbstredend auch kein Garant von Meinungsfreiheit und -vielfalt werden sollte. 1954 ließ er die „Staatsbürgerliche Vereinigung" gründen, über die Industrielle Spenden an die CDU fließen lassen konnten. Steuerbegünstigt, doch spätestens seit 1958 widerrechtlich; der Anfang des Parteispendenskandals der achtziger Jahre. Unter *Adenauers* zahlreichen Winkelzügen und Machenschaften, etwa um Ludwig *Erhard* als seinen Nachfolger zu verhindern, ist die sogenannte SPIEGEL-Affäre wahrscheinlich der bekannteste Ausrutscher in die Rechtswidrigkeit.[66] Sie war nicht, wie *Adenauer* behauptete, ein „Abgrund an Landesverrat", sondern ein Abgrund an Gleichgültigkeit des Kanzlers und seines Verteidigungsministers *Strauß* gegenüber Recht und Gesetz. Man mag vorbringen, dergleichen gehöre zum politischen Geschäft, sei taktisches Raffinement, ohne das die großen und guten Dinge nicht durchzusetzen seien. Doch wo Rechtsstaatsprinzip und parlamentarische Demokratie mehr als Kulissen und Fassaden sein sollen, hat politische Taktik Grenzen und taugt nur eingeschränkt als Vorbild, wer sie so nonchalant handhabt, wie es *Adenauer* tat.

---

[66] Vergleiche insgesamt Graf *Kielmansegg*, Peter, Nach der Katastrophe (2000); *Schwarz*, Hans-Peter, Anmerkungen zu Adenauer (2004); *Volkmann*, Hans-Erich (Hg.), Quellen zur Innenpolitik der Ära Adenauer 1949–1963 (2005).

5. Auf der Suche nach der verlorenen Identität. Die sechziger Jahre und der Aufstand im Paradies

a) Eine Generation im Verhör – Kinder fragen, Eltern schweigen

In den fünfziger Jahren hatten die Deutschen den Nationalsozialismus gleichsam exterritorialisiert in einer Art, wie sie sich noch heute in den Betrachtungen *Di Fabios* findet. Der Nationalsozialismus war danach ein Phänomen mit klarem Anfang und klarem Ende, mehr oder weniger von außen an die Deutschen herangetragen und in der historischen Rückschau nicht mehr als ein Betriebsunfall der deutschen Geschichte, wenn auch ein zutiefst bedauerlicher. Auch innerfamiliär blieb dieser Teil der Vergangenheit thematisch ausgeklammert, sowohl hinsichtlich eigener Schuld als auch hinsichtlich eigenen Leides. Gleichwohl erlangte die nachwachsende Generation zunehmend Kenntnis von den nationalsozialistischen Verbrechen. Zwar hat die Strafverfolgung der Täter 1950 vorerst ein Ende im Zuge der Staatwerdung der Bundesrepublik und des beginnenden Koreakrieges, der den Außenministern der Westalliierten die Wiederbewaffnung Deutschlands als wünschenswert erscheinen läßt; als Gegenleistung für einen deutschen Militärbeitrag handelt Adenauer den Alliierten Amnestien für die in der Feste Landsberg einsitzenden Kriegsverbrecher ab, Ende Januar 1951 verkünden die Amerikaner den erwünschten Gnadenerlaß. Im öffentlichen Dienst kehren viele Altnazis auf ihre Stellen zurück, und in diesem allgemeinen Schlußstrich-Klima läßt auch der Eifer zur Strafverfolgung nach – soweit er je bestanden hatte. Eine gewisse Renaissance der Strafverfolgung bringt indes Mitte der fünfziger Jahre der Ulmer Einsatzgruppen-Prozeß, der besonders deutlich werden läßt, daß die nationalsozialistischen Untaten bislang weder vollständig noch systematisch verfolgt worden waren. Daraufhin wird Ende 1958 in Salzgitter die „Zentrale Stelle der Landesjustizverwaltungen zur Aufklärung nationalsozialistischer Verbrechen" (Zentrale Stelle) gegründet, und Anfang bis Mitte der sechziger Jahre kommt es zu öffentlichkeitswirksamen Verfahren in Sachen Euthanasie und Vernichtungslager, die zwar kein Ruhmesblatt der deutschen Strafjustiz werden, aber bei vielen und gerade den jungen Menschen ins Bewußtsein rücken, was vor 1945 in deutschem Namen geschehen war.[67]

---

[67] Hierzu erneut *Klee* (Fn. 58) S. 23 ff.

Auch im Ausland mußten die jungen Deutschen erleben, daß man ihnen ob ihrer Nationalität äußerst reserviert bis feindselig begegnete. Das ließ sie ausdrücklich oder stillschweigend Fragen an die Elterngeneration stellen: Was wußtet ihr? Was habt ihr getan? Was bedeutet es nach 1945, Deutscher zu sein? Antworten blieben aus. Allenfalls bekam man auf die Frage nach dem Selbstverständnis der Deutschen Dinge zu hören, die auch schon den Eltern gepredigt worden waren: Leistungswille, Sauberkeit, Pünktlichkeit und so fort, die „Sekundärtugenden" also, die Oskar Lafontaine (wie immer man zu ihm steht) nicht so genannt hat, weil sie wertlos wären, sondern weil sie erst wichtig werden, wenn man geklärt hat, in den Dienst an welcher Sache man sie stellen will. Damit konnten sich die Fragenden nicht bescheiden. Sie hakten nach und wurden dabei zunehmend aggressiv, unterstellten mehr und mehr, daß jede Verweigerung ein stummes Schuldanerkenntnis war. Und tatsächlich trug sich die Elterngeneration überwiegend mit Schuldgefühlen; teils mit schlimmer Berechtigung, oft aber auch mit dem Selbstvorwurf, gegen fremdes Unrecht nichts unternommen zu haben und nicht eingeschritten zu sein. Stellvertretend ein Zitat aus einer Bundestagsrede des sozialdemokratischen Abgeordneten Adolf *Arndt* in der zweiten Debatte um die Verjährung nationalsozialistischer Verbrechen 1965: „Ich weiß mich mit in der Schuld, denn sehen Sie, ich bin nicht auf die Straße gegangen und habe geschrien, als ich sah, daß die Juden aus unserer Mitte lastkraftwagenweise abtransportiert wurden. [...] Ich kann nicht sagen, daß ich genug getan hätte [...]. Es geht darum, daß wir dem Gebirge an Schuld und Unheil, das hinter uns liegt, nicht den Rücken kehren."[68]

Allerdings waren die Deutschen Anfang und Mitte der sechziger Jahre mehrheitlich durchaus dafür zu haben, jenem Gebirge an Unrecht und Schuld den Rücken zu kehren. Und sei es nur, um es der eigenen Psyche zu ersparen, sich mit dem persönlichen Anteil daran auseinanderzusetzen. Ob diese Haltung nun im Einzelfall verständlich oder weniger verständlich war, sie wirkte sich in der Generation der Kinder schädlich aus: „Insgesamt beeinträchtigen unverarbeitete Schuldgefühle die Möglichkeit der nachwachsenden Generation, sich in gelungenen Identifikations- und Ablösungsprozessen zu eigenständigen selbstbewußten und, psychoanalytisch

[68] Deutscher Bundestag (Hg.), Zur Verjährung nationalsozialistischer Verbrechen. Dokumentation der parlamentarischen Bewältigung des Problems 1960–1979, Band 1 (1980) S. 160 f.

gesprochen, ich-starken Persönlichkeiten zu entwickeln. Sie mindern geradezu strategisch das Selbstvertrauen und das Selbstwertgefühl sowohl der Täter als auch der nachfolgenden Generation […]."[69] Und als Betroffene sagt Ute *Scheub*, Tochter eines belasteten SS-Veteranen, der sich 1969 auf dem evangelischen Kirchentag in Stuttgart vor Tausenden Menschen vergiftete mit den Worten „ich grüße meine Kameraden von der SS!": „Auch andere Täterkinder fühlen sich unendlich schuldig. Ihr ganzes Leben büßen sie für die Taten ihrer Eltern und kommen nie aus diesem Gefühl heraus."[70] Diesen Befund teilt die Soziologie, wie schon im ersten Kapitel unter 1 b dargelegt. Auf die Situation der Bundesrepublik in den Sechzigern gemünzt und erneut in den Worten von Norbert *Elias*: „Die weitgehende Desorientierung, die wachsende Ratlosigkeit über Richtung, Wert und Bedeutung der Bundesrepublik, die man beobachten kann, ist eine Folge des Versuchs zu vertuschen, daß das Unglück des Nationalsozialismus und die Zerstörung des geeinten Deutschlands, die er herbeigeführt hat, eine neue Situation geschaffen haben."[71] Diese Minderung des Selbstwertgefühls der objektiv unbelasteten Jugend und diese Desorientierung erzeugten das Aggressionspotential, aus dem sich die sogenannte Studentenrevolte der sechziger Jahre energetisch speiste, und in ihrer Spätfolge waren sie der Treibsatz für den bundesdeutschen Terrorismus.

b) Politische Empörung und sexuelle Revolution

Das Schweigen der Eltern angesichts des Unverschweigbaren war der Hauptquell der politischen Empörung, die in der Jugend um sich griff. Da die Älteren keine positive Identität zu stiften vermochten, machten sich die Jüngeren selbst auf die Suche, und da sie in ihrem Heimatstaat keine vollständige Antwort auf das finden konnten, was sie quälte: den Nationalsozialismus, und diesen Staat im Gegenteil in einigen Haltungen und Repräsentanten als dessen Fortdauer betrachten durften, suchten sie international. Fündig wurden sie in einer Reihe von Unabhängigkeitsbewegungen, Ursachen und Begleiter des Dekolonialismus, und in der Bürgerrechtsbewegung, die sich in den Vereinigten Staaten gegen die Diskriminierung der Schwarzen wandte. Waren das nicht alles Kämpfe nach Art des Kampfes gegen den Nationalsozialismus? Hatten nicht auch die von Hitler besetzten Staaten um ihre Unabhängigkeit ge-

---

[69] *Schwan*, Gesine, Der Mitläufer, in: François/Schulze (Fn. 48) S. 654 (665).
[70] In einem Interview in der Zeitung Das Parlament vom 3. April 2006, S. 17.
[71] (Fn. 4) S. 522.

kämpft, und war nicht die Unterdrückung der Schwarzen in den USA nur eine leichte Variation des nationalsozialistischen Rassenwahns? Der internationale Zusammenhang bot die Chance, den Widerstand nachzuholen, den die Eltern zu leisten versäumt hatten; wenn auch „unter Komfortbedingungen" (*Schwanitz*[72]). „Was uns damals so euphorisch stimmte, war die Tatsache, daß wir nicht alleine kämpften. In der ganzen Welt tobte der Kampf gegen Kapitalismus, Imperialismus und verkrustete Herrschaftsstrukturen." So ein Zeitzeuge, Ralf *Reinders*, der diesen Kampf schließlich auch in Deutschland mit Waffen führen zu müssen vermeinte (aus seinem Schlußwort im Lorenz-Prozeß[73]). Das Ganze war eine Mischung aus berechtigtem Anstoß und Donquichotterie im Großformat. Berechtigter Anstoß nicht bloß mit Blick auf die bundesdeutsche Unfähigkeit zu trauern, sondern auch hinsichtlich der westlichen Akteure im internationalen Raum. Was Frankreich in Algerien machte, was aber vor allem die Vereinigten Staaten in Vietnam machten, war kein Anschauungsunterricht im Völker- und humanitären Kriegsrecht. Vielmehr leisteten sich die Richter von Nürnberg gröbste Verstöße gegen nahezu jede Norm, die sie einst so hart durchgesetzt hatten (und schon damals nicht frei von Selbstgerechtigkeit, denn auch im Zweiten Weltkrieg hat es Kriegsverbrechen der Alliierten gegeben; nicht nur, aber zuvörderst in Form der Vernichtungsbombardements gegen die Zivilbevölkerung). Um sich noch stärker als Teil eines weltumspannenden Aufbegehrens fühlen zu können, griffen viele auf das Angebot einer weltanschaulichen Klammer zurück, das der Marxismus bot. Er befriedigte das Theoriebedürfnis der bürgerlichen Jugend, war garantiert faschismusfrei – zumindest formal – und erlaubte aufs Prächtigste jene kokette Provokation der arrivierten Welt, die sich jede junge Generation als Durchlaufphase genehmigen sollte.

Um in Deutschland den Widerstand gegen Hitler nachholen zu können, brauchte man einen möglichst faschistischen Staat. Nüchtern betrachtet konnte davon keine Rede sein, aber nüchterne Betrachtungen sind nicht die Stärke der Jugend. Zudem bot die Bundesrepublik in Sachen nationalsozialistische Kontinuitäten unleugbar Angriffsflächen, und wenn man sie durch *Adornos* Verstärker-

---

[72] *Schwanitz*, Dietrich, Die Geschichte Europas (Taschenbuchausgabe 2003) S. 267.

[73] Abgedruckt in: *die tageszeitung*, Sonderausgabe vom 11. Oktober 1980, S. 60.

und Verfremderbrille betrachtete, hatte man den Wunschgegner vor sich. Selbst das Kleinbürgerglück der fünfziger Jahre, apolitisch wie ein Gartenzwerg, wurde „faschistoid". Tatsächlich war es gerade das Apolitische seines umhegten Daseins, das den Hunger der Jugend nach ideellen Werten ungestillt ließ. Angesichts der Endlosklage über den Werteverfall und der aktuellen Neigung, ihn 1968 beginnen zu lassen, sei dieser Punkt noch einmal betont: Die Aufbegehrenden hatten das Gefühl, „überall die Erfahrung zu machen, daß sich der private Nutzen gegen das, was als Gemeinschaftswert anerkannt ist, durchsetzt, oft zynisch und rücksichtslos […]. Der Anspruch junger Leute, für etwas Höheres da zu sein, wird mißachtet". Daß diese Einschätzung von Horst *Mahler* stammt – damals Linksaktivist und Terrorist, heute Rechtsextremer – läßt ihre Repräsentativität unberührt.[74] Und daß sich der Protest in der APO ausdrücklich außerparlamentarisch formierte, hatte auch mit den Hemmnissen zu tun, auf die ein Engagement in den Parteien stieß. Dort herrschten im Kleinen die Verhältnisse, unter denen man schon im Großen litt. Etablierte Hierarchien der Älteren und Mittelalten verstopften die Laufbahnkanäle und deckelten den Nachwuchs inhaltlich wie personell. Daß man eine Abiturientin frisch von der Schule in den Bundestag hievt, wie unlängst von den Grünen praktiziert – damals undenkbar.

Fraglos äußerten sich APO und Studentenprotest in mancher Kinderei, vorrangig an den Hochschulen und übrigens auch in den Reaktionen von Professoren (schönes Beispiel – ein Kölner Ordinarius – in OLG Köln NJW 1970, 1322). Fraglos waren sie in Sachen Faschismus hypersensibilisiert bis zur Hysterie, und fraglos gibt es mit Blick auf manche Rituale und Solidaritätsadressen heute einiges zu schmunzeln. Doch das sind Begleiterscheinungen einer Art, wie sie jeder gesellschaftliche Umbruch mit sich bringt, und sie sind in diesem Fall vergleichsweise harmlos. Ähnlich überzogenen Unsinn hat auch die Frauenbewegung hervorgebracht. Ich erinnere mich noch eines Plakates – es war 1992 oder 1993 – für eine Großparty der Universität Bonn, auf dem das Gesicht einer hübschen Frau im Halbprofil zu sehen war. Leider nachträglich, aber noch auf der Druckvorlage mit schwarzen, dilettantisch hinzugekritzelten Bartstoppeln verfremdet. Die Originalvorlage war jemandem mit

---

[74] Zitiert aus: Axel Jeschke und Wolfgang Malanowski (Hg.), Der Minister und der Terrorist. Gespräche zwischen Gerhart Baum und Horst Mahler (1980) S. 32.

Einfluß als sexistisch erschienen. Doch die teils schrille Begleitmusik der 68er-Bewegung läßt deren Notwendigkeit und Wert für die Entwicklung der Bundesrepublik unberührt: „So anti-bürgerlich die 68er-Revolte auch war und so kritisch gegenüber der Demokratie – sie produzierte erst die Einstellungen, die zur bürgerlichen Demokratie paßten" (*Schwanitz*[75]). Das ist kräftig zugespitzt, jedoch cum grano salis wahr. Vieles, was uns heute gut und selbstverständlich erscheint, hat in jener Revolte seinen Ursprung; näher unten 9 b.

Zu dem, was auch die meisten Konservativen als Folge des 68er-Impulses wie selbstverständlich in Anspruch nehmen, gehören die sexualmoralischen Änderungen. Zwar antworten konservative Denk- und Klagereflexe auf dieses Stichwort gern mit einem Satz vom Sittenverfall. Doch übersieht der für gewöhnlich erstens, daß die Sitten zum Teil schärfer geworden sind. Am wichtigsten ist das Verbot und die Empfindlichkeit gegenüber Gewalt zum Nachteil von Frauen auch in der Ehe, nebenbei zu nennen die Erwartung an und in Grenzen Rechtspflicht für Männer, sich auch um ihre nichtehelichen Kinder zu kümmern. Zweitens möchten die wenigsten Konservativen, Männlein wie Weiblein, heute auf die sexuellen Freiheiten verzichten, die ihnen die aufmüpfige Jugend von 1968 verschafft hat. Oder wer – außer einigen Sektierern – fühlt sich noch auf Gedeih und Verderb verpflichtet, mit seinem Sexualpartner verheiratet zu sein? Es hat das konservative Deutschland nicht einmal mehr aufgeregt, als Kaiser Franz die Weihnachtsfeier (!) des FC Bayern dazu nutzte, im Nebenzimmer die Vereinssekretärin zu schwängern. Und daß bekennende Homosexuelle mittlerweile sogar mit der CDU Regierungschef eines Bundeslandes werden können, mag noch deren katholischen Flügel pflichtschuldig etwas empören, ist aber gleichwohl ein Zeichen dafür, daß auch die Partei Adenauers in einem sexualmoralischen Koordinatensystem angekommen ist, in dem Ehrlichkeit und Empfindung wichtiger sind als Fassade und Formalität. Allerdings sind die jungen Wilden 1968 ff. auch in diesem Punkt vielfach über gute Ziele hinausgeschossen und haben Exzesse gepredigt, die heute keine Vorbildfunktion haben (auch wenn einige Sittenneurotiker das Gegenteil behaupten). Hierfür mag das Verslein stehen, demzufolge schon zum „Establishment" gehört, „wer zweimal mit derselben pennt". Dergleichen war aber wiederum eine verständliche Begleiterscheinung – wer ausbricht, läuft zunächst möglichst weit weg – und eine harmlose. Gewiß hat

---

[75] (Fn. 72) S. 270.

die neue Freiheit hie und da noch neue Probleme und menschliche Enttäuschung ermöglicht. Es gibt keine Freiheit ohne Verantwortung; einschließlich der Gefahr, ihr nicht gerecht zu werden. Aber die wenigsten möchten sie heute gegen das eintauschen, was in den fünfziger Jahren zwischen Gefühl und Wirklichkeit klaffte, zwischen Wirklichkeit und Norm sowie zwischen Norm und Mensch.

Warum kam die sogenannte sexuelle Revolution gerade in den Sechzigern? Es spielt eigentlich keine Rolle. Wichtige technische Voraussetzung war natürlich die Pille, die Sexualität und Schwangerschaft (weiter) entkoppelte. Gesellschaftlicher Hauptgrund war die umfassende Frauenemanzipation, die ich ihrerseits darauf zurückführen möchte, daß sich die Probleme zu ändern begannen, denen sich die Gesellschaft im Außenverhältnis gegenüber sah (oben im 2. Kapitel unter 2). Im Hintergrund mag noch der Bedeutungsverlust des Adels und seines Einflusses auf das Bürgertum am Werk gewesen sein, denn der Abstammungsfetischismus des Adels begünstigte zwangsläufig die sexuelle Rigidität.

6. Bürgerglück mit Ölkrisen und Terroristen. Die Siebziger

a) Aufbruch und Normalität. Gewagte Demokratie auf Bewährung

Die siebziger Jahre waren das sozial-liberale Jahrzehnt; von den Parteien her, die in Bonn regierten, und nach der Geisteshaltung der politischen Entscheidungsträger. Sie sorgten für so etwas wie eine Staatwerdung des 68er-Aufbruchs – mit allen Abstrichen, die Staatsräson, Reife und Rücksicht verlangten. Die Deutschen hatten mehr Demokratie gewagt – zum ersten Mal war der Bundeskanzler ein Sozialdemokrat –, und ihre neue Regierung gestaltete vieles Altgewohnte im Sinne der neuen Ideen und Werteskalen um. Die nichtehelichen Kinder, die zuvor „unehelich" geheißen hatten, wurden den ehelichen gleichgestellt. Die Gleichstellung der Frau in Familie und Beruf schritt weiter voran. Das Scheidungsrecht wechselte vom Schuld- zum Zerrüttungsprinzip, ein echter Paradigmenwechsel: Die Scheidung wandelt sich von einem Sanktionsrecht aufgrund eines Verbrechens wider die Heiligkeit der Ehe zu einem Ausweg – und selten einem bequemen – bei deren nachhaltigem Scheitern. Aus dem Strafrecht verschwinden endlich die Tatbestände des Ehebruchs, der Kuppelei, der Homosexualität unter erwachsenen Männern und der Gotteslästerung. Die Rechtsstellung der Arbeitnehmer wird ebenso verbessert wie die der Mieter. Das BAföG ermöglicht erstmals als nicht zurückzuzahlende Vollförderung

Kindern aus nichtbegütertem Hause ein Studium, und auf diese Förderung besteht erstmals ein einklagbarer Anspruch. Die Altersvorsorge wird verbessert. Man reformiert die gymnasiale Oberstufe und gibt den Schülern mit dem neuen Kurssystem die Möglichkeit, ihre Neigungen und Stärken besser zur Geltung zu bringen. An den Universitäten weicht die Ordinarienherrlichkeit einem Gremienwesen, das den Studenten und Mitarbeitern mehr Einfluß verschaffen soll. Nach langen Debatten erhält das Abtreibungsrecht eine Fristenlösung für die ersten drei Monate der Schwangerschaft; das Bundesverfassungsgericht kassiert das Gesetz jedoch mit Rücksicht auf die Schutzpflicht des Staates zugunsten des ungeborenen Lebens.

Auch sonst müssen sich die Reformen zum Teil Kritik gefallen lassen (von den Tiraden des politischen Gegners zu schweigen, der ideologiegetreu allenthalben den Untergang des Abendlandes bevorstehen sieht). Besonders im Bildungswesen vernachlässigen und lähmen sie die Spitzen; ihre Liebe zu den Eliten entdeckt die SPD erst unter dem Kanzler *Schröder*. Fairerweise ist zu ergänzen, daß sich die gremien- und verwaltungsbedingte Unfreiheit von Forschung und Lehre zwischenzeitlich unter *Kohl* und auch in christdemokratisch regierten Ländern eher verschärft denn gegeben hat. Als Irrweg hat sich heute auch die Gesamtschule erwiesen, die lange Zeit ein Hätschelkind sozialdemokratischer Bildungspolitik war; Irrweg jedenfalls in der Form, in der es sie in Deutschland gibt. Das Kurssystem der Oberstufen hat sich indes bewährt, wenn auch die Kombinationsfreiheit deutlich eingeschränkt worden ist, um allzu eskapistischen Strategien vorzubauen.

Die Außenpolitik bekam ebenfalls sozial-liberale Akzente. Willy *Brandt* war der erste deutsche Regierungschef, der Israel besuchte, seine Ostverträge legten den Grund für Versöhnung und Vertrauen seitens jener Staaten, die unter Hitlers Krieg besonders zu leiden gehabt hatten; Deutschland wurde in die UNO aufgenommen und wirkte in Helsinki an der KSZE mit (Konferenz für Sicherheit und Zusammenarbeit in Europa). Auch mit der DDR setzte sich die Bundesrepublik unter *Brandt* und *Schmidt* ins Benehmen und handelte Erleichterungen des Reise- und Besuchsverkehrs aus. Die Ostverträge wurden von Vertriebenen-Funktionären und CDU/CSU zum Anlaß genommen, die Sozialdemokraten in jahrzehntelang bewährter Manier als Vaterlandsverräter zu betiteln, weil sie formal-juristisch preisgaben, was Hitler faktisch längst unwiederbringlich verspielt hatte: die deutschen Gebiete östlich von Oder und Neiße und das Sudetenland. Bezeichnenderweise machten sie aber auch in diesem Fall nach 1982 keine Anstalten, den vermeintlichen Ausverkauf zu revidieren. Im Gegenteil zementierte ihn die Regierung *Kohl*, um der Wiedervereinigung den Weg zu ebnen; ein ebenso weiser wie unabweislicher Schritt.

Wirtschaftlich starteten die Sozial-Liberalen mit Rückenwind. Anfang der siebziger Jahre lebten die Deutschen in einem saturierten Wirtschaftswunderland, abzulesen an den Gebäuden, bei deren Planung Heizkosten kein Faktor gewesen sein können, und der damaligen S-Klasse von Mercedes, die in ihren Proportionen und ihrer Chromschwere wahrhaft großspurig signalisierte: Wir haben es geschafft. Mit dem dazu passenden Spritverbrauch rauschte sie dann allerdings 1973 in die erste Ölkrise, der 1980 die zweite folgte. Schon 1968 hatte der *Club of Rome* die „Grenzen des Wachstums" beschworen; in den Ölkrisen bekam man sie höchst ansatzweise auch zu spüren. Passend dazu ist das Markenzeichen von *Brandts* Nachfolger *Schmidt* weit weniger der demokratische Aufbruch als das ökonomische Krisenmanagement. Sein Glanzjahr in dieser Disziplin wurde 1978, als er auf dem Weltwirtschaftsgipfel in Deutschland den anderen Regierungschefs erklären muß, warum sein Land die Ölkrise besser überstanden hat als die anderen. Noch weiß niemand, daß diese Ölkrise zwei Jahre darauf die Ordnungszahl „1." bekommen wird.

b) Eine Gesellschaft und ihre Terroristen

Die siebziger Jahre sind zugleich das Jahrzehnt des Terrorismus. 1970 befreit Ulrike *Meinhof* Andreas *Baader* und Gudrun *Ensslin* aus dem Gefängnis, wo sie wegen Brandstiftung sitzen. Hatte man diese Vortaten, ebenfalls gesellschaftskritisch motiviert, noch als Dumme-Jungen-Streiche abgetan, war dies für die Gefangenenbefreiung schon nicht mehr möglich, bei der ein Wachmann lebensgefährlich verletzt wurde. Und in der Folge tötete und verletzte die Baader-Meinhof-Bande mit ihren Anschlägen zahlreiche weitere Menschen. Nachdem man die Hauptakteure 1972 gefaßt hatte, mordete die zweite Terroristengeneration weiter, am schlimmsten im sogenannten deutschen Herbst von 1977, in den auch die Entführung der „Landshut" durch palästinensische Terrorbrüder fällt und, nach deren Scheitern, der Selbstmord von *Baader, Ensslin* und Jan-Carl *Raspe* in Stammheim *(Meinhof* hatte sich schon zuvor erhängt). Staat und Gesellschaft reagieren auf all das äußerst nervös. Noch Willy *Brandt* ist mit dem sogenannten Radikalenerlaß bestrebt, Sympathisanten der Terroristen und sogenannte Linksradikale aus dem öffentlichen Dienst fernzuhalten, was Mc-Carthy-mäßige Befragungen und Schnüffeleien auslöst. Straf- und Strafprozeßrecht werden mehrfach verschärft. Die Terroristen mutieren zur existentiellen Bedrohung der Republik, ihr Opfer *Schleyer* scheint durch sein Leid sogar der eigenen nationalsozialistischen Vergangenheit verlustig zu gehen und wird posthum Namenspatron einer Stiftung und einer Mehrzweckhalle. 1991 mordet die dritte RAF-Generation ein letztes Mal, Opfer ist der Treuhand-Chef *Rohwedder*. Seinen Höhepunkt hatte der Terror indes schon 1977 überschritten. Was waren seine Ursachen? Der politische Antrieb entsprach dem der APO. Der Griff zur Waffe und die Menschenverachtung der Terroristen verbieten indes weitere Gleichsetzungen und stellen erneut die Frage nach den Gründen. Immerhin hatte es eine 68er-Bewegung nicht nur in Deutschland gegeben; in Frankreich führte sie gar zu einem Generalstreik von neun Millionen, ein Massenzuspruch, von dem in Deutschland keine Rede sein konnte. Doch nur dort kam es zu zwei Jahrzehnten Terrorismus. Wahrscheinlich liegen seine Wurzeln gerade in dem, was er bekämpfen wollte, in der deutschen Tradition der Gewaltherrlichkeit, die alle wesentlichen Konflikte am Ende nur mit Blut und Eisen lösen zu können glaubt. In Verbindung mit den Gefahren fürs eigene Leben war die Gewalt zudem die konsequenteste Form, das nachzuholen, was die Deutschen gegenüber Hitler versäumt hatten: couragierten physischen Widerstand unter Einsatz der ganzen Person. Der Terrorismus war eine Mischung aus Idealismus, Antifaschismus und Faschismus – alles mit vierzig Jahren Verspätung.

7. Eine weiße Taube und eine grüne Partei. Die Achtziger

a) Machtmensch ohne Programm – Helmut Kohl

Die siebziger Jahre enden 1982, als Helmut *Kohl* Kanzler wird. Bis 1989 geschieht daraufhin wenig. Eine Reihe von Skandalen und Skandälchen beschäftigt die Republik – Kiesling, Flick, Bitburg, Barschel & Co. –, sonst bleibt es ruhig. Die Zahl der Arbeitslosen steigt weiter und erreicht 1985 die höchste Juliquote seit 1951, desgleichen steigt die Staatsverschuldung, aber das bringt man nicht mit der Regierung in Verbindung oder erhofft sich von einer anderen Regierung keine Besserung. Ein Schritt in eine neue Ära ist allerdings der Start des Privatfernsehens 1984/85, das sich der besonderen Gunst der Regierung erfreut. Es belebt das Angebot ungemein, allerdings überwiegend auf niedrigem Niveau, und führt über den Quotendruck zu Niveauverlusten auch bei den öffentlichrechtlichen Sendern. Unter dem Strich gleichwohl ein Gewinn für die deutsche Rundfunklandschaft und außerdem alternativenlos. In der Raketenfrage setzt die Regierung Kohl den Kurs des Vorgängers ebenso fort wie in den deutsch-deutschen Beziehungen, die mit Milliardenkrediten an die DDR – vermittelt von Franz Josef *Strauß* – und dem ersten Staatsbesuch *Honeckers* in der Bundesrepublik (1987) eine Innigkeit erreichen, für die sich eine sozialdemokratische Regierung dem allfälligen Verdacht der Sympathie mit dem Kommunismus ausgesetzt hätte. Nicht den Ideologen, wohl aber den Menschen nützt die Annäherung erneut, da die DDR im Gegenzug an der Grenze Selbstschußanlagen abbaut und die Bedingungen des Mindestumtausches und der Ausreise entschärft. Auch im übrigen bleibt die angekündigte „geistig-moralische Wende" glücklicherweise aus und greift die Regierung sogar zaghaft und unter inneren Krämpfen Anstöße der Umweltbewegung auf; 1985 kommt es zu Steuererleichterungen für abgasarme Autos, 1986 wird ein Bundesumweltministerium gebildet. Des weiteren gibt es noch Maßnähmchen zur Stärkung der inneren Sicherheit – maschinenlesbarer Personalausweis, Schleppnetzfahndung – und gegen Asylanten; das ist es dann aber auch. Helmut *Kohl* verwendet seine Energie in hohem Maße darauf, sich mit Telefon und Geldhahn parteiintern im Sattel zu halten. Für das Land fällt dabei kaum mehr ab als Tagespolitik. Bis 1989.

b) Pershing versus Friedenstaube – ein Volk desertiert

Mitte der siebziger Jahre hatten die Sowjets begonnen, ihre alten SS4- und SS5- durch SS20-Raketen zu ersetzen, die wesentlich gefährlicher waren. Sie trugen drei Sprengköpfe statt einem, und jeder ließ sich in ein anderes Ziel lenken. Sie hatten eine größere Reichweite und konnten noch von östlich des Urals Deutschland treffen. Sie wurden von wiederverwendbaren Lafetten gestartet, und diese Lafetten waren motorisiert, das heißt mobil und so schwer zu treffen. Die Amerikaner hätten sie nur mit Interkontinentalraketen ausschalten können. Von denen hatten sie aber seit SALT-II nicht mehr als die Sowjets. Daher war es unwahrscheinlich, daß sie diese Raketen gegen die SS20 einsetzen würden; sie brauchten sie als Drohung gegen die sowjetischen Interkontinentalraketen. Damit sah sich Deutschland einer wachsenden nuklearen Bedrohung ausgesetzt, der gegenüber es sich nicht auf Amerika verlassen konnte – „die Möglichkeit einer künftigen politischen Nötigung der Deutschen stieg am Horizont auf". Der deutsche Bundeskanzler Helmut *Schmidt*, von dem dieses Zitat stammt,[76] erkannte die Gefahr als einer der ersten, bemühte sich um entsprechendes Problembewußtsein bei der sowjetischen Führung und wirkte, als dies erfolglos blieb, am sogenannten NATO-Doppelbeschluß von 1979 mit: Die NATO würde vier Jahre lang versuchen, die SS20-Bedrohung durch Verhandlungen zu entschärfen, bei Mißerfolg aber eigene Mittelstreckenraketen nachrüsten und auch in Deutschland stationieren – die Pershing-II-Raketen.

Diese Nachrüstung, ihre Ankündigung und spätere Durchführung, machte die Friedensbewegung zur politischen Kraft. 250.000 Menschen demonstrierten am 10. Oktober 1981 in Bonn für den Frieden, gleiches geschah mit den jährlichen Ostermärschen und später vor den Toren der amerikanischen Raketenbasen. Man hatte genug vom Gleichgewicht des Schreckens und sah in den neuen Raketen nicht mehr als den Schritt dazu, die Welt ab jetzt fünfmal statt viermal vernichten zu können. Ihre strategische Notwendigkeit angesichts der sowjetischen Rüstung und deren neuer Bedrohungsqualität blieb den Demonstranten verborgen, und sie sahen auch nicht ein, daß der Besitz von Waffen nicht per se verwerflich ist, sondern daß es darauf ankommt, unter welchen Bedingungen man sie gegen wen einzusetzen bereit ist. Dieser Unterschied ist einigen von ihnen erst klar geworden, als Serben nach dem Zerfall Jugoslawiens massenhaft Moslems massakrierten und Frauen vergewaltigten und ihnen nur mit NATO-Luftschlägen und Bodentruppen beizukommen war. Die Erinnerung an den Krieg gegen Hitler-Deutschland hätte diese Erkenntnis schon eher reifen lassen können. In den Jahren nach 1979 fehlte sie den Friedensbewegten vollständig und war ihr alles beherrschender Schreckensgedanke: noch mehr Raketen! Da setzten sie sich wie trotzige Kinder auf die Straßen vor den Kasernen und mußten von Vater Staat weggetragen werden, um den Entscheidungen des Parlaments zur Geltung zu verhelfen. Das war einerseits tatsächlich ein unreif-naives Verhalten. Andererseits bewies es einen gewissen Mut und die Bereitschaft, sich das Bürgerdasein nicht nur bequem zu machen. Und es zeigte sich, daß die jüngeren Deutschen Abschied genommen hatten von der 1871 besiegelten Überzeugung, daß militärische Stärke

---

[76] Menschen und Mächte (1987) S. 91.

das wirksamste Mittel der Außenpolitik bedeute. Wie für 1968 gilt daher für die Friedensbewegung, daß sie bei aller Naivität und inhaltlichen Verirrung mancher Akteure für die politische Reifung der Bundesrepublik eine förderliche Entwicklung war; ein pazifistisches Fieber, in dem der gesellschaftliche Organismus ein altes Charaktergift ausgeschwitzt hat.

c) Im Zeichen der Sonnenblume – die Grünen

Am 13. Januar 1980 gründete sich die politische Partei der Grünen und zog drei Jahre später in den Bundestag ein. Die Grünen waren nicht der politische Flügel der 68er, sondern der Umweltschutzbewegung, die vom *Club of Rome* ihren Ausgang genommen hatte und lediglich eine der Strömungen war, in die sich die APO aufgelöst hatte und unter denen zwar personell einige Übereinstimmungen bestanden, die aber gesellschaftlich je für sich zu betrachten sind. Andere Strömungen dieser Art waren die Frauenbewegung, die Friedensbewegung und die Hausbesetzerszene gegen Immobilienspekulation. Auch die Anti-Atomkraft-Bewegung gehört hierher; sie läßt sich aber als einhundertprozentige Tochter der Grünen betrachten. Die vielleicht wichtigste Nachwirkung der APO für die Grünen war, daß mit Joschka *Fischer* und Gefolge Leute bei den Grünen ein neues Tätigkeitsfeld und neuen Einfluß fanden, deren Umsturzpläne im Rahmen der außerparlamentarischen Opposition im Sande verlaufen waren und die bei den Grünen alsbald den Kern des sogenannten Realo-Flügels bildeten. Ohne diesen Flügel hätten sich die Grünen nicht so rasch und vielleicht nie an Regierungen in Bund und Land beteiligt; ohne ihn hätten sie allerdings auch nicht so viele ihrer Anliegen hintangestellt, um an die Macht zu kommen und an der Macht zu bleiben. Auch das Strick- und Still-Glück früherer Parteitage glich sich nach einem Jahrzehnt dem Üblichen an, und führende Vertreter der Partei – wie ihre Wähler – wechselten von Turnschuhen und Ente zu Armani und Audi. Nicht nur im Lebensstil näherte man sich der konservativen Welt an, sondern es hatte mit ihr auch geistig von Beginn an eine gewisse Schnittmenge gegeben: Technikskepsis, Naturverehrung, Irrationalismus. Und so hat es im konservativen Lager immer wieder Stimmen gegeben, die sich eine Koalition mit den Grünen eher vorstellen konnten als mit der SPD, sei es auch nur in den Kommunen. Ganz gleich jedoch, wie groß der unmittelbare Einfluß der Grünen auf die Gesetzgebung gewesen ist: Sie haben sich als das ökologische Gewissen der Republik etabliert. Es scheint allerdings in den

letzten Jahren etwas schläfrig zu sein. Nichtsdestoweniger verkör-
pern die Grünen eine politische Erfolgsstory, die gewisse Ähnlich-
keit mit dem Aufstieg der Sozialdemokratie im 19. Jahrhundert hat
und für die deutsche Demokratie ein gutes Zeichen ist.

8. Vom Fall einer Mauer und anderer Hemmungen. Die Spaß-
gesellschaft der Neunziger

a) Ein Jahrzehnt kann es nicht erwarten – das Wendejahr 1989

Die neunziger Jahre beginnen 1989 mit der Wende im Osten. So
grundstürzend sie für Deutschland und Europa ist und so drama-
tisch sie zum Teil verläuft, so wenig geschieht letzten Endes im
wiedervereinigten Deutschland in den Jahren danach; abgesehen
von einem gigantischen Kapitaltransfer in den Osten und einem
ebenfalls beachtlichen Humantransfer in den Westen (ich hoffe,
damit keinen Anwärter auf den Titel „Unwort des Jahres" geliefert
zu haben). Alles beginnt bekanntlich damit, daß in der Sowjetunion
Gorbi ans Ruder kommt und seine „Perestroika" aus selbigem zu
laufen beginnt. Als die SED den russischen Rückhalt verliert und
ein Steinchen die Ausreiselawine ins Rollen bringt, bricht das Regime angesichts eines friedlichen Revolutiönchens wie ein Karten-
haus zusammen gleich der Monarchie anno 1918. Und wie sich
nach dem Ende des Ersten Weltkriegs in der Nation der Reserveof-
fiziere kein Leutnant, kein General und kein Junker fand, der sich
vor den Kaiser gestellt hätte, so mußte auch der deutsche Arbeiter-
und Bauernstaat 1989 zur Kenntnis nehmen, daß es nicht allzuviele
Proletarier gab, die ihn gegen den westlichen Imperialismus stützen
und verteidigen wollten. Warum genau aus „Wir sind das Volk" der
Satz „Wir sind *ein* Volk" wird, bleibt unklar. Das Motiv schwankt
zwischen Meinungsfreiheit und Banane, zwischen Demokratie und
D-Mark. Genauer will man es auch gar nicht wissen; diesseits wie
jenseits der ehemaligen Zonengrenze fährt man mit der freiheitli-
chen und nationalen Deutung der Ereignisse am besten und ist
stillschweigend übereingekommen, sie nicht zu hartnäckig in Frage
zu stellen. Und die Tränen, die am 9. November 1989 flossen (auch
bei mir), waren gewiß nirgends nur ein Zeichen der Vorfreude auf
künftige Konsumseligkeit. Wer Deutscher ist und seine Angehörig-
keit zu dieser Nation nicht lediglich als einen Eintrag im Personalausweis betrachtet, muß für diesen Tag und die folgenden Monate
tiefe Dankbarkeit empfinden. Und eines haben die Deutschen aus

den Montagsdemonstrationen und dem Fall der Mauer endgültig gelernt: Es geht auch ohne Blut und Eisen.

b) Vom Trabanten zum Guidomobil – der Weg in die Spaßgesellschaft

Hochmut kommt nach dem Fall – das gilt zumindest für den Fall der Mauer. Hochmut der Westdeutschen gegenüber allem, was ihnen in den neuen Bundesländern minderwertig erschien, und Hochmut Gesamtdeutschlands gegenüber Resteuropa aufgrund der neuen nationalen Stärke. Zum Glück hatten die deutschen Eliten aus ihrer Geschichte genug gelernt, um ihren Nachbarn den Geltungszuwachs des eigenen Landes nicht zu dick aufs Brot zu schmieren. Überhaupt sind der deutschen politischen Führung in der Handhabung und Pflege der äußeren Beziehungen durchweg gute bis sehr gute Zeugnisse auszustellen und hat im Vergleich mit früheren Epochen ein bewundernswerter, fast beglückender Reifeprozeß stattgefunden, parteiübergreifend, arm an Fehltritten und reich an klugen Initiativen und Reaktionen. Wenn man bedenkt, was aus London, Paris, Rom oder jüngst Warschau zu uns herüberschallt, muß man den deutschen Regierungen und ihrem Auswärtigen Amt auf die Schulter klopfen, und das gilt vervielfacht für das Jahr 1989. Die Sozialdemokraten boten seinerzeit kein allzu ruhmreiches Bild, da Oskar Lafontaine den Eindruck erweckte, der Wiedervereinigung skeptisch bis ablehnend gegenüberzustehen. Es gibt nun einmal Entscheidungen, bei denen makroökonomisches Kalkül nicht den Ausschlag geben darf. Allerdings macht die Regierung Kohl bei der Wiedervereinigung um eines Wahlsieges willen verheerende makroökonomische Fehler, indem sie übereilt für die DDR die D-Mark einführt, und dies mit dem abwegigen Umtauschverhältnis von 1:1 bei Löhnen und Preisen, indem sie durch den Grundsatz „Rückgabe vor Entschädigung" auf Jahre hinaus Planungsunsicherheit schafft, indem sie mit der Treuhand eine Behörde einsetzt, die mit den erforderlichen Unternehmenssanierungen und -veräußerungen völlig überfordert ist und mehrere hundert Milliarden Schulden statt der erhofften Gewinne aufhäuft, und schließlich indem sie nicht von Anfang an klar sagt und regelt, woher das Geld für den Aufbau Ost kommen soll. So wird die Wiederwahl Helmut *Kohls* 1990 für Gesamtdeutschland eine teure Angelegenheit – auf Jahrzehnte. Die Opposition trifft schon deshalb kaum eine Schuld, weil die Regierung sie an den Verhandlungen über die Wiedervereinigung ebensowenig beteiligt wie sie die umfangreichen und fundierten Ergebnisse jener Forschungsstelle zur Kenntnis nähme, die sich seit 1952 (!) kontinuierlich mit den Problemen einer etwaigen Wiedervereinigung befaßt hatte.[77]

Nach der Wiedervereinigung erfaßt die neue Grenzenlosigkeit auch die Gemüter. Alles boomt, alles scheint möglich. Die neue Hauptstadt wird durch diesen Status umgehend zur europäischen Metropole der Zukunft ausgerufen und steht alsbald im Zeichen der *Loveparade*, die 1991 zum ersten Mal stattfindet und von Jahr zu Jahr beängstigendere Ausmaße annimmt. Das einzige, was nicht mehr boomt, ist der Umweltschutz. Hatte er noch in den achtziger Jahren im Alltag große Bedeutung gehabt – man regte sich über Verpackungen auf, empfand in Geschäften das Angebot einer Plastiktüte als Beleidigung und die Benutzung eines Autos als Luftverschmutzung –, so rutscht dieses Anliegen in der Prioritätenliste des Zeitgeistes der neunziger Jahre um einige Positionen nach unten. Man fliegt, was das Zeug hält, den Automarkt erobern riesige, spritfressende Geländewagen, SUVs genannt, die nie das Gelände sehen, aber spielend zwei Parkplätze belegen, und auch die neue S-Klasse von Mercedes sprengt jede Größenordnung. Und noch ein Markenzeichen des Jahrzehnts entstammt dem Automobilsektor: das Guidomobil, mit dem der FDP-Vorsitzende mit einem Spritverbrauch von durchschnittlich 24 Litern betont spaßgeil durch die Republik blubbert und allen Unernstes schnarrt, das Ziel der FDP seien 18% der Zweitstimmen. Das hatte noch den interessanten Beigeschmack, daß diese Zahl bei Neonazis beliebt ist, denn der erste Buchstabe des Alphabets ist das A, der achte das H, zusammen sind diese Buchstaben die Initialen Hitlers; schwer zu glauben, daß dies den Spaßstrategen der Freien Demokraten entgangen war. Weniges bringt die neunziger Jahre so auf den Punkt wie jener Wahlkampf der FDP. Es war ein Jahrzehnt der Maßlosigkeit und des „Anything goes". Daß *Westerwelles* Neoliberalismus Oberwasser hatte, verwundert kaum in einer Welt, die auf breiter Front von der Ökonomik als Betrachtungsweise in Beschlag genommen wird. Alles und jeder hat sich einer wirtschaftlichen Analyse zu stellen. Selbst die Rechtswissenschaft, in der man beispielsweise versucht, den Begriff der Fahrlässigkeit betriebswirtschaftlich zu definieren. Das Leben wird insgesamt zur Kosten-Nutzen-Rechnung, der Mensch zum homo oeconomicus, jede Entwicklung zum markt-

---

[77] Zusammenfassend *Schmidt,* Helmut, Auf dem Weg zur deutschen Einheit. Bilanz und Ausblick (2005) S. 199 ff.

wirtschaftlichen Prozeß; ganz so, wie die Weltgeschichte bei *Marx* ausschließlich im Zeichen des historischen Materialismus steht. Die Regierung Kohl macht mit, das politische Zauberwort lautet „Privatisierung". Für sie spricht die uralte Einsicht, daß sich der Mensch im Schnitt energischer um die eigenen Angelegenheiten sorgt als um Dinge im Gemeingebrauch. Anders allenfalls in sehr kleinen und sehr engen Gemeinschaften – Familien, Klöstern –, die aber für ein staatliches Gemeinwesen keinen Modellwert besitzen. Leicht in Vergessenheit gerät jedoch in der Privatisierungs-Euphorie, daß auch Unternehmen externer Kontrolle bedürfen, solange sie kaum Konkurrenz haben, und daß ein großes Unternehmen in seinen unteren Stockwerken die gleiche Lustlosigkeit und Ineffizienz beherbergen kann wie eine staatliche Behörde; gar zum Daseinsethos erhoben finden sich diese Unwerte in dem Verkaufserfolg „Bonjour paresse" der Französin Corinne Maier, einer Anleitung zur Arbeitsumgehung für Angestellte. Die erforderliche Gleichgültigkeit und Renitenz dürften sich auch einem Mangel an jener Selbstbestimmung verdanken, von der im 1. Kapitel unter 2 b festzustellen war, daß sie eine wichtige Bedingung von Lebenszufriedenheit ist.

Wie die neunziger Jahre 1989 verfrüht begannen, so enden sie auch verfrüht, nämlich 1998 mit der Abwahl Helmut *Kohls*. Die Grünen und die Sozialdemokraten sollten sich keinen Illusionen darüber hingeben, was diese Abwahl ausgelöst hat. Es war kaum das Bedürfnis der Bevölkerung nach einem tiefgreifenden Richtungswechsel. Vielmehr handelte es sich um eine Personalentscheidung nahezu ohne Alternative. Die Deutschen waren ihrem voluminösen Kanzler nie besonders zärtlich zugetan, und 1998 nutzten sie jenen Hauch von Schwung, der von Gerhard *Schröder* ausging, um die allgemeine Massenträgheit zu überwinden.

9. Ausblick in ein neues Jahrtausend

a) Neue Bescheidenheit und neue Perspektiven

Es ist stets schwierig, aus dem unendlichen Fluß der Geschichte Epochen herauszustechen, um so schwieriger, wenn es dabei lediglich um Jahrzehnte geht. Wenn es oben heißt, die neunziger Jahre seien mit der Abwahl Helmut *Kohls* zu Ende gegangen, so läßt sich ebensogut behaupten, jenes Jahrzehnt habe dem Zeitgeist nach den Regierungswechsel überdauert und sei erst nach den Terror-Anschlägen des 11. Septembers 2001 einem neuen Lebensgefühl und einer veränderten politischen Großwetterlage gewichen. Jedenfalls sind diese Anschläge in mehrfacher Hinsicht ein geschichtlich bedeutender Einschnitt gewesen. In den Feuilletons wie in den Gesprächen mehren sich rhetorische Bemühungen, die einen Zusammenprall der Kulturen wittern, das heißt von westlicher Welt einerseits und islamischer Welt andererseits. Zugleich findet die internationale Staatengemeinschaft in der UNO vermehrt gemeinsame Linien und Lösungen. Die Ächtung des Krieges als Mittel der Politik hat allerdings einmal mehr durch ein Verhalten der Vereinigten Staaten eine Geltungseinbuße hinnehmen müssen, denn daß der zweite Krieg gegen den Irak eine notwehrähnliche Handlung gewesen wäre, um die Welt vor Massenvernichtungswaffen zu schützen, glauben mittlerweile wohl nicht einmal mehr die Amerikaner. Man hatte sich im Vorfeld dieses Krieges nur einmal die Erweiterungsaktivitäten auf amerikanischen Luftwaffenstützpunkten in der Krisenregion ansehen müssen – im SPIEGEL waren seinerzeit Satellitenfotos abgedruckt –, um zu wissen, daß die Vereinigten Staaten, namentlich ihr Präsident, entschlossen waren, den Irak anzugreifen, und dafür lediglich noch eine völkerrechtlich verwertbare Begründung brauchten. Im zweiten Irakkrieg und den Nachwehen des Krieges in Afghanistan (Guantanamo) haben die Vereinigten Staaten viel von dem politischen und moralischen Führungsanspruch verspielt, mit dem sie aus dem Kalten Krieg hervorgegangen waren und den ihnen die westliche Welt auch zuzugestehen gerne bereit war.

Europa ist durch das deutsch-französische Nein zum Irakkrieg näher zusammengerückt, auch wenn andere europäische Staaten einen dichteren Schulterschluß mit den USA gesucht hatten. Auch die zahlreichen „Pace"-Tücher, die seinerzeit in Italien und nicht nur dort zu sehen waren, hatte man weniger als pazifistischen Aufschrei zu verstehen denn als Trotzruf über den Atlantik; verbunden mit dem Hinweis, daß die letzte Supermacht im Begriff stand, ihre Marktführerschaft in Sachen politischer Moral zu verlieren. Auch die Osterweiterung der Europäischen Union hat das europäische Selbstbewußtsein gestärkt. Das der Altmitglieder, weil es nun einmal guttut, wenn andere dazugehören wollen, und das der neuen wie der alten Mitglieder durch den Bedeutungszuwachs, den die Union durch ihre Erweiterung erfahren hat; allen Integrationsschwierigkeiten und inneren Reibereien zum Trotz.

11. September, Afghanistan- und Irakkrieg, Terroranschläge und Naturkatastrophen haben allerdings auch in Europa zu neuem Ori-

entierungsbedürfnis und einer Art neuer Bescheidenheit geführt. In den alten EU-Staaten stärker als in den neuen, die wie die Bundesrepublik in den fünfziger Jahren vollauf damit beschäftigt sind, den ökonomischen Rückstand aufzuholen. Auch die Arbeitslosigkeit ist ebenso wie die Überalterung unserer Gesellschaft ein konstantes innergesellschaftliches Fragezeichen, das keine allzu große Behaglichkeit aufkommen läßt. Wie schon die sozial-liberale Regierung unter *Brandt* und *Schmidt* hat auch die rot-grüne Bundesregierung innenpolitisch wesentlich mehr erledigt und bewegt als ihre langjährigen konservativen Vorgänger. Zuwanderung, Lebenspartnerschaften, Atomausstieg, erneuerbare Energien, Lkw-Maut, Ökosteuer, Steuerentlastungen, Riester-Rente, Kindschaftsrecht, Kinderbetreuung, Agenda 2010, Antiterror-Gesetze und einiges mehr – es ist nicht alles sinn- und alles wirkungsvoll gewesen, aber es hat sich in jenen sieben Jahren mehr getan als in den 16 Jahren davor, und überwiegend sind diese Schritte auch in eine vernünftige Richtung gegangen. Doch es greift zu Beginn des neuen Jahrtausends in Deutschland mehr und mehr das Gefühl um sich, daß die Schritte wesentlich größer werden müssen und daß es – irgendwie – gesamtgesellschaftlicher Veränderungen bedarf. Fast scheint es so, als hätte *Schröder* unter dem Einfluß eines kollektiven Willens gehandelt, als er den Wähler seine Regierungszeit ohne Not vorzeitig beenden ließ (daß ihn seine Partei dafür später tränenselig in die Arme schloß, läßt sich nur mit der Erleichterung über den glimpflichen Wahlausgang erklären). Die Deutschen haben seither, was ihnen am liebsten ist: Einheit und Einigkeit in der großen Koalition, dieses Mal ohne APO-Bedürfnis oder -Gefahr, und bislang sieht es fast so aus, als wüßten die Verantwortlichen, was man von ihnen erwartet. Dafür, daß sie den Erwartungen gerecht werden, gibt es weit weniger Zeichen. Doch Deutschlands innere Solidität, seine Achtung innerhalb der europäischen Staatengemeinschaft und seine *Möglichkeiten* sind schon lange nicht mehr so groß gewesen wie heute.

b) Verleugnete Erfolge – Langzeitwirkungen von ʼ68

Das Jahr 1968 und alles, was man mit ihm gedanklich in Verbindung bringt, wird heute gern geschmäht. Wohl eingedenk einiger Beispiele ungewaschenen Lebensstils, einer gewissen allgemeinen Anti-Haltung, zum Teil ermüdender Dauerprovokation und kindischen Begleittraras. Darüber vergißt oder verleugnet man vollkommen, was aus dem gesellschaftlichen Rumoren jener Tage geblieben und heute allseits unangefochten ist. Im äußerst Grundsätzlichen ist damals eine Kritik-, aber auch Diskussionsbereitschaft gewachsen, die eine lebendige Demokratie braucht und die dazu beigetragen hat, folgenden Generationen den Weg aus der politischen Unmündigkeit zu ebnen, die den Deutschen zu lange und zu verbreitet eigen gewesen war. Ebenfalls grundsätzliche Folgen hatte die 68er-Bewegung für das Verhältnis der Deutschen zum Nationalsozialismus. Sie legte mit ihrer Empörung und ihren Fingerzeigen den Grund dafür, daß vor allem seit den achtziger Jahren der Nationalsozialismus wahrhaftig und auf breiter Front aufgearbeitet wurde und wird. Auch durch zahlreiche Mahnmale, die an die Opfer erinnern, bis hin zu den „Stolpersteinen", die in mehreren Städten in die Fußwege eingelassen werden und von denen jeder einzelne für einen jüdischen Mitbürger steht, der im nationalsozialistischen Terror zu Tode kam. Auch jene, die Widerstand leisteten und dafür oft mit dem Leben bezahlen mußten, finden noch nicht allzu lange die ihnen gebührende Würdigung; daß etwa Sophie *Scholl* eine Büste in der Regensburger Walhalla bekommen hat, ist eine Ehrung, die in den fünfziger Jahren undenkbar gewesen wäre. Auch die Fremdarbeiter, die in nationalsozialistischen Sklavendiensten standen, haben erst unter Rot-Grün eine Entschädigung erhalten – soweit sie noch am Leben waren.

Die Rehabilitation der deutschen Deserteure hat vergleichbar lange auf sich warten lassen. Das konservative Gegenargument, stellvertretend vorgebracht von dem CDU-Rechtsexperten Norbert *Geis*, lautete stets, die Deserteure hätten „der kämpfenden Truppe enormen Schaden zugefügt". Aus dem Reich der Toten haben die Wehrmachts-Generäle und Hitler hierzu stets heftig genickt. Denn was, wenn alle deutschen Soldaten im Zweiten Weltkrieg desertiert wären? Der Krieg hätte ein frühes Ende gefunden. Millionen von Zivilisten und Soldaten, Juden wie Nichtjuden, wäre ein grausamer Tod erspart geblieben; die deutschen Städte wären vom Bombenterror verschont worden und so weiter. Es geht nicht darum, die Soldaten der Wehrmacht pauschal anzuklagen. Aber es steht außer Frage, daß sie der europäischen Menschheit einen Gefallen getan hätten, wenn ihre Dienste Hitler nicht verfügbar gewesen wären und wenn sie über das Delikt der Fahnenflucht hinaus wie die Männer des 20. Julis versucht hätten, ihren obersten Kriegsherrn auszuschalten. Man kann nicht zugleich einen *Stauffenberg* ehren und einen Deserteur verdammen. Und dafür spielt es überhaupt keine Rolle, ob das Motiv des Deserteurs eine antifaschistische oder christliche Gesinnung war oder ob er schlicht Angst hatte und zu seiner Familie oder einer Geliebten wollte. Auch die deutsche Geschichtsschreibung ist in ihren Kapiteln zum Nationalsozialismus erst nach 1968 umfassend wahrhaftig geworden, das heißt auch in Firmen-, Vereins- und Stadt- oder Dorfchroniken. In meiner eigenen Berufsgruppe, den Juristen, hat es ebenfalls erst in jüngster Zeit ernsthafte Bemühungen gegeben, die Beteiligung der deutschen Justiz und Rechtswissenschaft am Nationalsozialismus nüchtern und aufrichtig zu bilanzieren. Für den praktischen Zweig der Rechtswissenschaft, die Justiz, gilt Ähnliches. Wohl hat es immer wieder und auch schon früh Verfahren gegen Nazis gegeben. Aber von flächendeckender und nachhaltiger Verfolgung kann keine Rede sein, und damit ist nicht die Schuld irgendeines Blockwartes gemeint, sondern die der nationalsozialistischen Kapitalverbrecher. Nach 1968 und ansteigend bis in unsere Zeit hat sich die Haltung der Justiz insgesamt geändert. Als charakteristisch erwähnt sei das Verfahren gegen Anton Malloth, einen SS-Mann und Gefängnisaufseher im heute tschechischen Leitmeritz, dessen Verfahren die Staatsanwaltschaft Düsseldorf nicht weniger als dreimal eingestellt hatte, unter anderem wegen unbekannten Aufenthaltsortes, obschon Malloth seit 1968 polizeilich gemeldet war, und der erst nach Ermittlungen der Staatsanwaltschaft München vom Landgericht München im Jahre 2001 wegen Mordes zu lebenslanger Freiheitsstrafe verurteilt wurde. In dem Urteil heißt es, Malloth gehöre zu den Tätern, „die ihren ideologisch begründeten abgrundtiefen Haß [auf Juden] sadistisch auslebten". Mit dem Urteil, so das Gericht, solle jedem, der Vergleichbares tue, klargemacht werden, „daß er für seine Verbrechen bis an das Ende seiner Tage zur Rechenschaft gezogen wird". Das war sie endlich, die Gerechtigkeit, für die Tausende im Widerstand gegen Hitler ihr Leben gelassen hatten. Und man wird nicht behaupten können, daß für solche späten Einsichten das Aufbegehren von 1968 vollkommen unerheblich gewesen wäre.

Auch die vielbelächelte Hinwendung zum Gespräch, zum Seelischen, und die Abkehr vom Primat der Härte und der Rücksichtslosigkeit sind Entwicklungen, die in den späten sechziger Jahren ihren Ausgang nahmen und noch heute Früchte tragen, wenn Verhandlung und Gespräch als Strategien der Konfliktlösung zunehmend an die Stelle eines schlichten Schlagabtausches treten, zum Beispiel in der Form der Mediation und bei der öffentlichen Projektplanung, indem man dort Bürger und Verbände frühzeitig einbezieht und ernst nimmt (vergleiche insgesamt im 2. Kapitel unter 1 b und hier oben 1 b). Wenn in den fünfziger Jahren beispielsweise ein CSU-Abgeordneter noch ungeniert angeregt hat, man möge doch das „Böse" – gemeint war die Sowjetunion – „mit Atombomben ausrotten", so herrscht in der Bundesrepublik unserer Tage Übereinstimmung, daß man den atomaren Aktivitäten des Iran durch die klassischen Mittel der Außenpolitik Einhalt gebieten muß.[78] Und wenn heute der Ex-Verteidigungsminister *Scholz* deutsche Atomwaffen fordert, um dem internationalen Terror begegnen zu können, so stößt dies auch im Lager der CDU/CSU durchgehend auf Ablehnung, obwohl *Adenauer* und *Strauß* früher die gleiche Forderung erhoben hatten. Daß die Deutschen den Kompromiß heute mindestens ebensooft mit dem Beiwort „fair" gebrauchen wie mit dem Beiwort „faul", hat ebenfalls damit zu tun, daß sie Ende der sechziger Jahre mehr Demokratie wagen wollten.

Auch für die Gleichberechtigung der Frauen war 1968 wichtig, denn wenn es allein nach dem konservativen Deutschland gegangen wäre, dann hätten sie sich noch heute an dem Leitbild der Hausfrauenehe zu orientieren, das Edmund *Stoiber* bis in den Wahlkampf 2002 propagiert hat. Auch der Zugewinn an Menschlichkeit, Wirklichkeitssinn und Wahrhaftigkeit in der Sexualmoral, den wir in den letzten Jahrzehnten erleben durften, hat seinen Ursprung 1968. Gleiches gilt für den Umweltschutz; 1968 war wie gesagt das Jahr, in dem der *Club of Rome* seine Überlegungen zu den „Grenzen des Wachstums" veröffentlichte.

---

[78] Zu besagtem Zitat und vergleichbaren Äußerungen *Soell* (Fn. 44) S. 295.

4. Kapitel. Die Familie

Die Familie ist die Keimzelle jeder Gesellschaft, das blutigste gesellschaftsinterne Schlachtfeld – Tötungsdelikte geschehen überwiegend im sogenannten sozialen Nahbereich – und der größte Quell
von Lebenszufriedenheit, weit bedeutender als der Beruf, kurz: die
für den einzelnen wichtigste gesellschaftliche Institution. An ihrem
Anfang steht zumeist eine Verbindung von Mann und Frau.

1. Mann und Frau. Bürgerliches Ideal und Wirklichkeit

Diese Verbindung, also eine (auch) sexuelle Partnerschaft hebt im
Regelfall schon für sich genommen das persönliche Glück und die
Zufriedenheit der Beteiligten.[79] In den Vereinigten Staaten betrachten sich in Umfragen 40% aller Verheirateten als „sehr zufrieden",
während es bei den Unverheirateten nur 25% sind. Verheiratete
erkranken auch viel seltener, sowohl körperlich als auch seelisch.
Und ist das ein Wunder, wenn doch schon die schlichte Berührung
durch eine vertraute Person wohltut und seelische Belastungen
erleichtert? Das ist übrigens nicht bloß ein Stück Alltagserfahrung,
sondern Biochemie; denn in solchen Augenblicken setzt der Körper Neurotransmitter und Opioide frei, die den Stimmungswechsel
bewirken. Wohl können Menschen, die allein leben, mit ihrem Beruf und mit Freundschaften ein hohes Maß an Glück und Ausgegli-
chenheit erreichen. Doch eines steht fest: zu zweit fällt es leichter.

a) Romantische Liebe und bürgerliche Vierfachmoral

Hoch im konservativen Kurs steht das altbürgerliche Ehemodell
mit romantischer Liebe, Verheiratung, Kindersegen, Monogamie
und lebenslanger Bindung. Nicht mehr zur Kenntnis nehmen Konservative oft, daß dieses Ideal weiterhin die stille Sehnsucht der
meisten Menschen ist. Zu Recht, denn je näher man ihm kommt,
desto glücklicher und ausgeglichener wird das eigene Leben, siehe
oben. Daß die Lebenspraxis und die Scheidungsraten heute von
jenem Ideal weiter entfernt sind als früher, liegt an einer Verbindung dreier Faktoren, die je für sich genommen gar nicht so ver-
dammenswert sind. Bevor ich sie aufzähle, ist aber noch ein wichtiges Wort zu dem „Früher" zu verlieren, in dem das bürgerliche
Ehemodell vermeintlich die gelebte und beglückende Wirklichkeit
war. Von den Verhältnissen im wilhelminischen Deutschland ist

---

[79] Zum Folgenden *Klein* (Fn. 6) S. 198.

schon die Rede gewesen (im 3. Kapitel unter 1 c). Seine bürgerliche Vierfachmoral kann aufrichtigen Menschen kein Vorbild sein. Nach 1918 und selbst nach 1945 haben sich jenes Messen mit unterschiedlichem Maß und jene Fassadenwirtschaft indes keineswegs restlos verflüchtigt, denn die Sexualmoral ist zäher als ein politisches System. Keine Mißverständnisse: Natürlich hat es im Kaiserreich und in den fünfziger Jahren glückliche und vorbildliche Ehen gegeben. Es hat nur auch eine Reihe von Ehen gegeben, für die man das nicht behaupten konnte, und der Unterschied zu unserer Zeit dürfte weniger in ihrer vermeintlich geringeren Zahl liegen als darin, daß man heute weniger Ängste und Schwierigkeiten hat, sich dann scheiden zu lassen. Vergleichbares gilt für Seitensprünge. Es gibt keinen Beleg und auch kein Anzeichen dafür, daß man sich im Kaiserreich oder in der frühen Bundesrepublik seltener betrogen hätte als heute. Im Gegenteil mehren sich mit den biographischen Büchern die Zeugnisse dafür, daß es damals womöglich diskreter, aber kaum langweiliger zuging als heute, und hat heute die Zahl verbotener Liebschaften in dem gleichen Maße abgenommen, wie es möglich geworden ist, sie aus den Schmuddelschatten des Heimlichen ins ehrliche Licht zu bringen – wenn auch unter Verlust des alten Partners. Es ist demnach mit Vorsicht zu genießen, wenn jemand in unserer Zeit bei dem Gedanken an die Ehemoral der fünfziger oder sechziger Jahre entzückt die Augen verdreht.

Das enthebt aber nicht von der Frage, warum sich die Menschen heute vergleichsweise weit von ihrem Ideal dauerhafter Partnerschaft mit Kindern entfernen. Ich mache wie gesagt drei Faktoren aus, die erst in ihrem Zusammenspiel partnerschaftsschädigend wirken. Das erste ist die Gleichstellung von Mann und Frau. Sie bringt die Frauen in den Beruf und zwingt ihnen dabei die entsprechende Ausbildung ab, was die Zeit verkürzt, die fürs Kinderkriegen bleibt. Zur Ausbildung kommt dann noch die Einstiegsphase des Berufslebens hinzu, und auch der berufliche Aufstieg steht überwiegend in einem Dauerkonflikt mit dem Kinderwunsch; immerhin meinen unterdessen selbst Konservative, daß der Staat und die Wirtschaft diesen Konflikt minimieren müssen. Zuzugeben ist indes, daß junge Frauen in ihrer Ausbildungsphase auch keine Familie mehr wollen, weil sie die Welt sehen, etwas erleben und ungebunden sein möchten. Das verstehen sie aber keineswegs als unbefristeten Lebensentwurf.

Das zweite Phänomen ist die altersunabhängige Zeugungsfähigkeit des Mannes. Er steht in Sachen Nachwuchs kaum unter Zeitdruck, weswegen er besonders gute Gründe sucht, um sich dafür zu entscheiden, und sich umgekehrt vergleichsweise leicht abschrecken läßt. Ein besonders guter Grund war früher das voreheliche Sexualverbot in Verbindung mit dem kirchlichen Verbot zu verhüten. Beide sind heute praktisch gefallen, auch unter Gläubigen. Und die leichte Abschreckbarkeit führt zu unserem dritten und letzten Ursachenphänomen, und das ist ausgerechnet das bürgerliche Ideal der romantischen Liebe. Sie erzwingt eine Liebesheirat, und da diese Liebe ein so grundstürzendes, unabweisliches und ewiges Gefühl sein muß und zugleich so unabdingbar ist, vergeht heutzutage nach meinem Eindruck viel mehr Zeit als früher mit dem Haareraufen ob der Frage, ob dies nun der oder die Richtige sei, und ist jene Phase der Partnerschaft gefährlicher geworden, in der die erste Begeisterung nun einmal unweigerlich etwas abnimmt und ein neues Fundament des Miteinanders diesen Raum füllen muß; das ist nach Erkenntnissen der zuständigen Disziplinen nach etwa drei Jahren der Fall. Die Menschen wollen also viel, und da zugleich die Möglichkeiten in einer mobilen und schichtdurchlässigen Gesellschaft nahezu unbegrenzt sind, werden sie zögerlicher und sind schneller enttäuscht. Die Männer warten lange und die Frauen zu lange, und beide zögern nicht, das gemeinsame Projekt aufzugeben, wenn es dem Liebesideal nicht mehr genügt und neue Partner verheißen, dies wieder zu tun.

b) Was dann? Ziel, Weg und Ausweg für die Partnerschaft

Lassen Sie mich vor einem Versuch konstruktiver kurzer Überlegungen zum Thema Partnerschaft die Befunde zusammenfassen und ergänzen. Erstens hegen die Menschen überwiegend noch immer den Traum von der großen Liebe und lebenslanger Gemeinschaft. Sie tun dies als Männer wie als Frauen, und sie tun dies unbeeindruckt von einigen schrillen Parolen, die 1968 in Umlauf waren. Daß dieses Jahr das Innerste des Menschen nicht nachhaltig hedonisiert hat, sei mit einer Heiratsannonce illustriert, mit deren Hilfe Christian Nürnberger 1982 seine heutige Frau kennenlernte, die ZDF-Moderatorin Petra Gerster. Darin erwähnt er „die Hoffnungen, die ich noch aus meiner APO-Vergangenheit mit mir herumschleppe", und beschreibt sich politisch als „nicht mehr links, deswegen noch lange nicht rechts"; ferner erwarte er sich „auch von den Grünen keine Wunder". Was er sich von seiner Frau erwartet: „In dem Abenteuer Ehe sollte sie nicht ein Mittel zur Selbstverwirklichung, sondern einen Dienst sehen, den man einander erweist." Dienst statt Selbstverwirklichung – und das von einem APO-Veteran; unfaßlich.

Als zweiter Befund sei darauf hingewiesen, daß die Gefühlskurve in jeder Partnerschaft tatsächlich eine Kurve ist und keine Horizontale. Grob unterteilt herrscht während der (längstens) ersten drei Jahre Hochstimmung und muß danach Liebe an die Stelle von Verliebtsein treten, wenn die Verbindung halten soll. Kommen in den ersten drei Jahren Kinder zur Welt, beginnt die Belastungsprobe entsprechend eher, denn die Geburt eines Kindes sorgt in der Partnerschaft zunächst nicht, wie viele meinen, für Glücksorgien, sondern für eine gewisse Katerstimmung. Hat die Partnerschaft emotional festen Grund, so wird er durch die Kinder auf Dauer noch fester. In jedem Fall sind sie zunächst einmal ebenso wie die „reguläre" Abkühlung der Leidenschaft nach den ersten Jahren eine Herausforderung für die Beziehung.

Dritter Befund ist der Unterschied in den Partnerstrategien und den Empfindensmustern von Männern und Frauen. Beide lassen sich recht einfach aus den Fortpflanzungsvoraussetzungen der Geschlechter ableiten. Ziel ist es jeweils, die eigenen Gene weiterzugeben und möglichst vorteilhaft zu kombinieren. Männer sind biologisch täglich in der Lage, dies zu tun, und zwar nahezu ein Leben lang. Für sie liegt daher als Strategie nahe: hoher Umsatz und schnelle Entscheidungen aufgrund schnell verfügbarer, nämlich offen-*sichtlicher* Informationen. Frauen haben im Vergleich dazu nur eine kleine Zahl von Versuchen, so daß ihre Strategie besser lautet: sorgfältige Auswahl der Genqualität, Brutpflege und Allianzen mit Versorgern. Dementsprechend wählen Männer Sexualpartnerinnen primär nach dem Aussehen und ohne vertiefte Gedanken an den nächsten Morgen, während für Frauen die Aussicht auf „Mehr" sowie Geld, Status und Macht im Vordergrund stehen; wobei sie sich allerdings nicht unbedingt an die objektiven Daten halten, sondern an das Maß an Selbstsicherheit, das ihnen entgegentritt, und aus dem sie unbewußt auf Geld, Status und Macht schließen. Auch die Ängste in einer Beziehung sind charakteristisch andere, wenn Konkurrenz auftaucht. Die Frau fragt: „Liebst Du sie?" Denn wenn er das tut, besteht für sie die Gefahr, eine Versorgungsallianz zu verlieren. Er fragt zunächst: „Wart ihr im Bett?" Denn falls ja, besteht für ihn die Gefahr, ein Kuckuckskind zu versorgen, das heißt die falschen Gene. Folgerichtig können Frauen eher mit dem Gedanken leben, daß ihr Mann mit einer anderen im Bett ist, wenn er dabei gleichwohl an sie denkt, während Männer lieber das andere Übel wählen, daß ihre Frau wohl an einen anderen denkt, aber die sexuelle Disziplin wahrt.

Ich weiß, daß diese Ausführungen zynisch und nicht danach klingen, als könnte ich mir die Beziehung zwischen Mann und Frau als etwas Warmherziges und Altruistisches vorstellen, in dem sich die Partner aus Zuneigung einen „Dienst erweisen". Dieser Eindruck täuscht. Ich halte jenen Dienst und das innere Aneinanderhängen im Gegenteil nicht nur für möglich, sondern für das Ziel einer Partnerschaft. Lediglich möchte ich sozusagen auf die Straßenbedingungen aufmerksam machen, die unsere Gefühle auf ihren Reisen von Natur aus vorfinden und die manche Wege einfach machen und nahelegen und andere nicht; ohne damit stets zu dem Ziel hinzuleiten, das wir uns für unsere Empfindungen am Ende wünschen. Ferner werden vor allem Frauen dagegen Verwahrung einlegen, daß sie unbewußt auf der Suche nach Männern mit Geld, Status und Macht seien – wenn auch nur über das selbstsichere Auftreten des Mannes vermittelt – oder auf der Suche nach einem Versorger. Sie werden ganz andere Prioritäten nennen, etwa Humor, Kinderfreundlichkeit oder die Fähigkeit zuzuhören. Auf der Ebene des Bewußten und subjektiv mag das auch richtig sein. Doch die unterbewußten basalen Kriterien sind ganz überwiegend die zuvor genannten. Das sagen die zuständigen Wissenschaften und das entspricht nebenbei auch meinen mittelbaren wie unmittelbar persönlichen Erfahrungen der letzten knapp 20 Jahre, die sich Woche für Woche verläßlich bestätigen. Ich finde das nicht tragisch. Auf seiten der Männer sind die natürlichen Leitfäden auf ihre Weise ja ähnlich ernüchternd, und das ebenso Entscheidende wie Versöhnende scheint mir zu sein, daß beide Seiten ein gleich empfundenes persönliches Glück suchen, das keiner von beiden anhand evolutionsbiologisch destillierter Kriterien erreichen kann, sondern das auf den letzten Metern unwägbar-unvernünftig bleibt.

Läßt sich daraus irgend etwas Lebenspraktisches folgern? Ein bißchen schon. Für die Phase des Suchens und Kennenlernens dürfte es das Wichtigste sein, möglichst aufmerksam der inneren Stimme zu lauschen und alles andere zurücktreten zu lassen. Erich *Fromm* schrieb ganz zu Recht, daß wir über das, was uns guttut, unbewußt viel mehr wissen, als wir bewußt zu wissen meinen.[80] Ein weiteres ist schonungslose Selbst(er)kenntnis, am wichtigsten hinsichtlich eigener Toleranzschwächen, also hinsichtlich dessen, wo-

---

[80] Haben oder Sein (Fn. 8) S. 98.

mit man keinesfalls zufrieden leben könnte, woran man sich also doch nie gewöhnte und was man doch nie „nicht so schlimm" fände. Ebenso darf niemand – namentlich keine Frau – glauben, etwas, das an dem anderen stört, mit der Zeit ändern zu können. In dem, was einen Menschen als Persönlichkeit ausmacht, ist er nicht zu ändern. — Für die Beziehung selbst dürfte dreierlei besonders wichtig sein: Einsicht, vor allem in die eigenen Schwächen und in die des anderen. Disziplin, um in schwieriger Zeit nicht vorschnell das Handtuch zu werfen und Versuchungen nicht nachzugeben, sowie Nehmerqualitäten: der Langmut, das hinzunehmen, was nicht zu ändern ist und was man sich hinzunehmen entschlossen hatte um dessentwillen, was der andere an Gutem bedeutet. Ferner braucht jede Beziehung Pflege. Man muß sich bewußt Zeit füreinander nehmen, auch wenn der Alltag andere Forderungen stellt. Die Idee, es bedürfe nur einer großen Liebe, und alles Weitere sei ein Selbstläufer, ist naiv und verkehrt. Stellen die Partner jedoch nachhaltig fest, daß sie einander mehr Kraft kosten, als sie sich spenden, dann muß ungeachtet der Form der Beziehung eine moralisch unbedenkliche Ausstiegschance vorhanden sein. Disziplin und Nehmerqualitäten dürfen nie zu einer dauerhaft unglücklichen Beziehung führen.

2. Der Ruf nach Kindern

a) Holde Knaben und freche Kids – Kinderbilder früher und heute

Von links und rechts tönt die Klage, Deutschland sei kinderfeindlich. Von links klagt man vor allem, im europäischen Vergleich werde das Kinderhaben zu wenig gefördert. Rechts behauptet man, nach '68 betrachteten viele Menschen Kinder lediglich als einen Hemmschuh ihres hedonistischen Lebenswandels. Dagegen ist zunächst der geschichtliche Befund zu halten, daß Kinderreichtum früher als Motiv keineswegs allein die Begeisterung für neues Leben als solches hatte, sondern auch das Streben nach einer eigenen Altersversorgung und danach, in den Kindern das eigene Dasein fortgeführt zu sehen – als eine Antwort auf den Tod. Beides führte zu einem Kinderleben in Elternregie. Eine Existenz aus eigenem Recht mit eigenen Wegen war den Neuankömmlingen nur sehr begrenzt gestattet. In weniger begüterten Schichten waren Kinder oft auch schlicht die Folge mangelnder Verhütungsmittel und wurden als Last und nicht als Bereicherung empfunden. Heimliche Abtreibungen und Findelkinder waren die Zeugen solcher Zustände.

Und soweit Kinder erwünscht waren, ging es darum, sie zu *haben;* weniger darum, daß sie sich gut aufgehoben fühlen konnten. Im wilhelminischen Deutschland waren die Institutionen, Gebräuche, Gebäude und Erziehungsmittel nicht kinderfreundlich oder auch nur kindgerecht. Wer unsere Infrastruktur und Sitten als kinderfeindlich betrachtet, dem muß die Zeit damals bis in die fünfziger und sechziger Jahre hinein eigentlich als Hölle erscheinen. Demgegenüber betrachten Eltern ihre Abkömmlinge heute von Anfang an als Wesen aus eigenem Recht; nicht nur, aber auch, weil sie keine Selbstverständlichkeit mehr sind und in der Regel erst vergleichsweise spät in das Leben ihrer Eltern treten. Ihnen ist in unserer Gesellschaft keineswegs nur von seiten der Eltern hohe Aufmerksamkeit und Zuwendung ebenso gewiß wie eine gewaltfreie Erziehung; man erinnere sich der Kampagne „Mein Kind ist unschlagbar", die in beiderlei Hinsicht für einen (vollzogenen) gesellschaftlichen Wandel steht. In einigem geht die neue Begeisterung für den Nachwuchs schon wieder zu weit, wenn etwa die Erziehungsberechtigten kindlichem Wirken auch dort keine Grenzen ziehen, wo es mitnichten kinderfeindliche Mitmenschen in erhebliche Mitleidenschaft zieht; als Bahnfahrer macht man so seine Erfahrungen. Auch bewundere ich, wie türkische Mütter halbe Schulklassen durch den Supermarkt schleusen, während deutsche Eltern dort schon mit einem einzigen Filius leicht für den einen oder anderen Zwischenfall sorgen. Doch sei dem, wie es ist. Unsere Gesellschaft ist heute so kinderfreundlich wie nie zuvor. Das einzige, was fehlt, sind die Kinder.

Immerhin hinweisen möchte ich allerdings auf ein theoretisches Problem, das bei der Klage über unseren, den deutschen Geburtenmangel unter den Tisch fällt, nämlich die rasant steigende Weltbevölkerung. Sie läßt sich im Grunde nur mit drei Argumenten ausblenden, die jedoch alle so eine Sache sind. Erstens ließe sich sagen: Wir leben in Deutschland, was interessiert uns die Welt? Doch das ignoriert die Globalität von Umwelt- und Bevölkerungsfragen, an der man im Jahre 2006 kaum vorbeikommt. Zweitens ließe sich sagen: Andere vermehren sich doch auch ungehemmt, gleiches Recht für alle! Das hieße am Ende, daß fremde Unvernunft die eigene legitimiere. Drittens bleibt nur das Bekenntnis: Uns sind deutsche Kinder eben lieber als andere. Ein Satz, dessen Diskussionspotential keiner Erläuterung bedarf. Auf längere Sicht also alles gar nicht so einfach, aber damit mögen sich berufenere Geister befassen.

b) Wer wann ein Kind will und wie man ihn dazu ermuntert

Auch im Kinderwunsch unterscheiden sich Männer und Frauen. Sicher gibt es Männer, die sich betont Kinder wünschen und Teile ihrer Lebensgestaltung diesem Wunsch unterordnen. Aber außerhalb glücklicher Partnerschaft, also gleichsam abstrakt, ist dieser Fall bei Männern selten, und selbst in einer glücklichen Beziehung wird der Ruf nach einem Kind häufiger von seiten der Frau laut denn von seiten ihres Partners. Doch auch die Frauen, Akademikerinnen zumal, trösten sich dann oft mit der trügerischen Überlegung: später. Und das Später wird dann so lange hinter andere Lebens- und Berufsziele geschoben, bis die Ehe oder Partnerschaft zerbrochen ist und sich andere Männer für die nun nicht mehr so junge Frau auch nicht mehr so schnell interessieren und jedenfalls nicht umgehend für eine Vaterschaft zu haben sind. Manches Kind wird noch als ein Versuch in die Welt gesetzt, eine bröckelnde Partnerschaft zu kitten; ein Versuch, der schon deshalb verfehlt ist, weil die Partnerschaft in den Monaten nach der Geburt eines Kindes auf eine besondere Belastungsprobe gestellt und nicht von einer Glücksgefühlwelle empor getragen wird (ähnlich untaugliche, immer wieder unternommene Versuche: Umzug, Urlaub, Anschaffung eines Hundes, Hauskauf oder -bau). Doch zurück zu dem Befund, daß eine Neigung zum Kind bei Männern weniger oft und weniger vehement zu verzeichnen ist als bei Frauen. Dieser Befund führt vermehrt zu der Erkenntnis, daß man zur Hebung der Geburtenrate nicht so sehr an die Frauen appellieren müsse als an die Männer. Ihnen muß klar werden, daß Kinder bei aller Mühe, die sie machen, insgesamt eine große, vielleicht die größte irdische Lebensbereicherung sind und daß ihre Betreuung nicht unmännlich und nicht weniger wert ist als die Arbeit im Beruf. Vielen jungen Männern, den Vätern zumal, braucht man das nicht mehr zu sagen, und die anderen wird man mit schlichten, noch so eindringlichen Appellen kaum erreichen. Doch das gesellschaftsklimatische Endziel bleibt das soeben beschriebene. Es setzt übrigens auch ein Umdenken bei Frauen voraus, in zweifacher Hinsicht. Einmal werden sie ihren überkommenen, noch immer wirkmächtigen Maßstab männlicher Attraktivität – Geld, Status, Macht – noch deutlicher erweitern müssen um die Fähigkeit zur Vaterrolle. Zweitens werden sie sich darauf einrichten müssen, daß ihre Männer diese Vaterrolle unter Umständen einmal ähnlich privilegiert ausüben möchten wie sie die Mutterrolle. Manche mag dann etwas verwirrt und mit gemäßigter Begeisterung schauen, wenn ihr Partner einige Wochen nach der Geburt den Wunsch äußert, das Kind zu betreuen, währenddessen doch sie, die Mutter, den Familienunterhalt verdienen möge. Vergleichbare Konstellationen werden sich auch ergeben können, wenn Vater und Mutter sich schon vor oder kurz nach der Geburt trennen. Bislang war es klar, wer dann hinsichtlich des Kindes am längeren Hebel saß, was folgendes Zitat eines Vaters stellvertretend für viele Leidensgenossen veranschaulicht:

> „Die Mutter meiner Tochter hat mir direkt nach der Geburt den Umgang mit meinem Kind verweigert. Ich war ständig beim Jugendamt, aber das ist nicht unbedingt eine Instanz, die Vätern hilft. Man schreit nach Gleichstellung, aber bei der Kinderpolitik werden die Väter ziemlich außen vor gelassen. Ich war zweimal vor Gericht, jetzt ist meine Tochter drei Tage pro Woche bei mir."[81]

Noch immer billigt unsere Gesellschaft der Mutter *vor* dem Vater ein natürliches Recht auf das Kind zu. Durchgesetzt wird es im Familienrecht über das Wort vom „Wohl des Kindes", das in den juristischen Ergebnissen eine erstaunliche Übereinstimmung gewinnt mit den Interessen der Mutter. Eine Gesellschaft, die engagierte Väter will und vaterschaftsfreudige Männer, kommt nicht umhin, Vater- und Mutterschaft gleichzustellen und den Sonderstatus der Mutter auf das biologisch Unabweisliche zu beschränken (also auf jene gesundheitliche Für- und Nachsorge, deren nur die Mutter bedarf). Für manchen, nicht nur Frauen, sicher ein schmerzhafter Abschied von zarten, keineswegs herablassenden Mutterbildern des bürgerlichen Ideals. Aber Gleichberechtigung ist nun einmal Gleichberechtigung.

Breite Übereinstimmung herrscht zu Recht darüber, daß es Eltern – und solchen die es werden wollen – erleichtert werden muß, die Elternschaft mit dem Beruf zu vereinbaren. Das Elterngeld der großen Koalition ist ein Beitrag dazu. Allerdings sollte sich niemand der Illusion hingeben, die Entscheidung für Kinder wäre in Konkurrenz zum Arbeitslohn zu erkaufen. Diese Entscheidung wird immer zum größten Teil und zum Glück immaterielle Motive haben. Wichtiger scheint mir die Garantie zu sein, nach einer Erziehungspause wieder an den früheren Arbeitsplatz zurückkehren zu können. Sie setzt freilich auf seiten des Arbeitgebers und der Kollegen Unterstützung voraus und auf seiten des Wiedereinstei-

---

[81] Ausspruch von Ralf *Hartmann*, seinerzeit ein 38jähriger Vater aus Bremen, zitiert aus der Wochenzeitung DIE ZEIT vom 2. März 2006.

gers die Bereitschaft, zunächst erneut eine Phase des Einlernens und verminderten Stimmengewichts zu bewältigen.

3. Homosexualität

Das Vorstehende betrifft viele nicht oder nur auf Umwegen. Gemeint sind neben Fortpflanzungsunfähigen, Zölibatären und Intersexuellen – Menschen mit Merkmalen beiderlei Geschlechts – vor allem Homosexuelle. „Vor allem" ist zahlenmäßig gemeint, denn sie machen im Vergleich mit jenen anderen Gruppen den deutlich größeren Teil der Gesamtbevölkerung aus, wenngleich die Schätzungen und Umfragen zu dem genauen Prozentsatz stark schwanken; ihr Mittelwert liegt bei rund 10%.[82] Aufgrund dieses hohen Anteils sehe man es man mir nach, wenn die folgenden Zeilen – in einem schmalen Buch – allein den Homosexuellen gewidmet sind, während jene anderen besonderen Fälle einmal mehr ausgeklammert bleiben.

Was ist Homosexualität? Jedenfalls nicht, was den Homosexuellen von konservativer, zuvörderst katholisch-klerikaler Seite oft angesonnen wird, nämlich ein bewußt kecker Entschluß zur sexuellen Extravaganz. Das läßt sich heute auch neurologisch untermauern, denn bei männlichen Homosexuellen ist im Gehirn das präoptische Areal größer als im männlichen Durchschnitt und gibt es mehr Verbindungen zwischen den Gehirnhälften. Auch die Ausschließlichkeit der Neigung bei den meisten Homosexuellen spricht deutlich für eine biophysische Prädisposition, das heißt weniger für eine Neigung denn für eine Eigenschaft. Andererseits gibt es Bisexualität und zahlreiche Schattierungen des Homo- wie Heterosexuellen mit Abtönungen in diese oder jene Richtung. Daher sollte man sämtliche dieser Schattierungen wie auch die reinen Formen von Homo- und Heterosexualität verstehen als *natürliche Varianten sexueller Veranlagung*. Damit ist Homosexualität eines auf keinen Fall: widernatürlich. Es bleibt abzuwarten, wie lange die bestimmenden Teile der katholischen Amtskirche und religiöse Fanatiker sich noch gegen die Wirklichkeit von Gottes Schöpfung versündigen, indem sie dies leugnen. Merkwürdig auch, daß diese militanten Verfechter des heterosexuellen Alleinvertretungsanspruches nicht einmal eine Denkpause einlegen, wenn sie sich mit den antiken Gesellschaften befassen, in denen Homosexualität gleichfalls

---

[82] Übersicht bei Wikipedia (http://de.wikipedia.org/wiki/Häufigkeit_von_ Homosexualität).

als natürliche Variante der Sexualität gelebte und respektierte soziale Wirklichkeit war. Besonders schmerzhaft muß das konservativ-katholische Beharren auf der Widernatürlichkeit der Homosexualität für die prominenten Homosexuellen in der CDU/CSU sein, etwa Ole von Beust oder jener ehemalige CDU-Bundesminister und jener ehemalige CDU-Ministerpräsident, die vor einiger Zeit in der Süddeutschen Zeitung über ihre Lage geschrieben haben; bezeichnenderweise anonym, doch unschwer zu identifizieren.

Erinnernswert ist noch, daß sich die Aversion des christlich-konservativen Bürgertums fast ausschließlich gegen die Homosexualität unter Männern richtet. Rational zu begründen ist das nicht mit den Argumenten der Gegner von Homosexualität, aber mit ganz anderen Überlegungen: Sexualität und Liebe unter Männern schwächt deren Fähigkeit zur Aggression gegen Männer und damit die Wehrfähigkeit einer Gesellschaft, und die Abstinenz gegenüber Frauen senkt die Reproduktionsrate und vermindert den genetischen Reichtum einer Gesellschaft; beides in früherer Zeit Nachteile des Gemeinwesens im Überlebenskampf mit der Konkurrenz.

Folgerung aus dem vorausgegangenen Absatz kann nur sein, das Familienrecht auf homosexuelle Frauen wie Männer in gleicher Weise anzuwenden wie auf heterosexuelle Paare, das heißt auch eine homosexuelle Ehe zu erlauben und nicht nur eine Lebenspartnerschaft. Udo *Di Fabio* zufolge verletzen indes schon diese Partnerschaften den „Anspruch auf Abgrenzung" herkömmlicher Ehen, den diese benötigten, um die eigene Identität zu erhalten. Das ist aber ebenso ungerecht wie unlogisch. Durch ihren Entschluß zu lebenslanger Bindung setzen sich die Ehepartner nicht von irgendeiner sexuellen Vorliebe ab, sondern von jenen Menschen, die sich nicht binden. Stürzt die heterosexuelle Ehe in eine Sinnkrise, wenn Homosexuelle heiraten dürfen? Ist es erst der Prickel des heterosexuellen Privilegs, der die Ehe interessant macht? Für die homosexuelle Ehe – nicht nur Lebenspartnerschaft – stellt sich allerdings die Frage, ob eine Adoption von Kindern möglich sein muß. Die Antwort hängt davon ab, ob die Erziehung von Kindern durch gleichgeschlechtliche Paare für die Kinder Nachteile hätte. Das vermag ich nicht zu beurteilen. Der Gedanke an eine solche Erziehung ist mir nicht ganz geheuer, aber das liegt an der eigenen persönlichen Prägung und hätte sich den Erkenntnissen der Fachleute und den Erfahrungen der Betroffenen zu stellen.

5. Kapitel. Der Staat

„Ich liebe nicht den Staat, ich liebe meine Frau." So Gustav *Heinemann* vor seiner Vereidigung als Bundespräsident 1969. Sein Ausspruch ist ein besonders pointierter Beleg dessen, daß die Deutschen zu ihrem Staat ein, sagen wir: alles andere als unverkrampftes Verhältnis haben. Von „Vater Staat" spricht man meist mit einem resignierenden Seufzen und hat dabei ein unpersönliches, bürokratisches Etwas im Sinn, untauglicher Adressat wärmerer Gefühle. Folgerichtig traut man ihm wenig zu und wird allerorten sein Rückzug verlangt und praktiziert. Wenn es daraufhin zugig wird oder gar kapitalistische Heuschrecken einfallen, ist es wieder nicht recht und werden Rufe laut nach einer lenkenden Hand. Grund genug, das Verhältnis des Bürgers zum Staat grundsätzlich zu bestimmen.

1. Ist der Staat uns über – oder sind wir der Staat?

Wortgeschichtlich (etymologisch) kommt unser Staat vom französischen „État", das sich seinerseits dem lateinischen „Status" verdankt, einem Partizip von „stare", das heißt stehen. Der Staat ist also seinem Wortursprung nach das, was feststeht und fest steht (es ist nicht nur diese Stelle im Text, die mich bei der alten Rechtschreibung bleiben läßt). Er ist die *Verfassung eines Gemeinwesens.* Für sie gibt es zwei extreme Modelle: den Obrigkeitsstaat und das Körperschaftskonzept der Polis. Im Obrigkeitsstaat wird der Bürger regiert, und zwar umfassend. Es gibt die Obrigkeit, „den Staat", und ihn, den Bürger. Und was der Obrigkeit erlaubt ist, ist ihm noch lange nicht erlaubt. Denn für ihn gelten die Gesetze, während die Obrigkeit von ihnen gelöst, lateinisch: absolut(us) handeln kann. Die Polis hingegen ist das griechische Wort für Stadt und steht wortgeschichtlich für die klassische griechische Stadtdemokratie, paradigmatisch Athen. In ihr ist der Bürger idealerweise gleichermaßen Schöpfer, Adressat und Exekutor des Gesetzes und fühlt sich verantwortlich; für sich und Nahestehende, aber auch für das große Ganze.

a) L'État, c'est nous – Staat als Aufgabe

Für die Bundesrepublik kommt als Leitbild nur das Körperschaftskonzept der Polis in Betracht. Das folgt schon aus ihrem Selbstverständnis als Demokratie und Republik, das in Artikel 20 Absatz 1 GG niedergelegt ist. Denn Demokratie bedeutet *Herrschaft durch das Volk,* und Republik bedeutet *Herrschaft für das Volk.* Staatliche Stellen sind dann die Organe und Gliedmaßen einer Gemein-schaft, der man selbst angehört, und kein äußerer Zwang. Ihr Han-deln ist für den Bürger zugleich ein „res publica agitur" und ein „mea res agitur": Es geht um die Republik und um ihn.

Selbstverständlich ist das ein Idealbild, und ich habe mich schon zu oft über Behörden geärgert, um die Abweichungen der bundes-deutschen Wirklichkeit leugnen zu können. Am meisten ärgert mich der ungeschriebene Verwaltungsgrundsatz manches deut-schen Amtswalters, daß man nicht auf morgen verschieben soll, was sich auch auf übermorgen verschieben läßt. Doch wo ist die Wirklichkeit schon das getreue Abbild eines Ideals? Und so schlecht sieht es bei uns gar nicht aus. Vor allem hat im letzten Jahrzehnt eine breite Entwicklung in die goldrichtige Richtung eingesetzt. Das gilt zum einen für die *Selbstorganisation staatlicher Stellen und deren Personal*. Beiden ist heute ganz verstärkt die Bür-gerfreundlichkeit ans Herz gelegt, und wenigstens nach meinen Beobachtungen und Erfahrungen ist sie keineswegs ein handlungs-leeres Schlagwort geblieben. Dazu einige wenige persönliche und banale Beispiele. Als ich 1991 nach Aachen umzog, um zu studie-ren, mußte ich mich dort anmelden. Das hatte auf dem Amt für Einwohnerwesen zu geschehen, einem Gebäude wahrscheinlich aus den fünfziger Jahren mit schlecht beleuchteten Gängen, schadhaf-ten Linoleumböden, speckigen Wänden und miefiger Luft. Ich müßte auch lügen, um zu behaupten, daß man mich freundlich oder gar zuvorkommend behandelt hätte. Die Anmeldung hatte in dreifacher Ausfertigung auf Formularen zu geschehen, deren man nur auf dem Amt und nur innerhalb seiner nicht allzu reichlich bemessenen Öffnungszeiten habhaft werden konnte. Hatte man auf diesem Amt etwas zu bezahlen, namentlich eine Gebühr, so hatte man den Betrag bar mit sich zu führen und garantiert nicht bei dem Beamten zu entrichten, vor dem man in dieser Sache pflichtgemäß erschienen war, sondern vier Stockwerke und drei Gänge entfernt bei der Kasse, deren Verwaltungsperson einem indes auf einem Pappschild mitzuteilen geruhte, daß sie „gleich wieder da" sein werde. Irgendwann ging es dann mit der liebevoll getippten Quittung zurück zum Sachbearbeiter, wo man sich erneut in die Schar der Wartenden einreihen durfte. Wer beim Umzug noch ein Auto ummelden mußte – keine besonders exotische Kon-stellation –, hatte dies bei einer anderen Stelle zu tun, die durchaus auch in einem anderen Stadtteil lag.

Ich bin seither noch einige Male umgezogen, und das amtliche Prozedere ist zwar als solches noch immer unumgänglich, hat sich aber in den Details charakteristisch verändert (wenn auch, möglicherweise, je nach Bundesland und Gemeinde in unterschiedlichem Maße). Formulare sind durchweg im Internet 24 Stunden am Tag abruf- und ausfüllbar. Fragen werden am Telefon oder binnen Tagesfrist per E-Mail und überwiegend verbindlich beantwortet, sofern die Hinweise im Internet noch Fragen offen lassen. In den Gebäuden hat man erkennbar versucht, den Beiworten „hell und freundlich" gestalterisch Ausdruck zu geben; mal mehr, mal weniger erfolgreich. Es gibt Wartezimmer, in denen Zeitschriften, ja sogar aktuelle Zeitschriften ausliegen. Manchmal findet sich tatsächlich auch so etwas wie eine Spielecke für Kinder. Die Sachbearbeiter, mittlerweile mehrheitlich Sachbearbeiterinnen, betrachten den Menschen auf der anderen Seite des Tisches nicht mehr als Gegner, für den man am besten schon gar nicht zuständig ist, sondern als Kunden, dem es eine Dienstleistung zu erbringen gilt. Wenn man eine Gebühr zu zahlen hat, schieben sie einen Kartenleser für die EC-Karte herüber, und wenn man sich an einem neuen Wohnort anmeldet, fragen sie, ob man nicht auch gleich das Auto ummelden wolle. Es gibt sogar Initiativen, um das Amtsdeutsch in Briefen und Mitteilungen verständlicher zu machen.[83] Und auch die Öffnungszeiten der Behörden haben heute mehr mit den Bedürfnissen der Bürger zu tun als noch vor zehn Jahren. Man mag all dies als banal abtun. Aber ich kann mir nicht helfen, auf mich macht unsere Verwaltung den Eindruck, als habe sie sich den Ruf nach Bürgernähe und Bürgerfreundlichkeit zu Herzen genommen; bei aller Unvollkommenheit, die nicht zuletzt auch damit zusammenhängt, daß die öffentliche Hand immer weniger Geld verfügbar hat.

Innerhalb der Verwaltung gilt es, Bemühungen fortzusetzen, die es schon gibt, und zwar zur Enthierarchisierung und zu Anreizen für persönliche Leistung einerseits und wirtschaftlichen Umgang mit den Mitteln andererseits. Unter Enthierarchisierung ist zu verstehen, daß Entscheidungsstränge möglichst kurz zu halten sind und jede Ebene so viel selbst entscheiden darf, wie sie sinnvollerweise entscheiden kann. Das hebt die Motivation und macht die Entscheidungen sachgemäßer da sachnäher. Anreize zur persönlichen Leistung sind in Form materieller oder immaterieller Aner-

---

[83] Siehe *Berger*, Peter, Flotte Schreiben vom Amt (2004).

kennungen für überdurchschnittliche Arbeit denkbar. Materiell scheint sie nach einer Reform des Dienstrechts noch unter *Schily* durch sogenannte leistungsbezogene Vergütung möglich geworden zu sein. Es kommt aber sehr darauf an, wie die Praxis die neuen Möglichkeiten nutzt. Tut sie es so wie im neuen Dienstrecht für die Professoren, handelt es sich für die Masse der Angestellten und Beamten lediglich um eine weitere Senkung der Bezüge mit demotivierender Wirkung.

Anreiz zum wirtschaftlichen Umgang mit den Ressourcen schafft man wiederum durch einen Verantwortungstransfer. Von unten nach oben schreitend müssen die einzelnen Stellen so viel wie möglich der Mittel, die für sie vorgesehen sind, zur eigenen Verwaltung und unwiderruflich erhalten. Und bei dieser Verwaltung muß die einzelne Stelle möglichst viel Freiheit haben, vor allem in der Auswahl der Anbieter, von denen sie Güter und Leistungen bezieht (etwa eine Büroeinrichtung). Der Gefahr von Korruption baut man durch Entscheidungstransparenz vor: Das Geschäft muß öffentlich gemacht und öffentlich begründet werden. Beides kann in aller Kürze via Internet geschehen.

Selbst wenn in der Verwaltung Anreize zum wirtschaftlichen Umgang mit den Mitteln in oben angeregter Weise geschaffen sind, wird sich der Angestellte oder Beamte kaum je in so hohem Maße mit der Sache seiner Behörde identifizieren wie als Privatmann für seine eigenen Angelegenheiten oder als Arbeitnehmer für sein Unternehmen, wenn die Stelle dort an einem seidenen Faden hängt und sein Chef nicht zu betonen müde wird, daß notfalls andere willig bereitständen, die Arbeit zu übernehmen. Daher empfiehlt es sich tatsächlich, staatliche Tätigkeiten *in Teilen* zu *privatisieren*. Diese Teile sind die staatlichen Komfortleistungen, zum Beispiel die Müllabfuhr. Sie werden auch schon und auch mit Erfolg privatisiert. Bedingung jeder Privatisierung ist allerdings, daß der Staat die Kontrolle behält. Die eigentliche Leistung sollen Private übernehmen und auch die Einzelheiten ihrer Erbringung regeln, aber der Staat muß jederzeit in der Lage bleiben, Fehlentwicklungen im großen zu korrigieren, etwa Preisexplosionen nach Monopolbildung. Auch wenn sich im kleinen Mängel häufen, zum Beispiel bei der Abrechnung, muß es möglich bleiben, einem Anbieter das Handwerk zu legen. Und der Staat muß stets in einer Form präsent bleiben, die ihm eine wirksame Überwachung erlaubt. Nicht in der tradierten bürokratischen Form tausender verwaltungsrechtlicher

Genehmigungen, sondern beispielsweise durch Umfragen, Stichproben und eine Beschwerdestelle für Verbraucher.

Nicht privatisierbar ist die Kernaufgabe des Staates, über sein Gewaltmonopol zu wachen und zu verhindern, daß sich flächendeckend der Stärkere durchsetzt. Das Gewaltmonopol gilt zunächst und selbstverständlich im Außenverhältnis; es könnte und dürfte nie eine deutsche Privatarmee in Afghanistan oder sonstwo UN-Aufgaben der Bundesrepublik wahrnehmen. Im Innern bedeutet das Gewaltmonopol, daß physischer Zwang außer bei Gefahr im Verzug nur von Trägern staatlicher Autorität ausgeübt werden darf. Nicht privatisierbar sind damit unter anderem Strafverfolgung und Strafvollzug. Man kann Gefängnisse nicht als Sonderform von Jugendherbergen betrachten und mit der Auflage privatisieren, daß kein Insasse entwischen dürfe. Ein Gefängnis hat zunächst den Zweck, Freiheit zu entziehen, und das ist eine Form von Dauergewalt, mithin Sache des Staates. Anders hinsichtlich etwaiger Leistungen, die den Gefangenen zur Resozialisierung erbracht werden, zum Beispiel eine handwerkliche Ausbildung. Dafür mag man private Firmen einspannen, sofern das oben zur Kontrolle Gesagte Beachtung findet.

Das Körperschaftskonzept heißt aber nicht nur, daß staatliche Stellen bestrebt sein müssen, dem Bürger nahe und für ihn da zu sein, sondern auch, daß der Bürger prinzipiell bereit sein muß, tatsächliche oder mögliche Aufgaben staatlicher Stellen selbst zu übernehmen. Man mag das *bürgerschaftlichen Einsatz* nennen (bürgerschaftliches Engagement). Auch in dieser Disziplin ist unser Land auf einem guten Weg. Die sogenannten Freiwilligensurveys von 1999 und 2004 – repräsentative Umfragen zum Freiwilligeneinsatz der Bürger – belegen, daß die Menschen in Deutschland mit steigender Tendenz unentgeltlich und ohne Zwang in Vereinen, Organisationen, Gruppen und Einrichtungen am öffentlichen Leben teilnehmen.[84] Der Prozentsatz der freiwillig mit längerfristiger Aufgabe Engagierten ist von 34 auf 36% gestiegen, jener der zumindest öffentlich Aktiven von 32 auf 34%, und mithin ist der Anteil der zivilgesellschaftlichen Totalverweigerer von 34 auf 30% gesunken. Am deutlichsten erhöht hat ihren Einsatz die Gruppe der jüngeren

---

[84] Siehe – auch zum Folgenden – *Gensicke*, Thomas, Bürgerschaftliches Engagement in Deutschland, APuZ 12/2006, 9 ff. Für die internationale Perspektive *Bornstein, David*, Die Welt verändern. Social Entrepreneurs und die Kraft neuer Ideen (2006) (aus dem Amerikanischen).

Senioren (60- bis 69jährige). Doch auch von der vermeintlich wertevergessenen Jugend ist Ermutigendes zu berichten. Ein freiwilliges soziales Jahr (FSJ) haben 2005 ein Fünftel mehr Jugendliche absolviert als 2004, und seit 2002 haben sich die FSJ-Stellen sogar verdoppelt, Tendenz weiter steigend.[85] (Man wird allerdings auf den gesellschaftlichen Hintergrund der allermeisten freiwillig engagierten Jugendlichen aufmerksam machen dürfen: Sie sind selbst sozial gesichert, haben eine solide Bildung, und es sind so gut wie keine Zuwanderer [Migranten] dabei.) Interessant ist auch, daß der Bereich „Justiz/Kriminalitätsprobleme" gleichwohl nach wie vor kaum bürgerschaftlichen Einsatz auf sich zieht; er ist mit gerade einmal 0,5% der Aktivitäten das thematische Schlußlicht der Zivilgesellschaft. Ein weiterer Aufruf an den Gesetzgeber, das Geschrei der veröffentlichten Meinung über die vermeintlich ausufernde Kriminalität sehr nüchtern zu würdigen (vergleiche im 2. Kapitel unter 1 b). Denn wäre die Sorge auch nur subjektiv so brennend berechtigt, sollte man mit etwas größeren Bemühungen rechnen, ihr abzuhelfen; Möglichkeiten gäbe es, sowohl in der Vorbeugung (Prävention) als auch in der Verfolgung und Aufarbeitung, vom privaten Streifendienst in der Nachbarschaft über Bürgerinitiativen für Kameraüberwachung oder verstärkte Polizeiarbeit bis hin zur Betreuung von Gefangenen, um sie dabei zu unterstützen, nach der Entlassung in ein kriminalitätsfreies Leben zu finden.

Noch dreierlei ist aus den Freiwilligensurveys besonders zu erwähnen. Zum einen, daß es neben dem schon vorhandenen Einsatz große Bereitschaft gibt, ihn auszudehnen und zu verstärken, und zwar sowohl bei denen, die sich bereits engagieren, als auch bei denen, die dies noch nicht tun. In beiden Fällen handelt es sich besonders oft um junge Leute. Zum zweiten haben sich die Verbesserungswünsche der Engagierten gewandelt. Deren wichtigster ist nach wie vor die öffentliche Information und Beratung zu bürgerschaftlichem Einsatz. Aber an zweiter Stelle steht nicht mehr die steuerliche Absetzbarkeit der Unkosten, sondern eine hinreichende und angemessene Berichterstattung in den Massenmedien. Woraus wir erneut lernen, daß soziale Anerkennung erstens wichtig, aber zweitens nicht nur in Geld zu leisten ist. Die dritte hier noch erwähnenswerte Größe in den Freiwilligensurveys ist der Einsatz von seiten Arbeitsloser. Denn der nimmt deutlich zu und spricht gegen

---

[85] Ich stütze mich auf *Frank*, Charlotte, Von wegen unsozial, in der Süddeutschen Zeitung vom 12. August 2006, S. 8.

das Wunschfeindbild von *Di Fabio* et al., dem zufolge sich immer mehr Menschen ohne Arbeit zufrieden und antriebslos auf den sozialen Kissen räkeln, die andere im Schweiße ihres Angesichts mit Steuern und Abgaben aufpolstern.

Es ist aber nicht nur ehrenamtliche Tätigkeit im Aufschwung, sondern der „dritte Sektor" der gemeinnützig ausgerichteten Nichtregierungsorganisationen (NROen, NGOs) ist insgesamt ein Wachstumsmarkt (als ersten Sektor wertet man den Staat, als zweiten die Wirtschaft). Das heißt er bietet zunehmend auch bezahlte Arbeit an. Für das Jahr 2000 schätzt man drei Millionen sozialversicherungsrelevante Stellen, Tendenz steigend.[86] Damit liegen wir international indes nur im Mittelfeld. Spitzenreiter dürften die Niederlande sein, wo 12,4% der Gesamtbeschäftigung auf den dritten Sektor entfällt. Für uns ein Vorbild und eines von mehreren Mitteln gegen die Arbeitslosigkeit! Das gilt um so mehr, als die Arbeit im dritten Sektor besonders attraktiv ist – jedenfalls nach Auskunft derer, die sie ausüben, und die müssen es eigentlich wissen. Zwar erklären sie sich in Befragungen mit den Aufstiegschancen und der Entlohnung nicht immer zufrieden und schlagen in der Pflege – unserem größten Sorgenkind – Zeitdruck und Überforderung negativ zu Buche. Aber über Vorgesetzte, Betriebsklima und die Motivation der Beschäftigten sind die Äußerungen überaus positiv. Besonders heben die Beschäftigten hervor, daß sie eine sinnvolle und verantwortungsvolle Tätigkeit ausüben und Freude an ihrer Arbeit haben. Sie sind insgesamt deutlich zufriedener als Arbeitnehmer in Verwaltung und Wirtschaft.[87] Auch das bestätigt nur, was zu den Faktoren der Lebenszufriedenheit und der Rolle des Geldes bereits mehrfach festzustellen war.

Unter dem Gesichtspunkt bürgerschaftlichen Einsatzes ist schließlich noch die etwa schon von Helmut *Schmidt* und Richard *von Weizsäcker* ausgesprochene Idee des Aufgreifens wert, statt einer Wehrpflicht für Männer eine *allgemeine Dienstpflicht* für Männer und Frauen einzuführen: ein Pflichtjahr, das beide Geschlechter nach ihrer Wahl ableisten könnten in den Streitkräften oder in zivilen Sozialdiensten. Dafür spricht zum einen, daß es gegen das Gebot der Gleichberechtigung verstößt, wenn nur Männer dienen

---

[86] Siehe – auch zum Folgenden – *Priller*, Eckhard, und *Zimmer*, Annette, Dritter Sektor: Arbeit als Engagement, APuZ 12/2006, 17 ff.

[87] *Simsa*, Ruth, Beschäftigung im dritten Sektor, in: Sandra Kotlenga und andere (Hg.), Arbeit(en) im dritten Sektor (2005) S. 167 ff.

müssen. Historisch ist diese Sonderpflicht verständlich, heute hat sie aber keine Berechtigung mehr. Frauen bedürfen während einer Schwangerschaft und der Zeit danach besonderer Schonung, sonst aber nicht, und während einer Schwangerschaft und der Zeit danach werden sie vom geltenden Recht bereits überaus fürsorglich geschützt und erfahren von Staat und Gesellschaft vielfältige Unterstützung. Es wäre auch nicht einzusehen, eine Schwangerschaft gegen die Dienstpflicht „gegenzurechnen", also eine endgültige Dienstbefreiung vorzusehen, sobald eine Frau ein Kind geboren hat; denn die Gründung einer Familie ist für Männer wie Frauen in erster Linie kein Dienst an der Gemeinschaft, sondern ein (guter, berechtigter) Dienst an sich selbst. Nach der Literatur zum Thema Schwangerschaft und den Aussagen junger Mütter zu urteilen erleben die allermeisten Frauen die Schwangerschaft auch als eine bereichernde, wertvolle Zeit und als ein Privileg, auf das sie nie verzichten wollten; das spricht ebenfalls dagegen, sie mit einem Wehr- oder Zivildienst zu verrechnen. Für eine allgemeine Dienstpflicht spricht ferner, daß die Einberufungspraxis heute aufgrund eines Mißverhältnisses von Angebot und Nachfrage der Wehrgerechtigkeit Hohn spricht. Der Zustand ist meines Erachtens verfassungswidrig, bedürfte aber auch sonst einer Korrektur. Drittens spricht für eine allgemeine Dienstpflicht der wachsende Personalbedarf in der Altenpflege.

Unabdingbarer Treibstoff des Polis-Modells sind die „Wahlen und Abstimmungen" (Artikel 20 Absatz 2 Satz 2 GG), in denen die Bürger ihren politischen Willen verwirklichen. Dabei sind Wahlen Personal- und Abstimmungen Sachentscheidungen. Letztere spielen im politischen Leben der Bundesrepublik keine gewichtige Rolle. Auf Bundesebene kommen sie praktisch überhaupt nicht vor, und auch in den Ländern und Kommunen ist die Volks- beziehungsweise *Bürgergesetzgebung* alles andere als politischer Alltag.[88] Doch immerhin gibt es sie. Und in dem Maße, wie es sie gibt, beweisen sie, daß die Ängste vor dem Plebiszit weithin unbegründet sind und die unmittelbare Mitbestimmung im Gegenteil in mehrfacher Hinsicht segensreich wirkt: Sie erhöht meßbar die Lebenszufriedenheit derer, die abstimmen; sie stärkt deren Verbundenheitsgefühl und Identifikation mit ihrem Gemeinwesen; und sie führt auf seiten der Regierenden zu konsensuellerem Vorgehen, soweit gegen ihre Maßnahmen oder Unterlassungen plebiszitäre Schritte

---

[88] Näher und umfassend die Beiträge in APuZ 10/2006.

möglich sind. Auch die Verfassungsgerichtsbarkeit wird davon entlastet, umstrittenen Gesetzen Legitimität zu verschaffen oder zu versagen, wenn das Volk entscheiden kann. Denn dessen Autorität stellt niemand mehr in Frage. Die beschworenen Gefahren des Plebiszits sind Entscheidungen aus der Laune oder Erregung des Augenblicks heraus, populistische Manipulatoren und unaufgeklärte Ansichten. Um mit diesem letzten Punkt anzufangen, so gibt es zunächst zwei Abhilfen. Deren erste ist die Verfassungsgerichtsbarkeit, da natürlich auch durch den Inhalt einer Volksabstimmung nicht das Grundgesetz verletzt werden dürfte. Auch ein Volksbegehren kann kein besseres oder höheres Recht schaffen als das Parlament. Das zweite ist die Möglichkeit, einige wenige, genau bezeichnete Themen der Volksgesetzgebung zu entziehen, obgleich solche Tabus nicht eben von Vertrauen in die kollektive Reife der Bevölkerung zeugen. Allerdings ist das Lieblingsbeispiel der Plebiszitgegner, das Verbot der Todesstrafe, insofern ohne Belang, als es bei uns in der Verfassung steht (Artikel 102) und mithin auch durch ein (einfaches) Volksgesetz nicht abzuändern wäre.

Populistische Manipulatoren gibt es nicht mehr und nicht weniger, wenn eine Parlaments- einer Volksgesetzgebung an die Seite tritt. Soweit es sie gibt, beschränken sie sich nicht auf Volks- oder Bürgerentscheide und -begehren, sondern treten auch bei Wahlen an, und es ist ganz unwahrscheinlich, daß sich jemand zu populistischer Agitation allein deshalb motivieren kann, weil es Volksabstimmungen gibt. — Nun noch zur Gefahr von Entscheidungen aus dem Augenblick heraus. Sie ist zum einen kaum vorhanden, weil wichtige Volksabstimmungen einen soliden Vorlauf haben (müssen), in dem alle Ansichten und Argumente öffentlich diskutiert werden. Zum anderen gilt für Volksgesetze wie für Parlamentsgesetze, daß sie nicht ein für allemal verabschiedet werden, sondern bei Fehlentwicklungen zu revidieren sind. Und zu guter Letzt wird es eine politische Elite auch einmal hinnehmen müssen, wenn die Mehrheit der Bevölkerung eine andere Ansicht hat als sie. — Nach allem ist es erstrebenswert, in unserem politischen System die Volksgesetzgebung zu stärken. Für die Bundesebene gibt es dazu einen bedenkenswerten Vorschlag der früheren rot-grünen Regierung von 2002, für den sich indes im Bundestag erwartungsgemäß nicht die Zwei-Drittel-Mehrheit fand, die für eine Änderung des Grundgesetzes nötig gewesen wäre.[89]

b) Sozialtechnokratie versus tätiges Regieren – die Aufgaben des Staates

Das konservative, mehr noch das neoliberale Lager hat eine traditionelle Aversion gegen staatliches Tun im Innern. Man betrachtet es als Beschneidung freien Unternehmertums und Gängelung mündiger Bürger. Dies übersieht indes, daß solche Mündigkeit und Freiheit auch die Mündigkeit und Freiheit des Stärkeren sind, der den Schwächeren an die Wand drückt, wenn sich niemand dazwischen stellt. Solches Dazwischenstellen ist eine der beiden großen Aufgaben des Staates im Innern.

An erster Stelle hat der Staat die Bürger vor *Kriminalität* zu schützen; davor, daß zu ihrem Nachteil andere die wichtigsten Regeln des Zusammenlebens mißachten. Das geschieht jedoch entgegen konservativer Ideologie nicht wirksam, indem man die Strafrahmen der Gesetze erhöht, Haftbedingungen und -perspektiven verschlechtert, Rechte (auch zu Unrecht) Beschuldigter beschneidet – was manch Konservativem im eigenen Steuerstrafverfahren auch einleuchtet – oder die Befugnisse der Strafverfolgungsbehörden ad infinitum ausdehnt. Sondern es geschieht vor allem durch einen Dreiklang aus Vorbeugung (Prävention), materieller, ideeller und personeller Stärkung der Strafverfolgungsbehörden und dem ehrlichen und durchdachten Angebot an den Straffälligen, ihn bei seinen Bemühungen um ein kriminalitätsfreies Leben zu unterstützen. Konservative und Liberale mögen solche Bemühungen vollständig in die Verantwortung des einzelnen verweisen und sich auf dessen freien Willen berufen. Aber damit verkennen sie grandios die Abhängigkeit des Menschen von seinem Umfeld und wie sehr er auf Ermutigung, Hilfe und Zuspruch angewiesen ist, wenn er sich ein neues Umfeld schaffen und erhalten soll. Es geht auch an der Menschenwirklichkeit vorbei zu behaupten, man könne sich dieses Umfeld in einer freien Gesellschaft schließlich aussuchen und sich über dessen Urteil gegebenenfalls auch hinwegsetzen. Das wichtigste Umfeld, das in Kindheit und Jugend, ist meist fremdgewählt und kann jedenfalls nicht Gegenstand einer eigenen vollverantwortlichen Entscheidung sein. Und wie es um die Fähigkeit der Men-

---

[89] Siehe Bundestags-Drucksache 14/8503 und dazu die Plenarprotokolle in den Drucksachen 14/227 und 14/240.

schen bestellt ist, sich dem Einfluß ihres Umfeldes entgegenzustemmen, hat man in Deutschland während zweier Diktaturen erleben können.

Auf wirtschaftlichem Gebiet geht es um den Schutz vor purem Ökonomismus, der den einzelnen heute stärker bedroht als jede Obrigkeit; Johannes *Rau* hat das in seiner letzten Berliner Rede am 12. Mai 2004 zu Recht betont. Im *Arbeitsrecht* beginnt das sehr elementar bei dem Verbot von Kinderarbeit, dem Schutz schwangerer Arbeitnehmerinnen und beim Arbeitsschutz, also Bestimmungen zur Unfall- und Krankheitsverhütung und zur maximalen Arbeitsbelastung. Ohne den Staat hätten wir auf diesen Gebieten lediglich, was Arbeitnehmer-Verbände den Unternehmen abhandeln könnten, und das wäre auf einem globalisierten Arbeitsmarkt auch von dem Stand abhängig, den der Arbeitsschutz in den Entwicklungsländern oder China hat. Auch ein Arbeitsschutz im weiteren Sinne ist Sache des Staates, darin bestehend, bestimmte Erholungsräume zu erzwingen und dafür zu sorgen, daß ein Kinderwunsch nicht zum Jobkiller wird. So lohnt es sich, den Sonntag arbeitsfrei zu halten, und ist es auch neoliberalen Yuppies zumutbar, sich die Milch für sonntags unter der Woche zu kaufen und das Shopping mit der Freundin auf Samstag zu legen. Und daß Eltern die Möglichkeit haben sollten, ihre Berufstätigkeit befristet auszusetzen, ohne den Arbeitsplatz zu verlieren, hat sich unterdessen bekanntlich sogar im politischen Lager rechts der Mitte herumgesprochen.

Der Schutz vor dem Recht des Stärkeren ist auch im Wirtschaftsverkehr zu leisten. Der Staat hat zu verhindern, daß Unternehmen Marktmacht mißbrauchen oder Unerfahrenheit, Unwissenheit oder Zeitknappheit der Bürger unlauter ausnutzen. Dem Mißbrauch von Marktmacht beugt das Kartellrecht vor. Dem Rest widmet sich der moderne, großteils vom EU-Recht angeregte oder vorgegebene *Verbraucherschutz*. Er hat allerdings zu einem großen Teil wirkungsneutrale Formen angenommen, und zwar soweit er in Belehrungs- und Informationspflichten der Unternehmer oder darin besteht, daß deren allgemeine Geschäftsbedingungen (AGB) gerichtlicher Kontrolle unterliegen. Denn die Belehrungs- und Informationspflichten führen zu seitenlangen Produktbegleitakten, die kein normaler Mensch in seinen Alltagsgeschäften durchackern kann; abgesehen davon, daß er sie nicht verstände. Gleiches gilt für die vielfältigen Formen allgemeiner Geschäftsbedingungen. Daß sie gesetzliche Schranken haben, nützt nur demjenigen, der sie vollständig liest, vollständig versteht und gegebenenfalls gerichtlich angreift – das heißt so gut wie niemandem. Ich bin Jurist, kann annehmbar schnell lesen und denken und habe doch kaum Ahnung vom Inhalt der Verträge, die ich mit Versicherungen, Werkstätten, Banken, Vermietern und mit Unternehmen im Internet alltäglich schließe. Denn ich habe weder die Zeit noch die Nerven, die es kostete, all das zu lesen und zu begreifen, was mir mit dem Vertragsschluß als Inhalt meines Willens von Gesetzen und Gerichten unterstellt wird, unter großzügiger Vernachlässigung der Lebenswirklichkeit. Und ich habe in der Regel auch keine realistische Alternative zur Annahme der Vertragsbedingungen außer der, von dem Vertrag insgesamt Abstand zu nehmen. Oder soll man anfangen, im Kaufhaus mit dem Kassierer über Klausel 3 der ausgehängten allgemeinen Geschäftsbedingungen zu verhandeln, mit dem Vermieter über die Renovierungsfrist fürs Bad zu streiten, die im Vordruck des Mietvertrages steht, E-Mails an Versandhäuser im Internet zur Vertragsgestaltung zu schreiben, am Bankschalter Modalitäten und Gebühren der Kontoführung zu erörtern und so weiter und so fort? Und welchem Ratenkäufer haben im Ernst schon einmal die Angaben genützt, zu denen §§ 492, 655 b des Bürgerlichen Gesetzbuches (BGB) den Verkäufer und den Darlehensgeber verpflichten? Unser Zivilrecht orientiert sich noch immer am Leitbild eines Kaufmanns mit gepflegtem Backenbart, der vormittags Zeitung liest, insbesondere die amtlichen Bekanntmachungen, und nachmittags sinniert, welchen Preis er abends im Klub mit seinen Geschäftspartnern bei einem Glas Punsch für den Sack Sommerweizen auszuhandeln gedenke. Auch der mündige Verbraucher, den sich der moderne Verbraucherschutz zur Maßfigur macht, verfügt über Zeit-, Nerven- und Intelligenzressourcen, die den real existierenden Menschen weithin fehlen.

Realitätsgerechter und für alle Beteiligten besser wäre ein System, das alle gängigen Verträge im Grundsatz mit zwingenden Regelungen (ius cogens) interessengerecht ausgestaltete und den Anbietern Spielraum hauptsächlich beim Preis und der Qualität beließe. Das machte auch den Wettbewerb viel transparenter – man denke nur an die Telekommunikation – und dadurch wirksamer. Den Bedürfnissen der Profis und Nichtverbraucher wäre durch die Möglichkeit Rechnung zu tragen, aus dem System auszusteigen, wenn ein besonderer Wille hierzu und besondere Sachkunde vorhanden sind, entweder in eigener Person oder durch Zuziehung eines Fachmanns. Beides wäre aber vom Nachfragenden ins Spiel zu bringen und dürfte vom Anbieter nur ausnahmsweise – bei bestimmten Waren und Dienstleistungen – generell gefordert werden.

Über seine Schutzfunktionen hinaus hat der Staat aber auch Leistungen zu erbringen. Dazu gehören einmal Leistungen, die den Bestand der Gesellschaft sichern *(bestandssichernde Leistungen)*. Die einsichtigsten Leistungen dieser Art sind der Umweltschutz, denn ohne Umwelt gibt es keine Menschen, und die nationale Verteidigung. Leistungen dieser Art sind aber auch solche, die den personellen Fortbestand der Gemeinschaft sichern. Sie haben sich zunächst darauf zu richten, eine kinderfreundliche Lebenswelt zu schaffen und die Bevölkerung zu ermuntern und dabei zu unterstützen, Kinder großzuziehen. Die Instrumente dazu haben unterdessen und nur mit wenigen Jahrzehnten Verspätung auch konservative Politiker erkannt: Angebote zur Kinderbetreuung; finanzielle Vergünstigungen für Familien; Regeln, die einen befristeten Berufsausstieg erlauben mit der Sicherheit, danach wieder in dem unterbrochenen Beruf arbeiten zu können. Soweit ihm dies möglich ist – es ist ihm nur beschränkt möglich –, muß der Staat auch das Bewußtsein der Menschen dafür wach halten, daß Kinder bei aller Umstellung, die sie erfordern, die größte irdische Bereicherung des Lebens sind und daß die Gefahr, im Alter einsam und verloren zu sein, sich bei Kinderlosen beinahe zur Gewißheit verdichtet.

Neben bestandssichernden hat der Staat Leistungen zu erbringen, welche die Chancengleichheit der Menschen sichern. Dies hat vornehmlich durch *Bildungspolitik* zu geschehen, die schon aus diesem Grund nicht vollständig in die Zuständigkeit der Länder geschoben werden darf. Es müssen alle Bildungseinrichtungen frei und unentgeltlich zugänglich sein, und gleiches gilt für die Lehrmittel. Darüber hinaus ist es den Erziehungsberechtigten und Studierenden unbenommen und anzuraten, privat die Initiative zu ergreifen und durch Spenden, Fördervereine und weiteres persönliches Engagement das Schul- und Universitätsleben zu bereichern. Es ist unendlich viel möglich, sinnvoll, aufregend und interessant; man muß es nur anfangen. Innere, in Deutschland zu oft fehlende Voraussetzung ist eine gefühls- und identitätswirksame Bindung an die Schule der Kinder und an die eigene Universität. Zwar hat der Staat den Auftrag zur Bildung. Aber erstens haben diesen Auftrag ebenso die Eltern zugunsten ihrer Kinder und die Studierenden zu eigenen Gunsten, und zweitens sind *wir* der Staat und so mittelbar Träger seines Bildungsauftrages selbst dann, wenn wir nicht unmittelbar betroffen sind. Wenn sich Eltern und Studenten zurücklehnen und in Richtung Schule und Universität rufen „macht mal!", dann haben sie ihre eigenen Aufgaben verkannt. Allerdings ist einzugestehen, daß Schulen, aber mehr noch Universitäten dieser Haltung viel zu lange Vorschub geleistet haben durch eine gänzlich unpersönliche, anonyme Gestaltung des Lehrbetriebes, und dieses Wort paßt hier ausnahmsweise besser als die schlichte „Lehre". Für die Chancengleichheit indes ist es das wichtigste, finanzielle Zugangsbarrieren zu beseitigen – auch wenn sie manchmal eher psychologisch denn finanziell wirken. Studiengebühren oder -beiträge fürs Erststudium sind daher in jedem Fall schlecht, das Bundesausbildungsförderungsgesetz (BAföG) ist gut und muß mindestens erhalten bleiben.

An den *Schulen* muß den Lehrern zunächst der Rücken gestärkt werden, damit sie mit den gestiegenen Anforderungen zurechtkommen und in der Lage sind, für die Chancengleichheit der Schüler zu sorgen, ohne die Leistungsspitze zu behindern. Dazu bedarf es an erster Stelle geordneter äußerer Verhältnisse. Sie setzen Autorität des Lehrers voraus. Am besten ist natürliche Autorität. Sie läßt sich aber nicht erzwingen und auch nicht in dem Maße zur Einstellungsvoraussetzung machen, wie sie nötig ist. Immerhin lassen sich das Selbstbewußtsein der Lehrer und ihre Dompteursfähigkeiten stärken, wenn man sie Problemklassen zu zweit unterrichten läßt, wie es etwa an einer Berliner Schule geschehen ist. Zudem wird man ihnen für Notfälle gewisse Ordnungsmittel an die Hand geben dürfen, insbesondere das Verhängen von Strafen in Form von schulnütziger Arbeit (Hofkehren und dergleichen) und die Entfernung aus dem Unterricht, wofür zur allergrößten Not und als letztes Mittel eine Vollzugskraft da sein muß, etwa ein Hausmeister. Viel wichtiger sind jedoch eine verträgliche Zusammensetzung der Klassen, eine annehmbare Klassengröße und Möglichkeiten, besonders Begabte oder solche, die Probleme haben, streckenweise und zusätzlich vom Hauptverband getrennt zu unterrichten (Förderunterricht). Das bedingt zusätzliche Räume und zusätzliches Personal. Schwierig ist es, für eine verträgliche Zusammensetzung der Klassen zu sorgen, wenn eine große Zahl Kinder angemeldet ist, die nicht oder nur schlecht Deutsch sprechen. Es liegt sowohl im Interesse dieser Kinder als auch der anderen, in eine Klasse mit deutschsprachigen Kindern lediglich eine begrenzte Anzahl schlecht Deutsch sprechender Kinder aufzunehmen und Kindern, die praktisch noch gar kein Deutsch sprechen, zunächst in Aufbauklassen Sprachunterricht zu geben. Auch das kostet natürlich Räume und Personal, sogar besonderes Personal, da die Sprachlehrer die Ausgangssprache der Schüler beherrschen müssen.

Nur im Grundsatz richtig ist die Forderung linker Bildungspolitiker, den Unterricht auf die Bedürfnisse des einzelnen Kindes abzustimmen, und verkehrt ist die damit verbundene Forderung, die Differenzierung des Schulsystems zugunsten einer Einheits- oder Gesamtschule aufzugeben. Der Grundsatz der Einzelförderung ist richtig, weil ein Unterricht um so wirkungsvoller ist, je stärker er auf die Besonderheiten des einzelnen eingehen kann. Dies ist einem Lehrer im Klassenverband aber nur beschränkt möglich und mangels flächendeckenden Privatunterrichts daher auch nur beschränkt zu verlangen. Der realistische Weg zu möglichst weitgehender Anpassung des Unterrichts an besondere Bedürfnisse ist die sinnvolle Zusammenfassung der Schüler zu Gruppen. Nichts anderes als ein erster Schritt hierzu ist die Auffächerung der Schulen in verschiedene Typen. Wohl ist die Verteilung der Schüler auf die Typen bei uns ebenso verrutscht wie der Ruf der Hauptschule. Doch das kann nicht den Abschied von der Differenzierung als solcher rechtfertigen, sondern nur Überlegungen zum Zuschnitt, zur Ausstattung und zu den Eingangsvoraussetzungen des einzelnen Typs. Auch auf einer Einheits- oder Gesamtschule ist die Differenzierung in der Sache unumgänglich, jedenfalls wenn man der Leistungsspitze ebenfalls gerecht werden will und solange flächendeckender Privatunterricht eine Utopie bleibt.

Chancengleichheit verlangt schließlich noch vergleichbare Lehrinhalte an den Schulen, da die Wahl der Schule in der Regel an den Wohnort der Eltern gebunden ist; anders als die Wahl der Universität. In diesem Punkt muß der Bund die Möglichkeit haben, Vorgaben zu machen.

Neben Schutz- und Leistungspflichten trifft den Staat auch die Pflicht, die Menschen mit sanftem Druck von einer schädlichen *Lebensführung* ab- und zu einer gesunden Lebensführung anzuhalten. Selbstverständlich ist das vorrangig Privatsache des einzelnen. Jedoch lehren uns die Befunde zum Tabak-, Drogen- und Alkoholkonsum sowie zur steigenden Übergewichtigkeit der Bevölkerung, daß der einzelne den Anforderungen an seine Lebensklugheit in der modernen Konsumwelt nur unvollständig gerecht wird, und dies nicht nur zum eigenen Nachteil, sondern auch zu dem der Kinder, die er erziehen soll, und schließlich auch zum Nachteil der Solidargemeinschaft der Krankenversicherten, die für die Folgen aufzukommen hat. Der Staat sollte daher mäßigend wirken; totale Verbote kommen nur für gefährliche Drogen in Frage (die schnell abhängig machen oder töten können). Mäßigend wirken kann der Staat einerseits, indem er die Werbung für gesundheitsschädliche Konsumgüter einschränkt und durch eine Sondersteuer verteuert, deren Ertrag dem Gesundheitswesen zugute kommen sollte. Ferner wird er auf breiter Front Aufklärung betreiben, in den Kindergärten, Schulen, Krankenhäusern, in den Streitkräften, über alle Behörden bis in private Vereine hinein. Zudem wird er die kritischen Produkte mit einer indirekten Steuer belegen, die wiederum dem Gesundheitswesen zugute kommt. Schließlich wird der Staat mit gutem Beispiel vorangehen und seinen Bediensteten gesunde Nahrung anbieten und durch Rauchverbote die Gefahren passiven Rauchens begrenzen, wie es bereits weitreichend der Fall ist.

2. Concordia domi, foris pax. Äußerer Friede und innere Sicherheit

Der lateinische Spruch dieser Überschrift steht auf dem Lübecker Holstentor, dem Wahrzeichen der Hansestadt. Wörtlich erbittet er „Eintracht zu Hause, Friede vor den Toren". Die Eintracht ist ein uraltes Ziel deutschen Sehnens. Der Zweiklang mit dem äußeren Frieden beschreibt im Groben den Daseinsgrund des Staates.

a) Deutschland handelt – der Staat als Repräsentant

Diese Seite der Staatlichkeit stellen auch neoliberale Staatsskeptiker nicht in Abrede: Der Staat hat die Gesellschaft nach außen zu vertreten. Diese Aufgabe entspringt nicht nur einer Nützlichkeitserwägung, sondern hilft einzelnen dabei, ein Kollektivgefühl auszubilden und zu einem positiven Teil des eigenen Persönlichkeitsaufbaus zu machen. Wenn er im Fernsehen Männer und Frauen des Technischen Hilfswerkes (THW) sieht, die in einem Katastrophengebiet für Trinkwasser sorgen, wenn ihm das Fernsehen Bilder zeigt von einer internationalen Konferenz, und auf einem der Tische steht neben der deutschen Flagge der Name des Vertreters der Bundesrepublik, wenn die Bilder deutsche Soldaten in Afghanistan zeigen, dann muß er sich sagen können: Das sind wir. Umgekehrt müssen sich diese Soldaten, THW-Mitarbeiter und muß sich der deutsche Vertreter auf der Konferenz sagen: Ich bin nicht für mich hier und nicht für eine Partei, sondern für mein Land. In der Außenpolitik haben das die deutschen Akteure, Beamte wie Politiker, bislang über alle Regierungswechsel hinweg vorexerziert. Das Ergebnis sind außenpolitische Stetigkeit und Verläßlichkeit und deutsches Ansehen in der Welt.

b) Warum man für Sicherheit und Freiheit zwei Atemzüge braucht

Die innere Sicherheit ist in den Wahlkämpfen ein Dauerthema, und spätestens auf diesem Gebiet rufen alle Seiten nach einem starken Staat – obschon es selbst dort bereits private Konkurrenz gibt in Gestalt diverser Sicherheitsdienste. Nach dem 11. September 2001 hat das Duo *Schily/Beckstein* inmitten grassierender Terrorismus-Hysterie die innere Sicherheit vermeintlich nachhaltig gefestigt; tatsächlich gefestigt wurde hauptsächlich die psychische Balance der Bevölkerung. Und getrost vernachlässigt wurden jene Belange des Rechtsstaates, für die *Schily* sich als Strafverteidiger in den Terroristenprozessen der siebziger Jahre noch so effektreich stark gemacht hatte. Es ist zuweilen erschreckend, wie tiefgreifend das Streben nach Macht und Machterhaltung zum Umdenken führt. Allerdings sind die beliebtesten Mittel zur Kriminalitätsbekämpfung nur sehr bescheiden wirksam bis unwirksam, nämlich im materiellen Strafrecht neue Straftatbestände zu schaffen, die Strafrahmen der bestehenden zu erhöhen, die Ermittlungsbefugnisse der Strafverfolgungsbehörden zu erweitern und dem Beschuldigten im Verfahren Gegenrechte zu beschneiden. Wirksamer ist es, Polizei und Staatsanwaltschaften personell und sachlich besser auszustatten, ihre Tätigkeit nach Arbeitsbedingungen und Bezahlung attraktiv zu machen und dafür zu sorgen, daß die Polizei im öffentlichen Leben präsent ist und Einsatzwillen zeigt – nicht bei Rotlichtverstößen von Fußgängern, die damit nur sich selbst gefährden, aber sehr wohl auch gegenüber rücksichtslosen Autofahrern, die Zebrastreifen oder Radfahrer ignorieren und damit häufiger Leben und Gesundheit anderer gefährden als der jugendliche Schläger, der zwar eine wichtige Schreckensgestalt sein mag im virtuellen Gruselkabinett konservativer Lebensangst, aber in der Wirklichkeit weniger oft anzutreffen ist und dann meist seinesgleichen drangsaliert. Auch gegen die neue Gefahr islamistischer Selbstmordattentate wird eine Anti-Terror-Datei weniger helfen als bessere Kenntnisse dazu, „wie sich junge Muslime aus Einwandererfamilien zu Selbstmordattentätern entwickeln und wie wir das verhindern können"[90]. Und eine

---

[90] So treffend der Vizechef der Polizeigewerkschaft Bernhard *Witthaut*, zitiert nach der Süddeutschen Zeitung vom 12. August 2006, S. 5.

Gesellschaft ohne Kriminalität gibt es so wenig wie einen Menschen ohne Krankheit.

Am weitesten zurückdrängen könnte die klassische Kriminalität ein totaler Staat, weil er auf die Rechte des einzelnen keine Rücksicht zu nehmen bräuchte. Aber der steht zum Glück auch in Deutschland nicht mehr zur Debatte und ist jedem freiheitsliebenden Menschen unerträglich. Gegengut der Sicherheit ist damit die Freiheit, und zwar nicht die der Kriminellen, sondern die aller Bürger. Denn strafprozessuale Maßnahmen können ebenso wie präventive polizeiliche Maßnahmen auf einen Verdacht hin vorgenommen werden, der unter widrigen Umständen auch Unschuldige trifft. Für einige Maßnahmen verlangt das Gesetz nicht einmal mehr einen Verdacht. Ferner erschöpft sich unser Strafgesetzbuch nicht in den klassischen Delikten wie Raub, Mord und Freiheitsberaubung, sondern gibt es eine Reihe von Straftaten, deren sich auch Menschen schuldig machen können, die dem überlieferten Bild des finsteren Verbrechers kaum entsprechen. Solche Delikte finden sich vor allem im Wirtschafts-, Steuer- und Umweltstrafrecht und sind oft auch fahrlässig begehbar, das heißt ohne Vorsatz. Kriminalpolitik braucht Rückgrat. Selbst durch abscheuliche Taten darf sie sich nicht davon abhalten lassen, stets die Folgen einer Maßnahme für Unschuldige realistisch einzuschätzen und abzuwägen. Nichtsdestoweniger ist es manchmal sinnvoll oder gar notwendig, der Strafverfolgung neue Befugnisse zu geben oder das materielle Strafrecht zu erweitern. Doch wesentlich häufiger sind praktische Verbesserungen wirksamer. Sie kosten freilich Geld.

6. Kapitel. Religion und Kirche

Die Bedeutung von Religion und Kirchen ist über Jahrzehnte im Sinkflug gewesen. Doch seit islamistische Terroristen die Welt in Angst und Schrecken bomben, seit die Zuwanderung in Deutschland eine beachtliche muslimische Bevölkerungsgruppe geschaffen hat, die kulturelle Abkapselungstendenzen zeigt, und nicht zuletzt seit es einen deutschen Papst gibt, hat sich der Sinkflug stabilisiert und scheint die Maschine sogar langsam wieder zu steigen. Selbst traditionell antiklerikale bis zynische Stimmen entdecken das Thema Religion; unlängst hat sich darüber mit Kardinal *Lehmann* sogar Jürgen *Habermas* ausgetauscht und hat dem Thema ein Buch gewidmet.[91] Auch die Zahl der Kirchenaustritte sinkt, und die Zahl der Kircheneintritte und Erwachsenentaufen steigt. Angesichts dieser Entwicklungen und angesichts der Bedeutung, die Glaube und Kirche gerade in Deutschland über Jahrhunderte gehabt haben, muß sich eine Gesellschaftspolitik für Deutschland auch dieser Themen annehmen.

1. Die Sekte der Rationalisten – transzendentale Sehnsucht und versteckter Glaube

Die Mitgliederzahlen der großen christlichen Kirchen in Deutschland suggerieren, daß Atheismus und Rationalismus um sich gegriffen haben und daß die Menschen kaum noch an etwas Höheres und Immaterielles glauben. Das ist aber nicht die Wirklichkeit; die weitaus meisten glauben an etwas zwischen Himmel und Erde. Lediglich haben die christlichen Kirchen insoweit ihr Gestaltungsmonopol verloren. Zulauf haben zu ihrem Nachteil Sekten und vielfältigste Formen von Ersatzreligionen. Von ihrem Spektrum gewinnt man einen ersten Eindruck, wenn man in Zeitungen die Kleinanzeigen studiert. Da geht es um Wundersteine, ums Kartenlegen und Händelesen, um spiritistischen Firlefanz und schwarze Magie. Esoterik-Läden haben Hochkonjunktur, und gleiches gilt für vielfältige Formen des Okkultismus. 75% aller Menschen geben an, schon einmal anormale Erfahrungen gemacht zu haben, das heißt Erfahrungen, die ihrer Ansicht nach mit den Mitteln und Kenntnis-

---

[91] *Habermas,* Jürgen, Zwischen Naturalismus und Religion (2005).

sen der Naturwissenschaften nicht zu erklären sind.[92] Hauptgrund des Interesses fürs Übernatürliche dürften die Suche des Menschen nach einer Antwort auf den Tod sein und die Unzufriedenheit mit der Enge und Einseitigkeit eines atheistisch-materialistischen Lebensentwurfes. Rationalisten alten Schlages, etwa orthodoxe Kommunisten, sind heute in Deutschland eine Minderheit. Der Mensch hat ein Bedürfnis nach Transzendentalem; es ist lediglich die Frage, bei wem er es befriedigt.

2. Der Glaubensfreund als Kirchenfeind? Christentum und Kirchen

Die Kritik an den großen christlichen Kirchen, vor allem an der katholischen Kirche, hat den Höhepunkt ihrer Aggressivität und Breitenwirkung überschritten, da Macht und Einfluß der Kirchen zurückgegangen sind und es erstens kaum noch Spaß macht, dem geschlagenen Gegner weitere Schläge zu versetzen, und zweitens die Kirchenkritiker heute selbst gemerkt haben, daß die Kirchen einem elementaren Bedürfnis des menschlichen Geistes Nahrung geben, für die Menschen vor Ort vielfach eine nach jeder Betrachtung segensreiche Arbeit leisten und daß sie selbst, die Kritiker, doch nicht so ganz ohne seelische Perspektive ins Grab sinken möchten. Virulent ist heute eine Kirchenkritik von ganz anderer Seite, nämlich aus den Kirchen heraus, von seiten erklärter Christen. Gegenstand solch interner Kritik ist die Interpretation des christlichen Glaubens durch die Amtskirche. Es geht um unterschiedliche Fragen, von der Priesterweihe für Frauen bis zum Zölibat, doch im Grunde wird stets der gleiche Vorwurf formuliert: daß die Anforderungen der Kirche an das alltägliche Leben der Christen, namentlich auf dem Gebiet der Sexualität, nicht überzeugend aus dem abzuleiten seien, was das Christentum ausmache.

a) Was der christliche Glaube nahelegt

Bei schlichter vulgärtheologischer Betrachtung stehen im Zentrum christlichen Glaubens der Absolutheitsanspruch und die Heilsverheißung Gottes. Es gibt nur einen Gott, der in Christus Mensch geworden ist und in dieser Eigenschaft stellvertretend für die gesamte Menschheit aller Menschen Sünden ein für allemal gebüßt

---

[92] Ergebnis einer Umfrage des Freiburger Institutes für Grenzgebiete der Psychologie und Psychohygiene (IGPP), siehe http://www.igpp.de/german/chs/projects.htm#10.

hat. Der einzelne kann dieser Buße und damit auch der mit ihr verbundenen Vergebung teilhaftig werden, indem er sich zu Christus bekennt und seine Fehltritte (Sünden) ihm gegenüber einräumt und bereut. Durch sein Bekenntnis zu Christus wird der Mensch aber nicht nur von seiner sündenbedingten Schuld frei, sondern erlangt ewiges immaterielles Leben über den physischen Tod hinaus. Um einige kirchenhistorisch wichtige Geschehnisse ausgeschmückt finden sich diese Grundwahrheiten des Glaubens im apostolischen Glaubensbekenntnis (Credo) zusammengefaßt. Lebenspraktische Seite des Christentums ist die Nächstenliebe ohne Ansehung der Person. Der Christ schuldet seinen Mitmenschen unterschiedslos Hilfe, Mitgefühl und Zuneigung. Das verlangt ungeheure, eigentlich un-menschliche Selbstdisziplin zur Abwehr spontaner Handlungsimpulse und Leidenschaften. Menschen, die solche Selbstdisziplin in besonders hohem Maße aufbringen, sind die beeindruckendsten und glaubwürdigsten Botschafter des Christentums. Beispiele sind Mutter Theresa und Frère Roger von Taizé (den eine Geisteskranke erstochen hat).

b) Was Kirchen daraus gemacht haben und machen

Diese wenigen Sätze müßten unangefochten im Vordergrund alles kirchlichen Predigens und aller kirchlichen Handlungen stehen. Im gesellschaftlichen Leben müßte man von den Kirchen vor allem aktive Nächstenliebe mitbekommen (Caritas) sowie ein unablässiges Werben für die Freiheit des christlichen Lebens und den Weg ins ewige Leben. Daß davon historisch keine Rede sein kann, dürfte unzweifelhaft sein. Ungeheuerlichkeiten wie die Inquisition und die Beteiligung am Völkermord in Südamerika und in anderen Kolonien dokumentieren allzu deutlich, daß die Kirche in jenen Epochen ganz andere Handlungsschwerpunkte gesetzt hat als die oben beschriebenen. Aber auch heute liegt der Schwerpunkt kirchlicher Aufmerksamkeit jedenfalls in der öffentlichen Wahrnehmung anderswo, nämlich auf den Gebieten der Sexualmoral und der Abtreibung; Gebiete, auf denen mittlerweile selbst gutwillige Gläubige dem amtlichen Reglement nicht mehr folgen oder noch nie gefolgt sind. Nach meinem Eindruck am wenigsten in den katholischsten Ländern, man lese einmal die Autobiographie von Gabriel García Márquez oder zähle an abgelegenen italienischen Parkplätzen die umherliegenden benutzten Kondome. Auch die Geistlichkeit selbst hat mit diesem Reglement ihre Schwierigkeiten, wie eine staunende Öffentlichkeit heutzutage weniger behindert und weniger gefiltert erfährt als früher. Sie erfährt von Affären und heimlichen Kindern zahlreicher Priester, von homosexuellen Priestern und Mönchen und davon, daß sich Geistliche an Kindern vergreifen, die ihnen zur Betreuung anvertraut sind; Sankt Pölten ist dafür ein Stichwort aus jüngerer Zeit. Das fixe, blinde Verhütungs- und Abtreibungsverbot der katholischen Kirche hätte zudem, wenn es strikt befolgt würde, in den Entwicklungsländern fatale Folgen gerade für das Schicksal der Kinder, und diese Konflikte könnte die Kirche nie bewältigen, trotz allen guten Engagements, das sie in den Entwicklungsländern entwickelt hat. Ganz zu schweigen von den Gewissensqualen Jugendlicher und Erwachsener, denen ihre Sexualität und nicht selten auch ihr Herz andere Befehle erteilen als die katholische Sexualdogmatik. Und da hilft es wenig, mit Papst Paul VI. (1971) den Gläubigen zu empfehlen, sie „sollen sich gegen den Ansturm des Sexuellen, der von allen Seiten kommt, immunisieren". Und ebenso hilflos wie abwegig erscheint das Verslein des ehemaligen bayerischen Landwirtschaftsministers Alois Hundhammer, daß „mit der Anwendung der Pille […] die Grenze zwischen Gut und Böse überschritten" werde; ein Satz von 1968, der anschaulich zeigt, wie sehr sich die konservative Lebenspraxis unserer Tage dem angepaßt hat, was sie 1968 als finalen Sittenverfall verdammt hatte.

Nach allem hat man den Eindruck, daß die kirchenoffizielle Glaubenslehre in unseren Tagen falsche Prioritäten setzt und dabei auch noch die falschen Rezepte verkündet. Für die katholische Kirche kommt hinzu, daß sie hierarchisch und mitbestimmungsfeindlich organisiert ist und Frauen von allen geistlichen Würden ausschließt. Beides ist mit spezifisch christlichen Werten nicht zu begründen und insofern menschenfeindlich, als es die Lebenszufriedenheit senkt (siehe oben im 1. Kapitel unter 2 a, b). Über diese nicht sonderlich sympathischen Eigenheiten mögen viele Menschen mittelfristig hinwegsehen um des Haltes willen, den ihnen die altehrwürdige Institution mit großer Bestimmtheit in einer Welt idealler Verunsicherung und kultureller Konfrontation mit dem Islam bieten kann. Langfristig hingegen können sie die katholische Kirche nur schwächen, und das ist um so bedauerlicher, als die Menschen eine Orientierung im christlichen Glauben gut gebrauchen können; von den eschatologischen Verheißungen dieses Glaubens ganz zu schweigen.

3. Kruzifix und Kopftuch – Religion als Identität

Manch einer staunte über die Empörung, die nach dem Kruzifix-Beschluß des Bundesverfassungsgerichts in Deutschland hohe Wellen schlug. Auch der Kopftuchstreit um die Kopfbedeckung muslimischer Lehrerinnen hat ungeahnte Leidenschaften entfacht und ungeahnte Koalitionen hervorgebracht, insbesondere zwischen den Kopftuch-Gegnern der politischen Linken – Laizität des Staates! – und der politischen Rechten (Stop dem Islam!). Jedenfalls wurde den Deutschen bewußt, daß Kreuz und Christentum Teil ihrer kulturellen Identität sind und als solcher – wie ein Nationalbewußtsein – auch Teil ihrer individuellen Persönlichkeit, selbst bei kirchenkritischer Haltung. Analog stellt sich noch bei aufgeklärten Geistern ein leichtes Unbehagen ein, wenn eine neue Moschee ins Stadtbild kommt oder kommen soll, während nebenan eine weitere Kirche säkularisiert wird und etwa als Diskothek zu neuen, zweifelhaften Ehren kommt.

Daraus mag der Bundesbürger zwei Folgerungen ziehen, erstens: Er hat Anlaß, sich mit dem Christentum zu befassen, in bestimmter Lesart – siehe oben 2 a – ist es vielleicht gar nicht so schlecht, und soweit die Amtskirchen davon abweichen, kann er durch sein Engagement auf Änderungen hinwirken; keine Regierung kann den Willen des Volkes unendlich lange ignorieren, und die Berufung kirchlicher Würdenträger auf einen höheren Willen findet in den strittigen Punkten in den Grundtexten und Grundwahrheiten des Christentums keine Stütze. Zudem wird vor Ort in den Gemeinden längst nicht alles so heiß gegessen, wie man es namentlich in Rom kocht. Es gibt einen gesunden Ungehorsam des kirchlichen Fußvolks in den Fragen, in denen die amtlichen Verordnungen und der gesunde Menschenverstand nachhaltig getrennte Wege gehen. Zweitens ist unwillkürliches Fremdeln angesichts der Äußerungen des Islam in Deutschland ein Appell zur Selbstdisziplin. Dazu, Toleranz und Kontaktbereitschaft entgegen der eigenen Überfremdungsangst eine innere Bahn zu ebnen, was damit zu beginnen hat, daß man sich diese Überfremdungsangst zunächst einmal eingesteht, obwohl man sie sich als aufgeklärter und liberaler Bürger eigentlich nicht zubilligen möchte. Am Anfang alles richtigen Verhaltens steht die Selbsterkenntnis.

Nachgeben dürfen wir einem Abwehrreflex erst, dann aber entschieden, wenn Islamisten ihre Freiheit in Deutschland mißbrauchen, um diejenigen zu diskreditieren, die ihnen diese Freiheit gewähren, und um gegen das jüdische Volk zu hetzen, dem Deutschland selbst dann in besonderer Weise verpflichtet ist, wenn der israelische Staat gegenüber Palästinensern zu Maßnahmen greift, die wir mißbilligen. Eine Gesellschaft kann sich auch zu Tode tolerieren. Deutschland muß die goldene Mitte finden zwischen Staatsräson und kultureller Selbstbehauptung auf der einen Seite und integrationsbereiter Toleranz auf der anderen. Ein eindrucksvolles, wenn auch nicht vollkommen paßgenaues Vorbild liefert uns das alte Preußen, in dem der Große Kurfürst 1685 den in Frankreich wegen ihres Bekenntnisses verfolgten Hugenotten Aufnahme und Unterstützung zuteil werden ließ und in dem knapp fünfzig Jahre darauf, 1732, der Soldatenkönig abermals über 15.000 Salzburger Protestanten eine Zuflucht vor religiöser Verfolgung gewährte. Zwar war in diesen Fällen der Glaube des preußischen Herrschers jeweils der gleiche wie jener der neu Hinzuziehenden, doch nichtsdestoweniger handelte es sich um damals nach Zahlen äußerst erheblichen Zuzug von Ausländern, denen man eine neue Heimat anbot, obwohl sie von den mächtigen Staaten Europas, nämlich den katholischen, bis aufs Messer verfolgt wurden.

7. Kapitel. Politisches Programm

In der Einleitung begründe ich den Titel dieses Buches mit zwei Erwägungen. Deren erste ist eine gemischt formal-inhaltliche Parallelität zum Titel von Udo *Di Fabios* Streitschrift „Die Kultur der Freiheit", formal in Wortwahl und Aufbau und inhaltlich in dem Maße, wie es mit einer Kultur jeweils um mehr gehen soll als um ein Amalgam gesellschaftspolitischer Einwürfe hierzu und dazu, und zwar um eine übergreifende Geisteshaltung, die dann freilich mit unterschiedlichen Themenfeldern in Berührung zu bringen ist. Die zweite Erwägung zum Titel gilt dem Begriff der Verantwortung, der jene übergreifende Geisteshaltung auf einen Punkt bringen soll. Er ist kein Aliud zur Freiheit, sondern ihre unausweichliche Kehrseite. Sie zu betonen scheint mir sinnvoller und nötiger als ein Akzent auf der Freiheit, weil wir in Deutschland weithin frei sind, aber jeden Tag vor zum Teil existentiellen Fragen danach stehen, wie wir diese Freiheit nutzen, im Privaten wie in der politischen Führung. Sodann verlangt diese Verantwortung zweierlei (das ich in *Di Fabios* Buch allzusehr vermisse): eine Ausrichtung an der menschlichen und gesellschaftlichen *Wirklichkeit* unter Berücksichtigung erfahrungswissenschaftlicher (empirischer) Befunde sowie den Mut und die Mühe, anhand dieser Befunde Empfehlungen zu formulieren, was zu tun sei und an welchen Leitlinien man sich im übrigen orientieren könne. Das folgende Kapitel ist ein Versuch solcher Empfehlungen. Sie bauen auf den Befunden und (Vor-)Überlegungen der anderen Kapitel auf und mögen dabei vereinzelt Wiederholungen enthalten, um verständlich zu sein. Im übrigen setzen sie die Kenntnis der voraufgegangenen Kapitel voraus oder behelfen sich an besonders wichtigen Stellen mit einem Verweis.

1. Menschenbild und Selbstbild

Dieses Buch hat seinen Ausgang von der Frage genommen, was das Glück und die Lebenszufriedenheit des einzelnen „Normalmenschen" steigere und erhalte. Aus den Antworten läßt sich wohl eine Handlungsrichtschnur sowohl für den einzelnen als auch für seine Regierung ableiten. Aber damit sind noch nicht alle Fragen beantwortet, die sich einer Gesellschaft stellen, und für das Gesamtbild von einer Gesellschaft ist zunächst ein klares Menschenbild vonnöten, für die deutsche Gesellschaft auch ein klares Deutschen-Bild.

a) Geist und Körper, Psyche und Bios, oder: Wieviel Würde hat ein Reagenzglas?

In einer säkularen und zugleich multireligiösen Gesellschaft ist der Mensch der Höchstwert. Aber ist er dies als Träger der Menschenwürde oder als biologische Veranstaltung? In der Ordnung unseres Grundgesetzes ist die Prioritätenfolge klar: Schon der erste Absatz des ersten Artikels stellt die Menschenwürde als „unantastbar" in den Vordergrund, während das menschliche Leben im Sinne von biologischem Dasein erst in Artikel 2 zum Zuge kommt. Das muß Auswirkungen haben auf die notorischen Streitfragen rund um den Beginn menschlichen Lebens und sein Ende (Sterbehilfe?).

Für die Genforschung ist der Beginn menschlichen Lebens eine zentrale Frage, weil sie auf Versuche mit *Stammzellen* angewiesen ist und diese Versuche ausgeschlossen wären, wenn es sich bei Stammzellen bereits um Menschen handelte; denn sonst betriebe sie tödliche Versuche am Menschen – Menschenversuche –, die unsere Ethik zu Recht verbietet. Die Rechtslage in Deutschland ist derzeit eine ziemliche Mauschelei. Versuche an deutschen Stammzellen verbietet das Embryonenschutzgesetz, jedoch erlaubt das Stammzellenimportgesetz, ausländische Stammzellen (mit einer gewissen zeitlichen Einschränkung) nach Deutschland einzuführen. (Das Gentechnikgesetz hat seinem Namen zum Trotz mit der Sache nichts zu tun, sondern regelt im wesentlichen Schadensersatzansprüche nach dem Anbau genmanipulierter Pflanzen.) Universitäten und Forschungsinstitute drängen darauf, die Beschränkungen im Stammzellenimportgesetz zu lockern oder das Embryonenschutzgesetz zu entschärfen, und kündigen an, widrigenfalls ins Ausland abzuwandern oder ihre Forschungsschwerpunkte in Deutschland nolens volens auf andere Gebiete zu verlagern. Doch auch abgesehen davon hat eine humane, das heißt menschenorientierte Gesellschaft allen Grund, sich die Frage nach dem Beginn menschlichen Lebens vorzulegen.

Ihn auf die Vereinigung von Ei- und Samenzelle zu legen, wäre eine rein biologische Antwort; diese Zellenkombination ist ebensowenig Träger menschlicher Würde wie die Spermien, die von den männlichen Keimdrüsen millionenfach produziert und abgestoßen werden, oder die Eizellen in den weiblichen Eierstöcken. Die Zellvereinigung ist ein biophysischer Vorgang, der einfühlsame Betrachter einer In-vitro-Befruchtung leicht erschauern lassen mag – daraus wird ein Mensch! –, aber dem Inhalt des Reagenzglases doch nicht jene Würde verleiht, um derentwillen wir alte Menschen pflegen und entwürdigende Leibesstrafen ablehnen. Wo genau der Übergang von einer Zellansammlung zum Menschen liegt, läßt sich nicht sekundengenau bestimmen. Für die Fragen rund um die Gentechnik ist dies aber auch nicht wichtig, sondern spielt erst für die (mindestens ebenso heikle) Abtreibungsproblematik eine Rolle. Die Arbeit mit embryonalen Stammzellen ist also nicht per se zu verwerfen.

Allerdings liegen die Gefahren auf der Hand, daß sich nämlich der Mensch bei der Anwendung gentechnologischer Erkenntnisse zu einem Schöpfergott aufschwingt („Menschendesign") oder, in der Präimplantationsdiagnostik, zum Schicksalsgott („Menschenselektion"). Es darf also nie dahin kommen, daß Eltern einen bestimmten Genmix bestellen können oder daß ihnen zu irgendeinem Zeitpunkt vor der Geburt aufgrund einer Gendiagnose eine freie Verwerfungskompetenz zugebilligt wird. Vielmehr hat die sogenannte rote Genforschung, um die es hier geht, lediglich zwei legitime Anwendungsfelder. Zum einen die Bekämpfung als solcher anerkannter Krankheiten, sowohl am geborenen wie am werdenden Menschen, und zwar auch durch eine Einwirkung auf die genetischen Anlagen. Zum zweiten eine pränatale Diagnose im frühesten Stadium, um Indikationen für eine Abtreibung zu ermitteln, *sofern und soweit* man eine Abtreibung bei solchen Indikationen für zulässig erachtet; es geht um die sogenannte eugenische Indikation bei schwersten Mißbildungen des Embryos und um die sogenannte medizinische Indikation, wenn das Austragen und die Geburt des Kindes eine Gefahr für die Gesundheit der Mutter bedeuteten.

Damit zur *Abtreibung.* Sie ist ein quälendes Thema, weil es stets nur darum geht, unter mehreren Übeln das geringste zu wählen. Unterscheiden sollte man zunächst wieder zwischen einer Zellansammlung und einem Menschen. Das ist vielleicht eine einfältige Betrachtung, aber der Todeskampf eines Babys, das man im Mutterleib zerstückelt – es gibt hierüber Filmaufnahmen –, berührt mich nun einmal stärker, als wenn ein Reagenzglas in den Ausguß gekippt oder eine Gallertmasse abgesaugt wird. Ab wann läßt sich ein Embryo als Träger von Menschenwürde betrachten? Entscheidend dürfte der Zeitpunkt sein, mit dem der werdende Mensch fähig wird, Gedanken und Gefühle zu haben, denn der Mensch ist wesensmäßig und speziestypisch eine Verbindung von Physis und

Psyche, von Körper und Geist. Dieser Zeitpunkt liegt wohl schon bei zwei Monaten nach der Empfängnis.[93]

Eine Abtreibung nach diesem Zeitpunkt ist folglich das Töten eines Menschen und daher nur einer einzigen Rechtfertigung zugänglich: wenn die Mutter sonst in die Gefahr einer schweren Gesundheitsschädigung geriete. Für eine Abtreibung vor jenem Zeitpunkt ist indes keineswegs ein Feld freier Beliebigkeit eröffnet, denn daß sich die Handlungen in jener Phase noch nicht gegen den Höchstwert Mensch richten, heißt nicht, daß sie sich gegen überhaupt keinen Wert richteten. Es fragt sich lediglich, ob diesen Wert betreffend für die Phase vor der „Menschwerdung" des Embryos noch weiter zu differenzieren sei. Dagegen spricht die Gefahr von Willkür, dafür die Alltagsvernunft, der die Einnahme der „Pille", sei es die davor oder die danach, etwas anderes ist als eine Operation und der eine mikroskopische Zellverbindung weniger gilt als ein Lebewesen, das bereits im Ultraschall rege auf sich aufmerksam macht. Um sich aber nicht den Vorwurf machen zu müssen, willkürlich zu entscheiden, wird man für diese Vorphase menschlichen Daseins auf die Einnistung (Nidation) der befruchteten Eizelle in der Gebärmutter abstellen. Für diese Abgrenzung spricht auch, daß nach allgemeiner Ansicht eine Schwangerschaft erst mit der Einnistung beginnt. Empfängnisverhütende oder -beseitigende Maßnahmen vor diesem Zeitpunkt bleiben dann unbeachtlich.

Nach diesem Zeitpunkt und vor der Menschwerdung des Embryos geht es um eine gerechte Abwägung seines Daseinswertes mit gegenläufigen Werten der Mutter. Kein solcher Gegenwert kann allerdings die allgemeine Handlungsfreiheit der Mutter sein, denn dann wäre das Ergebnis keine Abwägung mehr, sondern freies Belieben, und die Leibesfrucht würde „unter die Gegenstände des Sachenrechts gemengt", wo sie auch vor ihrer Menschwerdung gewiß nicht hingehört. Vielmehr muß gegen das Leben des Embryos ein Gegengut geltend gemacht werden, das heißt ein guter und allgemein anerkannter Grund. Rechtsterminologisch geschieht

---

[93] Eingehend *Chamberlain,* David, Woran Babys sich erinnern. Die Anfänge unseres Bewußtseins im Mutterleib (2001); *Janus,* Ludwig, Wie die Seele entsteht. Unser psychisches Leben vor und nach der Geburt (1997); *Zimmer,* Katharina, Erste Gefühle. Das frühe Band zwischen Kind und Eltern (1998). — Im Sinne des hiesigen Konzepts schon *Birnbacher,* Dieter, Bioethik zwischen Natur und Interesse (2006); dagegen aus rechtsphilosophischer Sicht pointiert *Pawlik,* Michael, in seiner Besprechung des Buches in der FAZ vom 7. April 2006, S. 41.

dies mit einer Indikationenlösung. Eine reine Fristenlösung ist dagegen ausgeschlossen, und daher ist dem Bundesverfassungsgericht darin beizupflichten, daß es eine solche Lösung 1976 kassiert hat und auch für unsere Zeit verwirft. Ob allerdings schon eine Beratungspflicht ein hinreichendes Korrektiv ist, darf man bezweifeln, denn am Ende der Beratung steht doch wieder freies Belieben. Und selbst eine Indikationen-Regelung wird leicht zur Farce, wenn sie auch eine sogenannte soziale Indikation vorsieht, wie es im deutschen Recht früher ausdrücklich der Fall war und heute faktisch noch immer der Fall ist, allerdings unter dem Deckmantel einer medizinisch-psychischen Indikation („Gefahr [...] einer schwerwiegenden Beeinträchtigung des [...] seelischen Gesundheitszustandes der Schwangeren", § 218 a Absatz 2); denn unter diese Indikation faßt man jetzt auch die Fälle, daß die Schwangere in beengten wirtschaftlichen Verhältnissen lebt und daher Schwierigkeiten befürchtet, ihr Kind versorgen zu können. In einem der reichsten Länder der Erde und angesichts unserer sozialen Absicherung gerade in dieser Konstellation eine bedenkliche Übung.

Anders verhält es sich mit der echten medizinischen Indikation einer Gesundheitsgefahr für die Frau und mit der sogenannten kriminologischen Indikation, daß die Schwangerschaft aus einer Straftat gegen die sexuelle Selbstbestimmung herrührt. Beide Indikationen anerkennt das deutsche Recht nach wie vor als Rechtfertigungsgründe für eine Abtreibung (§ 218 a Absätze 2 und 3). Besonders problematisch ist der Fall schwerer Mißbildungen des Embryos. Früher wurde er über die sogenannte eugenische (embryopathische) Indikation als Rechtfertigungsgrund anerkannt. Heute geht diese Indikation ebenfalls in der allgemeinen medizinisch-psychischen Indikation auf, siehe oben. Auch das ist jedenfalls dann bedenklich, wenn man die Indikation großzügig zum Zuge kommen läßt. Sie rückt dann nahe an eine Menschenselektion heran, zu der wir nicht berufen sind. Ausgeschlossen ist eine Entscheidung nach dem Maßstab, ob das Leben für diesen heranwachsenden Menschen nach der Geburt und in späteren Jahren einmal *lebenswert* sein werde. In Betracht kommt nur der Maßstab, ob der Embryo nach der Geburt *lebensfähig* wäre. Falls ja, bedürfte es eines anderen guten Grundes, ihm diese Lebenschance zu nehmen, und ist es Sache der Eltern und der Gesellschaft, sein Dasein lebenswert zu machen. Es gibt eine Reihe bewundernswerter Paare, die zeigen, wie das geht, und die dabei keineswegs seelisch erkranken, sondern im Gegenteil aus ihrer Sorge für das behinderte Kind mehr seelischen Gewinn und Lebenssinn ziehen als manch andere Eltern.

Unter dem Strich bedeuten die skizzenhaften Ausführungen hier eine restriktivere Linie, als sie das geltende Recht gegenüber der Möglichkeit abzutreiben zeichnet. Gleichwohl liegt sie deutlich entfernt von der indifferent-absoluten Abtreibungsgegnerschaft der katholischen Kirche, deren lautere Motive ich übrigens nicht in Abrede stellen will. Die skizzierten Restriktionen gegenüber dem geltenden Recht halte ich Frau und Mann in der modernen Gesellschaft für zumutbar, in der eine Reihe von Verhütungsmöglichkeiten (einschließlich der „Pille danach") allgemein bekannt und allgemein zugänglich sind. Falsch ist jedenfalls der feministische Slogan „mein Bauch gehört mir", der werdendes menschliches Leben und gar lebende Menschen zur mütterlichen Verfügungsmasse erklärt und in dessen Logik es etwa auch läge, einen fremden goldenen Ring in das Eigentum desjenigen übergehen zu lassen, der ihn verschluckt. Mutterschaft ist auch Verantwortung; als Kehrseite der Freude und des Privilegs, die sie bedeutet und zu der es halbe Bibliotheken gibt.

Für das Ende des menschlichen Lebens rücken unter dem Gesichtspunkt der Menschenwürde die Selbsttötung (Suizid) und die *Sterbehilfe* in den Blickpunkt. Die Selbsttötung ist in einer säkularen Gesellschaft ein Menschenrecht. Der Bundesgerichtshof betrachtet sie zwar noch immer als rechtswidrig, doch das ist ethisch kaum und rechtlich auf keinen Fall richtig. Zwar ist die Selbsttötung nach christlicher Lehre eine Sünde, doch das ist eben eine Glaubensüberzeugung und kann in einem bekenntnisneutralen Staat kein Dogma mehr sein. Dies zumal da der Sterbewunsch bei leidenden Menschen auch verständlich sein kann; die Lebenserhaltung gegen ihren Willen verletzt dann ihre Menschenwürde in Form des Selbstbestimmungsrechts. Auch die Beihilfe zur Selbsttötung ist in diesem Fall nicht verwerflich. Besser als solche Beihilfe ist natürlich immer Hilfe, den Lebenswillen zurückzugewinnen. In bestimmten Fällen indes ist sie ausgeschlossen, was vor allem bei sehr alten leidenden Menschen in Betracht kommt sowie bei tödlich erkrankten. Daher muß es möglich sein, als ausführendes Organ eines zurechnungsfähigen Sterbewilligen nach dessen Weisungen Handlungen vorzunehmen, die der Jurist als aktive Fremdtötung qualifiziert, beispielsweise den Wechsel einer Infusionslösung am Tropf oder das Abschalten eines Apparates.

Das eigentliche Problem ist es dabei, den tatsächlichen Willen des Sterbenden zu ermitteln und zu beweisen. Dies gilt verstärkt, soweit sich ein solcher Wille lediglich im Vorfeld der kritischen Situation geäußert hat und der Leidende nicht mehr in der Lage ist, einen situationsbezogenen Willen zu bilden oder zu äußern. Amerikanische Gerichte hatten sich mit dieser Gestaltung im Fall Terry Shiavo zu befassen, und auch der Bundesgerichtshof in Strafsachen hatte bereits über sie zu entscheiden. Er unterscheidet zwischen der Phase des Im-Sterben-Liegens und der Phase davor; in ihr sei ein tätiger Abbruch lebenserhaltender Maßnahmen ebenso eine verbotene Fremdtötung wie das Unterlassen lebenserhaltender Maßnahmen seitens einer Person, die zu solchen Maßnahmen verpflichtet ist. In der Sterbephase hingegen dürfe man lebensverlängernde Maßnahmen abbrechen oder unterlassen, wenn dies dem tatsächlichen oder mutmaßlichen Willen des Sterbenden entspreche. Könne er sich nicht mehr äußern, sei der mutmaßliche Wille entscheidend, den man aus früheren Äußerungen erschließen könne, insbesondere aus einem sogenannten Patiententestament, der sich aber höchst hilfsweise auch ableiten lasse aus den allgemeinen Überzeugungen des Sterbenden sowie aus den näheren Umständen seines Falles, vor allem dem Erleiden von Schmerzen. Meines Erachtens kann nichts anderes gelten, wenn ein Mensch zwar noch nicht im Sterben liegt, aber den ausdrücklichen, nachhaltigen, bewiesenen Wunsch hat zu sterben, aber dazu fremder Hilfe bedarf. Dies setzt allerdings entweder voraus, daß er noch zurechnungsfähig ist und bezogen auf seine Situation wiederholt den Wunsch nach Sterbehilfe äußert, oder er muß, wenn er nicht mehr zurechnungsfähig ist, früher bei klarem Bewußtsein eine Patientenverfügung für die Situation verfaßt haben, in der er sich nun befindet. Eine solche Patientenverfügung sollte aber nur unter der Bedingung wirksam sein, daß sie nach ärztlicher Beratung abgefaßt worden ist, welche die wichtigsten Fälle krankheits- oder unfallbedingter und andauernder Unzurechnungsfähigkeit ansprechen und darüber aufklären müßte, welche Behandlungsmöglichkeiten jeweils beständen und welche Aussichten, wieder klares Bewußtsein zu erlangen. Ein absolutes Verbot aktiver Sterbehilfe wäre eine Diktatur der Zellen über die Menschenwürde.

Doch lenken Plädoyers für aktive Sterbehilfe zugunsten bewußt, nachhaltig und erwiesen Sterbewilliger leicht davon ab, daß unser drängenderes und verbreiteteres Problem eher das Gegenteil ist, und zwar eine ausreichende medizinische, vor allem palliativmedizinische und seelische Versorgung schwerkranker und alter Menschen, die durchaus keinen Sterbewunsch äußern und teils mit Nachdruck Lebenswillen bekunden.[94] Besuche in Pflegeheimen können hierzu zum Teil praxisnahe Eindrücke verschaffen. Das Personal dort wird überwiegend mäßig bezahlt, ist oft überfordert und versucht größtenteils wohl, aus dem Mangel das Beste zu machen, muß sich aber in Einzelfällen auch den Vorwurf gefallen lassen, seine Pfleglinge nicht mehr so zu behandeln, wie es ein Mensch verdient. Auf *diesem Gebiet* liegt der größte Handlungsbedarf, wenn es um die Würde des Menschen am Ende seiner Tage geht.

b) Der Mensch als Deutscher – was halten wir von uns?

Jeder Mensch hat Nationalbewußtsein, denn jeder Mensch ist sich bewußt, Teil einer Nation oder sogar mehrerer Nationen zu sein. Das Nationalbewußtsein hat auch bei jedem Menschen Bedeutung für den Persönlichkeitsaufbau, so oder so; wenn er seine Nation bejaht, hilft es ihm, eine positive Identität auszubilden, und wenn er seine Nation zerknirscht zurückweist, stört dies in unguter Weise sein Ich-Gefühl. Es hat daher überhaupt keinen Sinn, wenn Deutsche versuchen, der Frage nach ihrem Nationalbewußtsein auszuweichen. Falsch ist vor allem der Satz, nach dem Nationalsozialismus könne man als Deutscher nichts mehr für seine Nation empfinden. Gerade nach dem Nationalsozialismus empfinden die Deutschen etwas für ihre Nation und ist es lediglich die heikle Frage, was. Willy *Brandt* hat gesagt: „Wer ein guter Deutscher ist, kann kein Nationalist sein." Das ist richtig, grenzt aber die Frage nach dem Nationalgefühl lediglich auf der einen Seite gegen das Extrem des Nationalismus ab, also nationalen Egoismus und Chauvinismus, und unterstreicht im übrigen nur die nationale Identität; denn ein guter Deutscher ist doch jemand, der sich zumindest auch über seine Nationalität definiert. Die Deutschen müssen den Stier bei den Hörnern packen: Sie haben heutzutage auch fast keine Wahl mehr als die, den Nationalsozialismus zum Ausgangspunkt ihres historischen Selbstverständnisses zu machen. Dies hat darin zu geschehen, die Schuld anzuerkennen, die Deutsche unter Hitler auf sich geladen haben, allerdings eingedenk der Ursachen, die nicht alle selbstgesetzt waren; dabei denke ich in erster Linie an Versailles

---

[94] Hierzu *Tolmein,* Oliver, „Keiner stirbt für sich allein". Sterbehilfe, Pflegenotstand und das Recht auf Selbstbestimmung (2006); besprochen von *Pawlik* in der FAZ vom 15. März 2006, S. L20.

und daran, daß die Entente, Frankreich zumal, dem Ersten Weltkrieg anfangs nicht abgeneigt war. Und niemand mindert das Schuldanerkenntnis, wenn er an die mehreren Zehntausend Deutschen erinnert, die in Hitlers Staat hingerichtet wurden, an die selbstlosen Menschen, die dem Regime unter Lebensgefahr und nicht selten unter Aufopferung des eigenen Lebens Widerstand leisteten und Verfolgten beistanden, an die vielen Hunderttausend, die an den Fronten und im Bombenhagel starben, obwohl sie keine persönliche Schuld auf sich geladen hatten, und an jene, die auf der Flucht und in der Vertreibung ihr Leben ließen und keineswegs schon allein aufgrund ihrer deutschen Nationalität patentierte Verbrecher waren.

Zum Selbstbild der Deutschen gehört ferner Selbsterkenntnis in der Form eines Wissens um die geschichtlichen Faktoren, die den deutschen Nationalcharakter geprägt haben. Zu ihnen gehört nach aller Wahrscheinlichkeit bereits der Dreißigjährige Krieg, in dem nicht nur zwei Generationen einer ungeheuren Verrohung und Hilflosigkeit gegenüber fremder Gewalt ausgesetzt waren, sondern eine weitgehende Ohnmacht ihres Landes gegenüber fremden Invasoren erleben mußten. Der traditionelle Alkoholkonsum in Deutschland und die deutschen Trinksitten, im burschenschaftlichen Trink-Comment zur höchsten Vollendung gebracht, daß Mann nämlich möglichst viel vertragen muß, sind Hinweise auf eine tiefgreifende allgemeine Depression, weil es sonst keinen gesamtgesellschaftlichen Grund gibt, Exzesse mit bewußtseinstrübenden Substanzen salonfähig zu machen. Der Dreißigjährige Krieg war eine Zeit solcher Depression. Wichtig ist sodann der Aufstieg Preußens ab dem Dreißigjährigen Krieg bis zur Reichsgründung, weil dieser Aufstieg – weniger Preußens innere Verfassung – in seiner Wirkung auf Gesamtdeutschland schädliche Ideale gestiftet hat, und zwar Gewalt und Brutalität und Rücksichtslosigkeit verbunden mit der Überzeugung, daß auch der Rest der Welt ausschließlich an sich denkt und gegenteilige Äußerungen lediglich geschickte rhetorisch-diplomatische Ränke seien, um die Verfolgung der eigenen Interessen zu kaschieren. Wer in Deutschland auf den Straßen und in öffentlichen Verkehrsmitteln in die Gesichter schaut, wer dabei ist, wenn Deutsche friedlich anstehen sollen, aber kaum ihrer Neigung Herr werden zu drängeln, erlebt, wie die Geschichte im Kleinen fortwirkt.

Doch darin erschöpft sich die deutsche Geschichte ebensowenig wie die deutsche Eigenart. Zur deutschen Geschichte gehören auch die wundersamen Jahre des ersten Kaiserreiches in Form des Reiches Karls des Großen und des Heiligen Römischen Reiches deutscher Nation mit der germanisch-französischen Einheit im Frankenreich, mit den irrwitzigen Italienzügen, zu denen man sich historisch und vor Gott berufen fühlte, mit den Abwehrschlachten gegen die Ungarn, dem Kolonisationsdrang gen Osten, mit der Handwerksblüte in den Städten, den international tätigen Großkaufleuten der Fugger, mit dem Städtebund der Hanse, der ebenfalls transnational bestand, mit der europäischen Gelehrtenkultur, deren Teil die deutschen Universitäten waren, mit der Minnedichtung, dem Bamberger Reiter, Uta von Naumburg und den Perlen romanischer und gotischer Sakralarchitektur; Luther ist epochaler Teil deutscher Geschichte und der Weltgeschichte, denn ohne Luther keine Protestanten, ohne sie keine Calvinisten und keine Puritaner, und ohne sie keine Mayflower und keine Vereinigten Staaten von Amerika; auch in der Renaissance, in Barock, Rokoko und Klassizismus war der Tod kein Meister aus Deutschland, sondern hatten andere Völker an seiner Verbreitung wesentlich eifrigeren Anteil, in Europa und sonst in der Welt. Dafür wurde Deutschland in diesen Jahrhunderten ein Land der Dichter und Denker, und selbst heute noch zeigt der Name manches Nobelpreisträgers, der kein Deutscher ist, daß seine Vorfahren es wohl gewesen sind. Schließlich gehört zur deutschen Geschichte der friedliche Umbruch in der DDR, dem einige wenige Unerschrockene unter hohen Opfern den Weg mitgebahnt hatten und der am Ende eine Volksbewegung wurde, mögen die Gefahren dann auch nicht mehr so hoch und die Beweggründe nicht mehr rein ideeller Natur gewesen sein – bei welcher Revolution waren sie das schon!

Auch die deutsche Eigenart erschöpft sich nicht in einer Neigung zur Unfriedlichkeit. Und gerade aus Preußen haben auch Tugenden ins Deutsche Reich gestrahlt, *Fontane* hat sie in seinen Wanderungen durch die Mark Brandenburg besungen, und sie kommen bündig in jener Gentzroder Inschrift zum Ausdruck, die er dort zitiert:

„Was verkürzt die Zeit? Thätigkeit.
Was bringt Schulden? Harren und Dulden.
Was macht gewinnen? Nicht lange besinnen.
Was bringt zu Ehren? Sich wehren."

Darin noch nicht inbegriffen sind die Tugenden der Pflichterfüllung, der Genügsamkeit, des Dienstes am Gemeinwesen und der Toleranz gegenüber Andersgläubigen (deren Hintergrund freilich weniger die Menschenliebe war denn die Staatsräson). Eine Spur Preußentum meine ich heute auch noch in der verbreiteten Abneigung Deutscher zu erkennen, sich bedienen zu lassen. Eher als Südeuropäer oder Engländer ist man beschämt und ist es einem unangenehm, sich Koffer tragen oder von strampelnden Studenten in Fahrrad-Rikschas kutschieren zu lassen, und die Gewohnheit vieler Deutscher, in Stehcafés ihre Teller und Tassen selbst wieder zum Tresen zu bringen, sorgt bei italienischen Wirten für innere Heiterkeit.

Zur deutschen Eigenart gehört darüber hinaus Weltoffenheit. *Goethe* hat sie als Vorzeige-Kosmopolit verkörpert, und die Reiselust heutiger Deutscher ist ebenso ihr Ausdruck wie der deutsche Übersetzungseifer – in keine andere Sprache ist so viel übersetzt worden wie ins Deutsche –, die Auslandsbegeisterung deutscher Studenten, die nicht nur im Sokrates- und Erasmus-Austauschprogramm den größten Anteil haben, und das bereitwillige Ausprobieren fremder Alltagskultur, wenn deren Lösung gegenüber dem Heimisch-Hergebrachten Vorteile verspricht. Die Deutschen sind auch Spendenweltmeister. Man hört viel, mit Recht, von der amerikanischen Großzügigkeit und von den amerikanischen CARE-Paketen nach dem Krieg. Aber daß die Deutschen so großzügig in alle Welt Geld und Hilfe fließen lassen wie kein anderes Volk, wissen nur wenige, und wer erinnert heute noch an die Tausende Pakete, die Deutsche 1982 nach Polen schickten, als das Land unter *Jaruzelskis* Kriegsrecht litt? (Insbesondere in Polen scheint diese Hilfe für das Bild von den Deutschen keine Rolle mehr zu spielen.) Die Deutschen sind des weiteren ein Motor der europäischen Einigung. Und selbst wenn sie den Euro nicht wollten, haben sie ihn nach seiner Einführung rascher angenommen als die meisten anderen Europäer; übrigens zum volkswirtschaftlichen Nutzen des Landes. Auch im globalen Rahmen ist Deutschland ein verläßlicher Anwalt der wichtigsten Bestrebungen zur Zusammenarbeit, vom IStGH über die Kyoto-Konferenz bis zum Engagement in friedenssichernden UN-Missionen. Daß es dabei nicht wahllos oder als Marionette amerikanischer Weisungen handelt, hat es mit seiner Haltung zum Irakkrieg verdeutlicht, und daran ändern die in den Details geradezu albernen Versuche amerikanischer Medien nichts, der Regierung Schröder eine mittelbare Unterstützung des Angriffs auf den Irak anzudichten; eine Unterstützung, die übrigens selbst dann getrost zu vernachlässigen wäre, wenn sie in den behaupteten grotesken Formen stattgefunden hätte. — Auch in ihrer Einstellung zur Demokratie haben die Deutschen seit Weimar einen langen Weg in die richtige Richtung zurückgelegt und begreifen Diskussion und Verhandlungen als gesunde Lösungswege statt als zeitverschwendende Schwätzerei und Kompromisse eher als fair denn als faul.

Folge eines solcherart umfassenden Selbstverständnisses muß es sein, sich selbst zuzugestehen, was wir anderen zugestehen. Das ist zunächst einmal kulturelle Freiheit als Freiheit auch zu typisch deutscher Kultur und zugunsten historischer deutscher Institutionen. Das Beispiel, das mir besonders am Herzen liegt, ist die deutsche Sprache, die man allzuoft zugunsten pseudomoderner, schwer bis gar nicht verständlicher Anglizismen vernachlässigt, statt sich ihrer ungeheuren Vielfalt und Ausdrucksstärke bewußt zu sein und diese Stärken zu nutzen. Das soll überhaupt nicht zu Lasten des Interesses gehen, das wir anderen Sprachen entgegenbringen, und nicht zu Lasten des Eifers, sie zu erlernen. Zugestehen sollten wir uns zweitens, daß Zuwanderung und Einwanderung auch eine psychologische Frage sind und daß die Psyche nicht alles mitmacht, was der Verstand befiehlt, mag er noch so kosmopolitisch sein. Es gibt für Zuwanderung nicht nur räumlich-technische Kapazitätsgrenzen, sondern – mindestens befristet – auch innere Kapazitätsgrenzen, und gerade wenn man Integration will, bedarf es einer einfühlsamen Dosierung des Zuzugs von außen. Mit dem rotgrünen Zuwanderungsgesetz ist sie wesentlich besser möglich als unter der Herrschaft des früheren Rechts. Doch das Gesetz allein schafft noch keine Wirklichkeit und läßt natürlich auch wie jedes Gesetz Auslegungsspielräume. Und ganz abgesehen von den Zuwanderungszahlen muß man sich bewußt sein, daß die Aufnahme neuer und anders geprägter Menschen in eine Gemeinschaft nicht nur logistische Probleme mit sich bringt. Es ist wie mit der europäischen Einigung: Das Nein der Niederländer und der Franzosen zur europäischen Verfassung, das nicht wenigen Deutschen sympathisch gewesen ist, war insgesamt eher irrational motiviert. Aber das hat die Politik in Rechnung zu stellen und hat sich darum zu kümmern, solche Barrieren zu überwinden. Die Annahme des Verfassungsentwurfes hätte auch in Deutschland einen längeren Vorlauf verdient gehabt, eine breitere Information der Bevölkerung sowie eine tiefere Diskussion des Entwurfes, und ein Volksentscheid über die Verfassung wäre ihrer Akzeptanz auch in Deutschland förderlich gewesen.

2. Gesundheit und Umwelt

Nichts ist so grundlegend für eine Gesellschaft wie eine intakte Umwelt und gesunde Menschen. Denn ohne sie ist eine Gesellschaft schwer denkbar und allenfalls als ein im wahrsten Sinne des Wortes sieches Gemeinwesen möglich.

a) ...in corpore sano. Krankheiten und Degenerationen als kollektive Herausforderung

Die Gesundheit der Menschen ist nicht nur eine Sorge des einzelnen. Aids, Krebs, Alkoholismus, Nikotinsucht, Allergien und Neurodermitis, Kurzsichtigkeit, Übergewicht, Epidemien, Antibiotikumsresistenzen und Depressionen sind kollektive Probleme (der Anteil psychischer Krankheiten am deutschen Krankenstand hat sich seit 1990 mehr als verdoppelt). Daher muß der Staat gegen sie etwas unternehmen, wo er dies nur kann: an Kindergärten, Schulen, Hochschulen, in Heimen, Behörden und Kasernen. Er kann dort darauf achten, nur gesunde Nahrung auszugeben und keine schädlichen Genußmittel. Er kann Ernährungsunterricht geben und gesundheitsorientierten Sport fördern. Solcher Sport besteht in häufigem, mäßigem Ausdauertraining und in einem durchdachten Krafttraining. Beides ist um so wichtiger, als körperliche Bewegung erwiesenermaßen das Wohlbefinden und auch die geistige Leistungsfähigkeit steigert. Mittelbar lassen sich gesundheitsschädliche Lebensweisen bekämpfen durch bestimmte Werbeverbote und Abgaben auf den Vertrieb gesundheitsschädlicher Genußstoffe, vor allem Nahrungsmittel. Solche Abgaben müßten zweckgebunden erhoben oder wenigstens im haushaltsmäßigen Ergebnis für bestimmte Zwecke verwendet werden, und zwar für die Vorbeugung gegen die und die Heilung von den Krankheiten, für die das fragliche Genußmittel ein Risikofaktor ist. — In der Landwirtschaft ist durch strenge, hinreichend häufige Kontrollen sicherzustellen, daß in der Nutztierhaltung keine Hormone und keine Antibiotika verfüttert werden.

Besonders wichtig ist in unserer Zeit ein hoher Impfgrad der Bevölkerung. Er läßt sich durch finanzielle Anreize erhöhen, am besten durch die Übernahme sämtlicher Impfkosten durch den Staat oder die Krankenkassen sowie dadurch, daß man den einzelnen wenigstens verpflichtet, sich über die Impfung beraten zu lassen. Hinsichtlich besonders gefährlicher Krankheiten ist äußerstenfalls auch an einen Impfzwang zu denken, natürlich nur mit Rücksicht auf sämtliche Gegeninteressen des Betroffenen im einzelnen

Fall. In die Zeitung geschafft hat es vor kurzem auch die Frage, ob man Eltern verpflichten solle, an ihren Kindern die empfohlenen Standarduntersuchungen (U1, U2 und so weiter) durchführen zu lassen. Auch in dieser Frage gilt, daß zunächst alle Mittel positiver Motivation auszuschöpfen sind. Man hat den Eltern also Anreize dafür zu setzen, ihre Kinder untersuchen zu lassen, und hat sie bei diesen Bemühungen nach Kräften zu fördern. Wenn dies allerdings fruchtlos bleibt, muß es auch möglich sein, die Untersuchungen zu erzwingen. Das im Grundgesetz (Artikel 6) verbürgte Recht der Eltern, sich eigenverantwortlich um ihre Kinder zu kümmern, ist eben auch eine Pflicht und kein Recht auf Verantwortungslosigkeit.

Was die *Kosten* des Gesundheitswesens betrifft, so hat in einer ersten großen Unterteilung die Allgemeinheit alle Kosten zu tragen, die durch vorbeugende Maßnahmen veranlaßt sind, während die Kosten einer Heilbehandlung beim einzelnen bleiben. Natürlich braucht er dafür eine Versicherung. Die Trennung, die heute zwischen gesetzlicher und privater Krankenversicherung besteht, ist eine geschichtlich gewachsene gemeinschädliche Ungerechtigkeit. Es müssen insoweit für alle Menschen gleiche Bedingungen gelten und Möglichkeiten bestehen. Nicht sinnvoll wäre es allerdings, über die Beiträge für die Krankenversicherung Einkommens- oder Vermögensunterschiede ausgleichen zu wollen; dazu sind andere Mechanismen da, an erster Stelle die Steuersätze. Doch auch eine „Kopfpauschale" ist ein planwirtschaftlicher Anachronismus, der entweder ungerecht wirkt oder viele sehr bürokratische Ausweichbewegungen erzwingt. Eine Lösung könnte es sein, die Kranken- und Pflegeversicherung zu unterteilen in eine vollständig durch Steuern getragene staatliche Grundsicherung und eine darüber hinausreichende freiwillige Zusatzversicherung für umfangreichere oder komfortablere Leistungen. Die Grundsicherung wäre verwaltungsmäßig zu gewährleisten entweder über eine Bundesbehörde nach dem Muster der Bundesagentur für Arbeit oder über vorhandene Stellen, etwa die Ämter für das Einwohnerwesen. Die Grundsicherung müßte einen verläßlichen, hinsichtlich der Risiken vollständigen Katalog von Grundleistungen abdecken. Für Leistungserbringer (Ärzte, Pfleger) wie für ihre Kunden wären Anreize zu schaffen, Aufwendungen und Kosten auf das Maß des wirklich Erforderlichen zu begrenzen. Dies kann positiv etwa durch Prämien geschehen, aber auch negativ durch Erstattungsverweigerung bei übermäßigen Aufwendungen. Für die freiwillige Zusatzversicherung kämen private wie gesetzliche Versicherer in Betracht, die vom Gesetz vollkommen gleichzustellen wären und sich nur noch durch ihren geschichtlichen Ursprung unterschieden. Männer und Frauen hätten sie in den allgemeinen Tarifen gleichzustellen; geschlechtsspezifisch erhöhte gesundheitliche Risiken wären von allen Versicherten solidarisch zu tragen.

Um die Kosten für Arznei- und sonstige Heilmittel zu senken, ist für Ärzte ein striktes Korruptionsverbot einzuführen. Sie dürften weder von den Herstellern noch von den Anbietern der Arznei- und Heilmittel Leistungen welcher Art auch immer annehmen. Auch hierüber hätte der Staat durch strenge und effektive Stichproben-Kontrollen zu wachen. Auch ist den Ärzten mit dem geltenden Recht die Pflicht aufzuerlegen, grundsätzlich das preisgünstigste Arznei- oder Heilmittel zu verschreiben. Der Staat könnte eine Beratungsstelle für Patienten einrichten, mit deren Hilfe die Patienten kontrollieren könnten, ob der Arzt dieser Pflicht genügt. Falls nicht, müßte er einen pauschalierten Schadensersatz leisten. Schließlich ist den Pharmaunternehmen europarechtlich zu untersagen, ihre Erzeugnisse in dem einen europäischen Land günstiger anzubieten als in dem anderen.

b) Erneut verkannte Priorität: unsere Umwelt

In den achtziger Jahren hatte man begriffen, daß die Ressource Umwelt ebenso endlich ist wie unabdingbar. Dieses Bewußtsein hat in den neunziger Jahren merklich gelitten und leidet weiter. Abzulesen ist dies etwa am Spritverbrauch der Autos, der Zunahme des Luftverkehrs, der Renaissance von Einwegverpackungen und daran, daß sich die Mülltrennung noch immer nicht lückenlos durchgesetzt hat. Dabei sind die Befunde alles andere als beruhigend. Wohl sind einige Flüsse sauberer geworden, nicht zuletzt weil im europäischen Osten umweltsündige Industrieanlagen stillgelegt worden sind. Doch der Flächenverbrauch, bei uns und noch mehr in anderen Ländern, und vor allem der Klimawandel sind Entwicklungen, angesichts deren unser Lebensstil wie ein gigantisches Verleugnen der Wirklichkeit erscheint. Dabei ist die Ursache des Klimawandels längst bekannt: das Nutzen fossiler Brennstoffe, in erster Linie durch Kraftfahrzeuge mit Diesel- oder Ottomotor. Die Angaben dazu, wie groß ihr Anteil an der Luftverschmutzung sei, schwanken zwar naturgemäß von Institution zu Institution, liegen aber alle bei deutlich über 60 und bis zu 90%.

Ebenso klar ist die Alternative zu den fossilen Brennstoffen, und zwar eine *Umstellung auf Wasserstoff*.[95] Wasserstoff ist erstens in Hülle und Fülle vorhanden, nämlich das häufigste Element im Universum, und aus Kohlenwasserstoffen, Wasser oder aus Biomasse zu gewinnen. Nutzt man Wasserstoff als Energieträger, sind die Endprodukte nichts anderes als Wasser und Wärme. Diese strategischen Vorteile haben auch die EU bewogen, Wasserstoff als den Energieträger der Zukunft zu propagieren und zu fördern. Die sinnvollsten Wege, ihn zu gewinnen, sind die Spaltung von Wasser mittels Elektrolyse in Wasserstoff und Sauerstoff sowie die Erzeugung aus Biomasse, zu der es keiner weiteren Energie bedarf. Die Elektrolyse verlangt zwar elektrischen Strom, jedoch viel weniger Energie, als der Wasserstoff später wieder abzugeben vermag. Der Weg über die Elektrolyse erlaubt es auch, Schwankungen auszugleichen, denen die Stromversorgung unterworfen ist, wenn sie sich ausschließlich auf erneuerbare Energiequellen stützt, das heißt auf Sonnen-, Wind- und Wasserkraft sowie Erdwärme. In guten Zeiten – die Sonne scheint, der Wind weht, das Wasser fließt – könnte man mit den Überkapazitäten der Kraftwerke Wasserstoff erzeugen, und dieser Wasserstoff sorgt dann in Brennstoffzellen für Strom, wenn es bei den erneuerbaren Energiequellen die unausweichlichen Engpässe gibt. Der Wechsel hin zu einer Wasserstoffwirtschaft schüfe zudem eine große Zahl von Arbeitsplätzen in Deutschland, denn die Anlagen und die Infrastruktur, deren es bedürfte, hätten ausschließlich in Deutschland zu entstehen. Mit seinen Stärken in der Elektrotechnik, im Maschinenbau und in der Chemieindustrie bietet Deutschland für einen solchen Wechsel beinahe ideale Bedingungen. Und wenn man ihn schon nicht der Umwelt zuliebe befürworten mag (was allerdings dringend erforderlich ist), so sollte immerhin zu denken geben, daß die Öl- und Erdgasvorräte dieser Erde in durchaus überschaubaren Fristen zur Neige gehen werden.

In der *Verkehrspolitik* verlangt der Umweltschutz, die Schiene noch konsequenter als bisher gegenüber der Straße zu stärken. Der Staat sollte das Schienennetz unterhalten und den Straßenbau ausschließlich über die Kfz-Steuer finanzieren. Ferner ist dafür Sorge zu tragen, daß keine Strecken mehr stillgelegt werden und daß stillgelegte Strecken leicht reaktiviert werden können; Entsprechendes

---

[95] Zusammenfassend *Rifkin*, Jeremy, Die smarte Revolution, in: DIE ZEIT vom 23. Februar 2006, S. 49 f.

gilt für die deutschen Wasserstraßen. — Ein heikles Thema ist gerade für sozial ausgerichtete Politiker aller Parteien die Pendlerpauschale. Verkehrspolitisch ist sie aber eindeutig ein falsches Signal, auch in ihrer nunmehr abgespeckten Form. Denn sie vermittelt die Botschaft: Fahrten zwischen Wohn- und Arbeitsort brauchst du, lieber Bürger, nicht mit ihren tatsächlichen Kosten in deine Überlegungen einzubeziehen, weil wir dir wenigstens einen Teil dieser Kosten erstatten. Das ist angesichts der Straßenbelastung, des Parkplatzverbrauchs und natürlich des Schadstoffausstoßes und Lärms durch den Individualverkehr eine umweltschädliche Botschaft. Das Motiv ihrer Verfechter ist wohl ehrenwert, bestehend in der finanziellen Entlastung nicht allzu üppig verdienender Arbeitnehmer. Doch wäre dafür die Einkommensteuer der richtige und ist die Pendlerpauschale der falsche Weg, weil sie zugleich verhaltenssteuernde Wirkung hat, und zwar in eine Richtung, die der Umwelt und allgemeinen verkehrspolitischen Zielen schadet.

Archaisch anmutend und dennoch in Betracht zu ziehen ist ferner eine gewisse (keine weitgreifende) *Demaschinisierung*. Es ist beispielsweise in mehrfacher Hinsicht schädlich, wenn ein Gärtner – privat oder in öffentlichen Diensten – mit motorgetriebenen Sägen, Schneidegeräten sowie Laubsaugern und -pustern die Handarbeit von drei Gärtnern ersetzt, das heißt Arbeitsplätze beseitigt, und zugleich die Luft verschmutzt, und zwar mit einem Zweitaktmotor in besonders schädlicher Weise, sowie penetranten Lärm verbreitet, dessen gesundheitsschädigende Wirkung mittlerweile erwiesen ist. Zu erreichen ist eine Demaschinisierung in diesem Beispiel wie in anderen, etwa in der Bauwirtschaft, entweder über Verbote oder, eher erfolgversprechend, über den Kostenfaktor, indem die Anschaffung und der Betrieb bestimmter Maschinen mit Abgaben belegt werden.

Weit unter den Möglichkeiten bleibt ferner die Umweltverträglichkeit modernen *Bauens* in Deutschland. Sei es die Isolierung, die Wasser- und Wärmenutzung oder der Stromverbrauch – nirgends ist die Technik Standard, die es längst gibt. Die Neigung der Architekten, aus jedem Gebäude ein Glashaus zu machen, ist auch kein Beitrag zum Einsparen von Heizenergie. Umweltgerechtes Bauen müßte viel konsequenter als bisher im Baurecht zur Pflicht gemacht werden. Im Gegenzug mag man das Recht der Gemeinden einschränken, die Gestaltung der Häuser mit einiger Pedanterie bis in die Einzelheiten vorzuschreiben, um den vermeintlichen ästhetischen Bedürfnissen der Allgemeinheit und dem einheitlichen Erscheinungsbild eines Baugebietes Dienste zu leisten. Auch in der Flächennutzung muß das Baurecht stärker als bisher Sorge tragen, daß die Gewerbegebiete der Gemeinden nicht weiter in dieser Geschwindigkeit die Grünflächen verschlingen, von denen es immer weniger gibt, und es ist auch kaum einzusehen, daß beständig quadratkilometergroße, aber lediglich ein Geschoß hohe Lagerhallen und Produktionsstätten auf der grünen Wiese errichtet werden, während andernorts Industriebrachen leerstehen, weil der Boden mit Altlasten verseucht ist oder man fürchtet, daß er dies sei. — Umweltschutz muß auch wieder ein wichtiger Faktor bei *Kaufentscheidungen* werden. Dazu ist es erforderlich, daß die Verbraucher schnell und verläßlich erkennen können, in welchem Maße ein Produkt die Umwelt schont oder schädigt. Zu denken ist an eine staatliche Neuauflage des grünen Umweltengels, also eines Gütesiegels, das eine umweltschonende Herstellung oder Zusammensetzung des Erzeugnisses verbürgt. Dabei ließen sich vielfältigste Umstände berücksichtigen. Entscheidend wären die Strenge und die Kontrolle der Auswahlkriterien.

3. Familie und Kinder

a) Zwei Menschen mit Mehrwert – Ehe und Partnerschaft

Männer und Frauen, Hetero- und Homosexuelle müssen die gleichen Möglichkeiten haben, sich rechtlich aneinander zu binden, und zumindest Männer und Frauen in einer heterosexuellen Verbindung müssen die gleiche Möglichkeit haben, Kinder zu erziehen – auch wenn sich die Verbindung wieder löst. Wie auch sonst in der Gleichberechtigung von Mann und Frau geht es sowohl um gleiche Rechte als auch um faktisch gleiche Chancen. Eine Ungleichbehandlung ist nur dort am Platze, wo biologische Unterschiede sie gebieten, und das ist einzig im Mutterschutz vor und nach der Geburt der Fall. Die vermögensbezogene Seite des Eherechts muß berücksichtigen, wer in welchen Zeiten Kinder betreut und deswegen geringere Möglichkeiten hat, Vermögen zu erwerben. Im übrigen jedoch ist es an der Zeit, auf der ganzen Linie dem Prinzip der Eigenverantwortung zum Durchbruch zu verhelfen, das heißt sowohl für die Zeit der Ehe als auch nach einer Scheidung. Eine Möglichkeit, die Kinderbetreuung güterrechtlich zu berücksichtigen, wäre ein Anspruch des betreuenden Ehegatten gegen den anderen auf die Hälfte dessen Einkommens während der Betreuungszeit. Nach einer Scheidung sollte neben dem Prinzip der Eigenverantwortung das der Verantwortung für gemeinsame Kinder stehen. Die geschiedenen Eltern sollten verpflichtet sein, zum Wohle des Kindes auch derart zusammenzuwirken, daß beide Eltern vergleichbare Chancen auf Umgang mit dem Kind haben. Natürlich muß es möglich sein, die Umgangsrechte eines Elternteils zu beschneiden, wenn er sie in einer Art und Weise nutzt, die dem anderen oder gar dem Kind unzumutbar ist. Derzeit ist unser Kindschaftsrecht in der Praxis matriarchalisch geprägt und widerspricht so dem Grundsatz der Gleichberechtigung und den Bestrebungen, Männer verstärkt in die Pflege und Erziehung der Kinder einzubinden. Auch die Bereitschaft der Männer, Kinder zu haben, kann ein solches Kindschaftsrecht nicht fördern. Damit zum nächsten Punkt:

b) Kinder, Kinder – und wer sie bekommt

Unser Bürgerliches Gesetzbuch kennt drei Bestimmungen, die alternativ festlegen, wer der Vater eines Kindes ist. Der tatsächliche, das heißt leibliche Vater ist nicht dabei. Er ist zwar in der großen Mehrheit der Fälle derjenige, auf den eine der drei Definitionen zutrifft. Aber in keiner dieser Definitionen ist die tatsächliche Abstammung ein Kriterium. Das gleiche gilt übrigens für die Mutter; denn gemäß § 1591 BGB ist die Mutter eines Kindes die Frau, die das Kind geboren hat. Das ist bei sogenannten Leihmüttern nicht die Frau, von der das Kind abstammt. Allerdings ist dieser Fall so selten, daß er nicht ins Gewicht fällt. Auch sind sich dann die Beteiligten der Abstammungsverhältnisse in der Regel bewußt. Anders hinsichtlich der gesetzlichen Bestimmung der Vaterschaft nach § 1592 BGB. Vater ist danach der Mann, der zum Zeitpunkt der Geburt mit der Mutter des Kindes verheiratet ist, oder derjenige, der die Vaterschaft anerkannt hat oder dessen Vaterschaft gerichtlich festgestellt worden ist. Aufgrund dieser Regelungen kommt es nicht selten dazu, daß die Definitionen des Gesetzes und die Wirklichkeit auseinanderfallen. Besonderen Anteil daran hat natürlich jene Bestimmung, der zufolge der Ehemann einer Frau automatisch als Vater ihrer Kinder gilt. Für diese und für die beiden anderen Regelungen führt man stets das Kindeswohl ins Feld, das es gebiete, einen Mann als Vater dingfest zu machen, und zwar möglichst schnell und mit großer Rechtssicherheit. Das scheint mir allerdings etwas heuchlerisch zu sein, denn die einzigen, die an den angeführten Regelungen echtes Interesse haben, sind die Mütter. Und zwar um so stärker, je unaufrichtiger die Umstände der Zeugung gewesen sind, am stärksten natürlich im Falle des klassischen Kuckuckskindes, mit dessen Vater eine Frau ihren Ehemann betrogen hatte. Demgegenüber hat das Kind zwci andere vitale Interessen: Es will versorgt sein – ungeachtet der Quelle, aus der die Mittel stammen und die auch der Staat sein kann –, und es will wie jeder Mensch wissen, wer seine wahren Eltern sind. Dies ist auch sein gutes Menschenrecht; ebenso wie es ein Menschenrecht ist zu erfahren, wer die eigenen Kinder sind.

Unsere Kenntnisse über die DNS erlauben uns heute auch, solche Abstammungsverhältnisse mit großer Zuverlässigkeit zu ermitteln oder auszuschließen. Es ist daher kaum einzusehen, daß unser Gesetz mit wirklichkeitsgelösten Bestimmungen zur Elternschaft herumlaboriert, statt auf die tatsächliche Elternschaft abzustellen. Das Interesse des Kindes daran, als ehelich zu gelten, ist heute ideell weniger drängend als früher und materiell gar nicht mehr vorhanden. Vor allem aber ist es nicht berechtigter als das Interesse des Ehemannes der Mutter, zunächst ausschließlich als Vater derjenigen Kinder zu gelten, deren Vater er auch tatsächlich ist. Es mag dann in kritischen Fällen mit dem Einverständnis aller beteiligten Erwachsenen zu einer Adoption kommen, der keine großen Hürden in den Weg gestellt werden dürfen. Aber sie muß stets auf freien Entscheidungen in Kenntnis aller tatsächlichen Verhältnisse beruhen. Dies gilt jedenfalls für den Adoptierenden. Hinsichtlich des tatsächlichen, durch die Adoption verdrängten Vaters wäre es hingegen legitim, sich über seinen Willen hinwegzusetzen, wenn er sich der Sorge für das Kind entzieht oder gar dem Kindeswohl schadet. Der schlechteste kriminalpolitische Witz jedoch, den ich bislang gehört habe, war der Vorschlag, genetische Vaterschaftstests strafbar zu machen, wenn sie ohne ausdrückliche Einwilligung der Mutter veranlaßt werden. Solche Tests beeinträchtigen weder das körperliche Wohl der Mutter noch das des Kindes, und sie geben auch keine vertraulichen Daten preis, an deren Geheimhaltung Mutter oder Kind ein legitimes Interesse hätten. Die Mutter mag zwar ein Interesse haben, die tatsächlichen Verhältnisse zu verheimlichen, wenn sie ihren Mann oder Partner betrogen hatte. Dieses Interesse ist aber schwerlich legitim und jedenfalls nicht höher zu gewichten als das legitime Interesse des vermeintlichen Vaters, die Abstammungsverhältnisse zu klären. Dieses Interesse ist auch das des Kindes; jeder Mensch will wissen, wer seine wahren Eltern sind, und Menschen, die hierüber in ihrer Kindheit belogen worden sind, unternehmen später, wenn man sie aufklärt, in aller

Regel Versuche, ihre wahre Mutter oder (meistens) ihren wahren Vater aufzuspüren und kennenzulernen. Die Leitprinzipien des Abstammungsrechts sollten Wahrheit und Ehrlichkeit sein. Mit ihnen ist dem Wohl der Kinder am meisten gedient und nicht mit Lüge, Vertuschung und Fassade. Da es in unserer Zeit einer Frau vollkommen freisteht, mit wem sie sexuellen Kontakt hat und zu welchen Bedingungen, darf die Kehrseite dieser Freiheit auch eine gewisse Verantwortung für die Folgen sein.

Dies gilt selbstverständlich uneingeschränkt auch für die beteiligten Männer, und es muß die Mutter eines Kindes selbstverständlich die Möglichkeit haben, die Vaterschaft eines Mannes feststellen zu lassen, der das Kind verleugnet und sich dem Unterhalt für das Kind entziehen will. Und es muß selbstverständlich ebenso möglich sein, einen Mann von dem Umgang mit dem Kind und der Personensorge auszuschließen, wenn sein Verhalten dem Kind mehr schadet als nützt. Bei dieser Annahme ist aber Vorsicht geboten, und sehr grundsätzlich hat man dem Vater zunächst einmal alle Möglichkeiten und auch Anreize zu geben, seiner Verantwortung für das Kind gerecht zu werden. In der Vergangenheit haben ihm dies unser Familienrecht und viele Mütter mit tätiger Hilfe der Familiengerichte und Jugendämter in einer Weise verwehrt, die weder dem Grundsatz der Gleichberechtigung gerecht wird noch dem Menschenrecht auf Kinder und Eltern noch der allseits vernehmbaren Klage, Männer kümmerten sich zuwenig um ihre Kinder. Das haben sie in der Vergangenheit wirklich zuwenig getan, und es gibt weiterhin viele Männer, denen ihre Kinder weniger wichtig sind als ihre Karriere und ihr Kontostand. Aber ihre Zahl geht zurück, und sie berechtigen vor allem nicht dazu, auch ihren gutwilligen Geschlechtsgenossen ihr Elternrecht und ihre Chance zu beschneiden, für das Kind in gleichem Maße zu sorgen wie die Mutter.

Es gibt heute eine gute und eine weniger gute Entwicklung im Verhältnis der Gesellschaft zu ihrem Nachwuchs. Die gute Entwicklung besteht darin zu erkennen, daß die Gesellschaft aktiv Anreize setzen muß für jüngere Frauen und Männer, tatsächlich Kinder zu zeugen und zu erziehen. Die weniger gute Entwicklung ist die Konzentration auf finanzielle Anreize und Betreuungsangebote. Um nicht mißverstanden zu werden: Beide sind bitter nötig. Aber es wäre doch wohl eine Illusion über die Beweggründe des Kinderwunsches zu meinen, er verdanke sich vorrangig einer Gewinn- und Verlustrechnung und wäre jederzeit mit einem Bündel Banknoten auszulösen, sofern es nur dick genug ist. Menschen, die sich durch Geld zur Produktion von Nachwuchs bestimmen ließen (die Worte sind mit Bedacht gewählt), wären erstens Eltern von zweifelhaftem Wert und bräuchten zweitens einen so großen finanziellen Anreiz, wie ihn der Staat mit Sicherheit nicht leisten könnte. Und auch die Bemühungen um Betreuungsangebote sollten es sich nicht zum Ziel setzen, die Erziehung möglichst vieler Kinder möglichst weitgehend von den Eltern dieser Kinder zu trennen. Ziel kann nur sein, den Eltern die Möglichkeit zu erhalten – ohne dies zur Pflicht zu machen –, weiterhin einen Beruf oder eine vergleichbare Tätigkeit auszuüben. Beruf und Kinder vereinbar zu machen, ohne diese Verbindung zu erzwingen, muß das Ziel der kinderbezogenen Familienpolitik sein. Elternzeit und Elterngeld sind dafür brauchbare Mittel. Allerdings sollten sämtliche staatlichen Leistungen ab einer Schwelle nur einkommensabhängig erbracht werden; es ist nicht erforderlich, dem Vorstandsmitglied einer großen Aktiengesellschaft seine Vorstandsbezüge vollständig oder zu einem prozentualen Anteil fortzuzahlen, damit er sich bequemt, bei der Erziehung seiner Kinder mitzuwirken. Allerdings sollten einkommensersetzende Leistungen Vorrang haben vor einer Erstattung von Betreuungskosten. Denn so fördert man eine Erziehung des Kindes durch seine Eltern, statt sie zu animieren, in dieser Angelegenheit Outsourcing zu betreiben. Am wichtigsten dürfte es sein, alles zu unterstützen, was einem Wiedereinstieg der Eltern in ihren Beruf nach einer Erziehungszeit dienlich ist.

Auch den Kindern selbst muß die Gesellschaft ihre Aufmerksamkeit schenken. Von dieser Selbstverständlichkeit ist hier nur eine Einzelheit zu betonen, und zwar der Bedarf an spezifischer Jungenforschung und -förderung. Es gibt eine Fülle von Initiativen zur Förderung der Bildung und Ausbildung von Mädchen, und daran ist auch nichts wesentliches auszusetzen, im Gegenteil; einzig mag man sich mitunter fragen, ob sich eine Initiative wirklich auf Mädchen beschränken muß und ob es nicht ganz sinnvoll und übrigens auch gerecht wäre, sie ebenso für Jungen zu öffnen. Etwa der „Mädchentag" („girls day"), an dem Mädchen an Universitäten und anderswo mit natur- und ingenieurwissenschaftlichen Fächern in Kontakt kommen sollen, um Berührungsängste abzubauen, die vor allem Mädchen mit Blick auf diese Fächer haben. Denn es mag auch Jungen geben, die solche Ängste teilen; wie es auch Jungen gibt, die schüchtern sind und dem Prototyp des problemfreien, testosterontrunkenen Draufgängers nicht entsprechen, der in den Betrachtungen zum Geschlechterverhältnis nach meinem Eindruck eine zu große und verzerrende Rolle spielt. Außerdem mag es andere Fächer als die Natur- und Ingenieurwissenschaften geben, denen gegenüber Jungen im Durchschnitt größere Berührungsängste haben als Mädchen, etwa musische oder pädagogische Fächer. Jedenfalls wenn man die Zahl männlicher Kindergärtner und männlicher Grundschullehrer mit den gleichen quotenfixierten Augen betrachtet wie die Zahl weiblicher Führungskräfte in der Wirtschaft und an den Universitäten, könnte man auf die Idee kommen, daß die Attraktivität dieser Berufe für Männer verbesserungsfähig ist. Dem wird man sofort entgegnen, daß die Ursache allein die freien Entscheidungen der Männer seien, die eben keine Lust hätten, solche schlechtbezahlten Berufe auszuüben. Doch das übersieht, daß in unserer Gesellschaft Männer auch massenhaft mindestens ebenso schlechtbezahlter anderer Tätigkeit nachgehen, vom Fensterputzer bis zum Müllmann, und daß umgekehrt die Entscheidungen von Frauen gegen eine riskante Karriere und für einen sicheren Arbeitsplatz auf niedrigerem Niveau oder gar für ein Familienleben in diesem Sinne ebenfalls als frei zu bezeichnen sind. Hinzuweisen ist an dieser Stelle aber noch auf etwas ganz anderes, darauf nämlich, daß auch Jungen geschlechtstypische körperliche und seelische Probleme haben und daß diese Probleme in den vergangenen Jahren gewachsen sind, siehe im 1. Kapitel unter 1 a. Daß unser Erziehungs- und Bildungsangebot bedürfnisgerecht zu sein hat, gilt eben nicht nur mit Blick auf die Mädchen.

4. Bildung und soziales Netz

a) Wirtschaftsgut und geistiger Adel – Bildung als Gemeinschaftsaufgabe

Das soziale Netz und die Bildung haben gemeinsam, daß beide für die Lebenszufriedenheit wichtige Faktoren sind (vergleiche im 1. Kapitel unter 2). Durchgesetzt hat sich die Erkenntnis, daß Bildung im Sinne von Wissen und von Herausfinden Deutschlands wichtigstes Kapital bedeutet. Bildung ist ein Wirtschaftsgut und eine Art geistiger Adel. Sie besteht aber selbst als Wirtschaftsgut nicht ausschließlich in technischem Know-how und Ingenieursraffinesse, sondern in *Wissen jedweder Art*. Gerade die amerikanischen Eliteuniversitäten, auf die deutsche Bildungspolitiker starren wie das Kaninchen auf die Schlange, pflegen keine naturwissenschaftlichen Monokulturen, sondern lassen Kunst- und Geisteswissenschaften daneben gleichberechtigt bestehen. Das ist auch keine Marotte oder teure Liebhaberei, denn die politische Ordnung, die Rechtsordnung und die gesellschaftliche Ordnung eines Gemeinwesens sind nicht nur sehr taugliche Gegenstände gedanklicher Bemühungen; vielmehr können solche Bemühungen deutlichen Nutzen für das gesellschaftliche Ganze entfalten, weil Politik, Recht und soziale Ordnung rational erfaßbar und formbar sind und weil sie für die Lebenszufriedenheit des einzelnen eine große und allemal größere Rolle spielen als beispielsweise die Fähigkeit eines Mobiltelefons, Videosequenzen aufzuzeichnen.

Auch Kunst ist kein Luxus, den sich der Mensch gönnen und den er ebensogut entbehren könnte. Vielmehr ist das menschliche Wesen auf Kreativität und damit auch auf Kunst angelegt. Wenn jemand einen Stift in der Hand und ein Blatt Papier vor sich hat, dann fängt er nahezu automatisch an, auch wenn er nebenher telefoniert, Striche, Figuren oder sonst etwas zu zeichnen, und wenn man sich überlegt, welche Existenzsorgen die Urmenschen hatten, muß man wohl schon von einem menschlichen Zwang zur Kunst sprechen angesichts der Malereien, die man in ihren Höhlen findet. Die größten Erkenntnisse auch auf technischem Gebiet können nur in einem Klima umfassender geistiger Umtriebigkeit gewonnen werden, und es ist fatal, wie deutsche Bildungspolitiker die Akzente ausschließlich in den Natur- und Ingenieurwissenschaften setzen.

Ebenso fatal ist der Druck, der dabei auf die *Universitäten* ausgeübt wird in Richtung einer engen Zusammenarbeit mit der Wirtschaft. Eine Universität ist nicht die Forschungsabteilung eines Unternehmens. Beide haben unterschiedliche Ziele und benötigen unterschiedliche Rahmenbedingungen. Die Forschungsabteilung hat produkt- und anwendungsorientiert sowie kostenbewußt zu tüfteln, während die Universität Freiräume zu schaffen hat, innerhalb deren es für die Forschenden kaum Vorgaben und eine weitreichende Herrschaft von Neigung und Interesse geben sollte.[96] Bekanntlich lautete das Gründungsmotto von Princeton: „No duties, only opportunities". Jeder Zwang, formell oder informell, ist ein Gegner universitären Forschens. Wie es absurd wäre, von einem Mozart oder einem Rembrandt im Akkord Kompositionen oder Bilder zu verlangen und sie sodann nach diesen Leistungen zu bezahlen, so absurd wäre es, Professoren zu intellektuellen Fließbandarbeitern umerziehen zu wollen, denn für eine geistige Produk-

---

[96] Siehe hierzu wie zum Folgenden schon den Beitrag von Christian *Baldus* in Forschung & Lehre 2006, 450 ff.

tion dieser Art sind Universitäten nicht da. Diese Äußerungen erscheinen leicht als ein Plädoyer für ein professorales Faulheitsprivileg. Doch 99 von 100 Menschen, die sich für eine Laufbahn an der Universität oder an einer vergleichbaren Forschungseinrichtung entscheiden, tun dies aufgrund eines inneren Dranges, der sie auch dann tätig sein läßt, wenn sie dazu nicht durch die Erfordernisse des Broterwerbs genötigt sind. Produktionsdisziplin und Akkord sind keine Gewähr großer Forschungsleistungen, sondern behindern sie. Entdeckungen, die diesen Namen verdienen, werden dort gemacht, wo man jemanden mit Forscherdrang schlicht einmal machen läßt, was ihm beliebt. Je weniger Pflichten er hat und je mehr Forschungsmittel, desto größer die Aussicht auf herausragende Erfolge; auch wenn am Ende vielleicht nur *eine* – doch epochale – Veröffentlichung steht und deren Autor in den vorausgegangenen fünf Jahren keine 200 Aufsätze geschrieben hat, um sich über Zitierungszahlen sein gehobenes Einkommen zu sichern.

Auch muß eine Entdeckung nicht sogleich praktisch verwertbar sein. Wer eine neue Galaxie entdeckt, wer eine neue Eigenschaft elektromagnetischer Wellen feststellt, wer eine alte Handschrift entschlüsselt, wer etwas über die biochemischen Vorgänge in einer Körperzelle herausfindet – der muß nicht beantworten können, welchen Nutzen die Automobilindustrie daraus im nächsten halben Jahr ziehen könne. Die industrielle Verwertbarkeit einer Erkenntnis ist eine Frage, mit der man sich außerhalb der Universität beschäftigen mag und die ihre Antwort zuweilen erst nach geraumer Zeit und in unvermutetem Zusammenhang findet. Universitäten brauchen von seiten ihrer Träger nur zweierlei: Freiheit und Geld. Das Geld in erster Linie für Forschungsmittel und nur an zweiter Stelle für die persönlichen Bezüge der Forschenden, deren Antrieb kaum je das Streben nach irdischem Reichtum ist, denn sonst hätten sie sich eine andere und lukrativere Tätigkeit gesucht. Der Ruf nach Freiheit und Geld für die Universitäten begegnet zwangsläufig vielfacher Empörung, weil viele nicht einsehen, daß es Professoren besser haben sollen als Angestellte oder Manager in der Wirtschaft. Das geht aber erstens freundlich darüber hinweg, daß der Verdienst bei vergleichbarer Qualifizierung und vergleichbarem Zeitaufwand in der Wirtschaft praktisch immer wesentlich höher ist als an den Universitäten, und es geht vor allem daran vorbei, daß die Bedingungen herausragender Forschungsergebnisse eben andere sind als diejenigen erfolgreicher Industrieproduktion. Das Labor an einer Universität steht dem Atelier des Künstlers näher als dem Labor in der Entwicklungsabteilung eines Unternehmens. Wer die Geisteswissenschaften buchstäblich verarmen läßt, schadet langfristig auch den Naturwissenschaften, und wer die Naturwissenschaften an den Universitäten industrialisiert, schafft die Universitäten ihrem Wesen nach ab und schadet langfristig der Industrie.

Die Rollenverteilung zwischen den Bildungseinrichtungen ist einigermaßen klar, verdient aber angesichts der Entwicklungen in den letzten Jahrzehnten gleichwohl, in Erinnerung gerufen zu werden. Es geht bereits mit dem *Kindergarten* los, in dem die Kinder in erster Linie frei sein müssen, um sich zu entfalten und um zu spielen; die Wichtigkeit ungebundenen, intuitiven Spielens wird gerne zugunsten der Ansicht verleugnet, daß solche kindliche Aktivität im Zweifel bildungsmäßige Zeitverschwendung sei und daß man die Kinder in dieser Zeit doch lieber, wenn auch spielerisch, bereits die erste Fremdsprache lernen lassen möge. Nun ist nichts dagegen einzuwenden, Kinder schon früh mit einer fremden Sprache in Kontakt zu bringen, doch brauchen Kinder ein hohes Maß an zielloser Freiheit, in der sie ihren Gedanken freien Lauf lassen können, und diese Fähigkeit zum freien Assoziieren ist auch der Kern aller Kreativität, die ihrerseits die Grundlage allen Fortschrittes ist. Lernen muß das Kind im Kindergarten (oder einer vergleichbaren Einrichtung) allerdings soziales Verhalten, also wie man mit anderen umgeht, wie man mit ihnen zusammenarbeitet und was man sich nicht erlauben darf.

Die *Grundschule* hat die unverlierbare Basis alles weiteren Lernens und Lebens zu schaffen. Sie sollte folgende Fächer unterrichten:

- Rechtschreibung und (in der 4. Klasse) einfachste Regeln zu Ausdruck und Stil
- Rechnen (Kopfrechnen und Textaufgaben in den Grundrechenarten)
- Geschichte (wichtigste Ereignisse aus der Geschichte – in dieser Reihenfolge – Deutschlands, Europas und der Welt)
- Gesellschaftskunde (Grundwerte und ihre Umsetzung anhand einfacher Beispiele)
- Sachkunde (anschauliche Themen aus den Gebieten Physik, Chemie, Biologie, Medizin einschließlich Erster Hilfe, Körperkunde einschließlich Ernährung)
- Sport: 1. Gesundheitsförderung und Ausgleich; 2. Talentförderung (bei Neigung)
- Musik (bei Neigung)

– Religion oder Ethik (bei Neigung)

– Kunst (bei Neigung)

Die Fächer sollten wie folgt gewichtet werden: 20% Sport (Gesundheitsförderung und Ausgleich), 20% Schreiben, 20% Rechnen, 20% Sachkunde, 20% Neigung (zwei Fächer nach Wahl). — Nach der Grundschule ist eine Differenzierung der Schultypen sinnvoll, wobei die überkommene Dreiteilung sicherlich nicht die einzige und nicht zwingend die beste Möglichkeit ist. Die *Schultypen* sollten nicht in einem schlichten Besser-schlechter-Verhältnis stehen, sondern auch unterschiedliche Akzente setzen. Ganz zu vermeiden ist eine Qualitätshierarchie allerdings nicht, aber das kann angesichts der unleugbaren Schwankungen menschlicher Intelligenz auch gar nicht anders sein. Man muß sich jedoch bewußt bleiben, daß Intelligenz recht unterschiedliche Formen annehmen kann und daß die Standardkriterien – Erinnerungsvermögen, Schnelligkeit des Kopfrechnens und ähnliches – nicht die einzigen Maßstäbe sind. Die Grenzen zwischen den Schultypen sollten aber durchlässig sein und jederzeit einen Wechsel gestatten.

Schlecht ist, daß für das Schulwesen ausschließlich die Länder die *Gesetzgebung* innehaben. Das geläufige Argument, interner Wettbewerb stärke den Bildungsstandort Deutschland, verfängt nicht, denn soll etwa ein Schüler aus dem Saarland seine Eltern bitten, nach Niedersachsen zu ziehen, weil dort die Schulen besser seien oder seinen Bedürfnissen eher entsprächen? Es gibt auf dem Gebiet des Schulwesens nur ganz geringfügig Wettbewerb, nämlich nur dort, wo die Eltern tatsächlich die Wahl haben, in dieses oder jenes Bundesland zu ziehen und ihr Kind hier oder dort auf die Schule zu schicken. In allen anderen Fällen gibt es keinen Wettbewerb, sondern ein Nebeneinander mehrerer Monopolisten. Da die Schulbildung aber etwas wahrhaft Grundlegendes ist und ein allgemeines Interesse daran besteht, daß die Schulabschlüsse nicht nur nominal vergleichbar sind, wäre es das Beste, der Bund hätte auf dem Gebiet des Schulwesens zumindest hinsichtlich der Lehrpläne Gesetzgebungsbefugnisse. Mindestens müssen sich die Länder so weit als möglich auf einheitliche Standards verständigen. Sonderweg-Koketterie wird auf dem Rücken der Schüler ausgetragen, das heißt auf dem Rücken unserer Jugend und Zukunft.

An den *Universitäten* muß das Erststudium gebühren- und beitragsfrei sein. Sonst besteht die Gefahr, daß sich ärmere Familien ein Studium für ihre Kinder nicht leisten können oder auch nur glauben, hierzu nicht in der Lage zu sein. Dafür sollten sich die

Universitäten bemühen, ihre Studierenden und deren Familien an sich zu binden und zu überobligatorischem Einsatz für die Universität zu ermuntern. Das kann aber nur funktionieren, wenn die Universität einschließlich der Professoren den Studierenden das Gefühl gibt, umsorgt und willkommen zu sein. Hierfür wiederum ist auf seiten der Professoren erforderlich, daß sich ihr Status und vielleicht auch ihre Bezahlung nicht lediglich nach dem richtet, was sie veröffentlichen, sondern auch nach ihren Leistungen für die Studierenden. Die Professorenbesoldung sollte bundesweit einheitlich gehandhabt werden, während die Universitäten in einen Wettbewerb eintreten mögen hinsichtlich der Ausstattung der Lehrstühle. Auch eine Belohnung besonderer Forschungs- oder Lehrleistungen sollte vorrangig über die Ausstattung vorgenommen werden. Die Höhe der persönlichen Bezüge sollte sich grob nach dem richten, was jemand mit vergleichbarer Qualifikation in der freien Wirtschaft durchschnittlich verdient, könnte dahinter aber leicht zurückbleiben, weil die persönlichen Bezüge nur ein Anreiz sein dürfen und der zweite Anreiz in den Forschungsmöglichkeiten bestehen muß, die es an den Universitäten gibt. Ziemlich unsinnig scheint mir das gegenwärtig um sich greifende Zertifizierungswesen zu sein. Wie gut oder schlecht eine Universität ist, muß der Markt entscheiden, das heißt das Urteil der Absolventen und das Urteil der Wirtschaft und anderer Institutionen über die Absolventen.

Der sogenannte *Bologna-Prozeß* ist grundsätzlich in Ordnung. Falsch ist allerdings der Glaube, es ließe sich für jedweden Beruf eine Qualifikation bereits in drei Jahren schaffen. Für einige Berufe muß es daher möglich bleiben, auch den zweiten Universitätsabschluß zu erlangen, das heißt den Master. Das betrifft auch die Juristen. Sie können allerdings, wenn die universitäre Ausbildung fünf Jahre dauert, das Referendariat auf ein Jahr verkürzen. Dann sind freilich auch für die Universitätsjahre praktische Zeiten mit einer Gesamtdauer von etwa einem Jahr vorzusehen. Eine sprachliche Verirrung sind die Bezeichnungen „Bachelor" und „Master". Als Alternativen bieten sich die gewohnten Bezeichnungen Magister und Diplom an.

b) Sicherheit gibt Kraft, und Hoffnungslosigkeit macht faul

Unter dieser Überschrift ist zunächst auf das zu verweisen, was schon im 1. Kapitel unter 2 ausgeführt ist. Erinnert sei namentlich an das Beispiel der amerikanischen Gemeinde Roseto, deren Einwohnern es so lange besser ging als anderen Amerikanern, wie sie die Grundsätze eines solidarischen und nach außen bescheidenen Miteinanders praktizierten, die sie aus ihrer italienischen Heimat mitgebracht hatten, und die in dem Maße an Körper und Seele kränker wurden, wie sie ihre Lebensweise dem allgemeinen american way of life anpaßten, in dem das Prinzip vorherrscht, daß an alle gedacht ist, wenn jeder an sich denkt. Sehr wohl muß auch in der Bundesrepublik des 21. Jahrhunderts die Selbstverantwortung und die Eigenorganisation sozialer Sicherheit im Vordergrund stehen. Daher ist es richtig, daß sich die rot-grüne Bundesregierung mit der Riester-Rente darum bemüht hat, die private Altersvorsorge zu stärken, und daß auch in der gegenwärtigen Regierung Übereinstimmung darüber besteht, die betriebliche und die private Vorsorge auszubauen.

Allerdings macht es schon der demographische Wandel unserer Bevölkerung unmöglich, an dem überkommenen System der Altersversorgung festzuhalten. Dieses System ist zudem mindestens insofern ungerecht, als es deutlich zwischen Renten und Pensionen unterscheidet. Ein erster, wohl unstreitiger Schritt muß dahin gehen, die Lebensarbeitszeit zu verlängern. Dabei ist ein Modell denkbar, das für den Eintritt in die Rente nur eine Altersspanne vorgibt und es dem Bürger freistellt, ob er früher oder später aus dem Erwerbsleben ausscheidet. Als weiterer Schritt ist an eine *steuerfinanzierte Altersversorgung* all jener zu denken, die mit abhängiger Arbeit ihren Lebensunterhalt verdienen. Die Höhe der Versorgung hätte sich nach der Lebensarbeitszeit und der Höhe des Einkommens zu richten. Dabei wäre allerdings eine absolute Obergrenze vorzusehen.

Hinsichtlich der *Arbeitslosenversicherung* sei zunächst die häretische Frage erlaubt, ob man die Bürger tatsächlich zwingen darf, eine solche Versicherung zu haben, und ob man ihnen nicht auch die freie Wahl lassen dürfte, die Beiträge zu sparen und bei Verlust des Arbeitsplatzes auf rasche Neubeschäftigung zu setzen und das Risiko einzugehen, bei dauernder Arbeitslosigkeit Sozialhilfe in Anspruch zu nehmen. Aber gehen wir ruhig davon aus, daß es gesamtgesellschaftlich sinnvoll ist, für abhängig Beschäftigte eine Zwangsversicherung für erhöhte Leistungen bei Arbeitslosigkeit vorzusehen. Dann wäre es mindestens ein bedenkenswerter Vorschlag, diese Versicherung ausschließlich über Beiträge der Arbeitgeber zu finanzieren. Warum? Weil so die Nettolöhne steigen und die Arbeitgeber stärker am gesamtgesellschaftlichen Übel der Arbeitslosigkeit beteiligt werden. Die Höhe der Leistungen hat sich mit Abstrichen am letzten Einkommen zu orientieren, sofern es eine Mindestzeit erzielt worden ist und auch das Arbeitsverhältnis selbst eine Mindestzeit bestanden hat. Die Gesamtdauer der Leistungen hat sich daran auszurichten, wie lange die frühere Beschäftigung Aussichten des Betroffenen meßbar steigert, erneut in Arbeit zu kommen.

Die *Bundesagentur für Arbeit* sollte sich ganz darauf konzentrieren, Arbeitsuchenden eine Fortbildungs-, Bewerbungs- und Vermittlungshilfe anzubieten. Die Vermittlungshilfe ließe sich weitgehend standardisiert und im Internet leisten. Fortbildung und Bewerbungstraining hingegen müssen auch die Form von Unterrichtsveranstaltungen vor Ort haben. Die Kosten müßten je zur Hälfte vom Steuerzahler und von den Arbeitslosen getragen werden, die sich dagegen privat versichern könnten. Daneben hat der Staat selbstverständlich für eine Grundsicherung zu sorgen, und zwar völlig ungeachtet der Vorleistungen und gegenwärtiger Initiativen des Betroffenen. Gerade weil eine solche Grundsicherung aber unabhängig von diesen beiden Faktoren zu sein hätte, müßte sie sich darauf beschränken, ein menschenwürdiges Dasein zu ermöglichen. Diese *Sozialhilfe* muß einen deutlichen Abstand zu jedwedem Arbeitslohn haben. Andererseits ist es als Maßnahme gegen Dumping-Löhne staatlicherseits zulässig, branchenabhängig Mindestlöhne vorzuschreiben, sofern sie gewisse Schwellen nicht übersteigen (sogleich 5 a).

Neben den staatlichen *Unterhaltspflichten* stehen die *familiären*. Anders als im geltenden Recht sollten sie sich aber beschränken auf das Verhältnis von Eheleuten untereinander sowie auf dasjenige von Eltern gegenüber ihren minderjährigen Kindern. Es ist gewiß erstrebenswert und ein schönes Zeichen familiärer Verbundenheit, wenn auch außerhalb dieser engsten Beziehungen sich Familienangehörige materiell unterstützen. Es ist aber nicht sinnvoll, dies von Staats wegen erzwingen zu wollen. Immerhin mag man dazu einen Anreiz schaffen, indem man freiwillige Unterhaltsleistungen – an wen auch immer – steuerlich absetzbar macht.

5. Wirtschaft und Arbeit

Wirtschaft ist die Voraussetzung von Arbeit und Beschäftigung und damit von Lebensqualität. Wirtschaftliche Erträge sind die Voraussetzung jedes Sozialsystems; verteilt werden kann nur, was da ist.

a) Fleiß und Sparsamkeit sind unersetzlich – volkswirtschaftliche Grundüberlegungen

Solange eine Gesellschaft nicht parasitär lebt, wie es Kolonialmächte tun; solange sie nicht davon lebt, Ressourcen zu verkaufen, etwa den Rohstoff Öl oder, in der Antike, den Rohstoff Mensch in Form von Sklaven; und solange sie nicht davon lebt, Ressourcen zu vermieten oder auszustellen, wie es die Touristikbranche tut: solange – und das ist unser deutscher Fall – hängt der Wohlstand einer Gesellschaft davon ab, wie produktiv sie ist bei der Erzeugung von Waren und Dienstleistungen, wie hoch die Nachfrage nach ihren Erzeugnissen ausfällt, wie geschickt, das heißt teuer sie diese Erzeugnisse verkauft oder tauscht und wie sparsam sie die eigene Lebensführung gestaltet. Die Binnennachfrage schafft keinen, und zwar überhaupt keinen gesamtgesellschaftlichen Wertzuwachs, sondern ist gesamtgesellschaftlich wie ein Bäcker, der sich die eigenen Brötchen verkauft. Es findet lediglich eine gesellschaftsinterne Umbuchung statt. Die Binnennachfrage kann wohl, wie jede Nachfrage, die Wirtschaft anheizen, aber sie bewirkt wieder nur eine Umbuchung vom deutschen Verbraucher zum deutschen Unternehmer und wird im Idealfall über die Löhne zurückgebucht oder in Deutschland investiert. Der Wohlstand in Deutschland kann sich nur entweder der Eigenproduktion verdanken – Prototyp Landwirtschaft – oder Geschäften mit dem Ausland, das heißt möglichst billigem Import und möglichst teurem Export. Deutschlands Wirtschaft stützt sich bekanntlich auf diese zweite Variante. Der Export steigert den Wohlstand in Deutschland aber nur, wenn die Gewinne aus ihm auch nach Deutschland fließen. Dies können sie tun im Rahmen des Einkaufes bei deutschen Zulieferern, in Form von Investitionen in deutsche Produktionsstätten und in Form von Lohn an deutsche Arbeitnehmer oder Gewinnausschüttungen an deutsche Anteilseigner.

Bei *rein deutschen Unternehmen* ist die Gewinnallokation vor Ort auf allen diesen Wegen einigermaßen sicher; einzig die Gewinnausschüttung an Anteilseigner mag ins Ausland fließen, soweit dort Anteilseigner wohnen oder ihren Sitz haben (was freilich auch bei mittelständischen Unternehmen zunehmend der Fall ist). Die Lohnhöhe hat bei rein deutschen Unternehmen, die also nur in Deutschland produzieren, lediglich *eine* kritische Grenze, das ist die Rentabilitätsschwelle. Steigen die Löhne so hoch, daß das Unternehmen nicht mehr gewinnbringend produzieren kann, so geht es ein. Unterhalb dieser Rentabilitätsschwelle indes gilt keineswegs die

Regel, daß die Löhne möglichst niedrig sein sollten. Vielmehr geht es dann nur noch um die Aufteilung des Gewinns zwischen Unternehmer und Arbeitnehmer. In dieser Gestaltung sind der Verteilungsgerechtigkeit zuliebe möglichst hohe Löhne zu begrüßen (es sei wiederholt: solange sie innerhalb der Rentabilitätsgrenzen bleiben).

Etwas anders liegt es bei *international tätigen Unternehmen*. Sie haben grundsätzlich die Möglichkeit, weltweit zu produzieren, und können Arbeitsplätze aus Deutschland in andere Länder verlegen. Zwar nicht uneingeschränkt, denn nicht überall gibt es gleich qualifizierte Arbeitnehmer, und manche Arbeitsplätze sind ortsgebunden, vor allem bei den Dienstleistungen (ein internationaler Paketdienst braucht Auslieferer auch in Deutschland und kann sie nicht in ein anderes Land auslagern). Doch die Industrieproduktion kann ein internationales Unternehmen von Deutschland in Länder verschieben, wo die Löhne niedriger sind. Freilich ist die Lohnhöhe nicht das einzige Argument im Rahmen der Standortentscheidung. Auch Infrastruktur, sozialer Friede, Qualifikation und Motivation der Arbeitnehmer, Steuern und Abgaben, Verwaltungsaufwand für Errichtung und Betrieb von Anlagen, Umwelt- und Sicherheitsauflagen und die Transportkosten spielen eine Rolle, die zwischen dem Absatzmarkt und dem prospektiven Produktionsort anfallen. Aber die Löhne sind in dieser Rechnung eine Größe. Es gibt für sie bei internationalen Unternehmen also nicht nur eine Rentabilitätsschwelle, sondern auch eine Abwanderungsschwelle. Sie liegt von Fall zu Fall auf einer anderen Höhe. Es besteht nun ein doppeltes Interesse daran, daß diese Schwelle nicht überschritten wird. Einmal das Interesse an Vollbeschäftigung und damit an Arbeit in Deutschland. Zum zweiten ein volkswirtschaftliches Interesse daran, daß die Gewinne der internationalen Unternehmen nach Deutschland fließen, und das tun sie im wesentlichen in Form von Investitionen in deutsche Produktionsstätten und in Form von Löhnen für deutsche Arbeitnehmer (daneben in Form von Gewinnausschüttungen an deutsche Anteilseigner; doch das schlägt weniger zu Buche und setzt zunächst einmal deutsche Finanzkraft voraus, um den Anteil zu erwerben). Unterhalb der Abwanderungsschwelle hat Deutschland daher ein Interesse daran, die Löhne internationaler Unternehmen in Deutschland bis knapp unter diese Schwelle steigen zu lassen.

Daß diese Schwelle heute niedriger liegt als früher und daher, wie fast täglich zu lesen, Produktionsstätten aus Deutschland verschwinden, liegt vor allem an der Öffnung des Ostens nach der Wende und dem Wohlstandsgefälle, das zu diesen Ländern noch immer besteht, so daß man dort schon mit weniger Lohn einen sozialen Aufstieg erlebt. Daß auf diese Weise die Arbeitnehmer unterschiedlicher Länder gegeneinander ausgespielt werden können, ist die Folge der *Globalisierung des Arbeitsmarktes* ohne eine Globalisierung, das heißt internationale Zusammenarbeit von Arbeitnehmerverbänden. Daher muß es ein Ziel deutscher Arbeitnehmerverbände und der deutschen Sozialdemokratie sein, eine solche Zusammenarbeit herbeizuführen und zu stärken, damit auch global allein die Rentabilitätsschwelle für das Lohnniveau entscheidend ist. Das liegt auch im Interesse der Arbeitnehmer in den anderen Ländern, da es ihnen höhere Löhne verheißt. Sie werden das aber nach aller Voraussicht erst praktizieren, wenn ihre wirtschaftliche Aufholjagd abgeschlossen oder aus anderem Grunde nicht mehr fortzusetzen ist. Darauf hat sich Deutschland einzustellen, so bitter es sein mag. Dies bedeutet, daß die Löhne in weiten Teilen der deutschen Industrie auf mittlere Frist real sinken werden, wenn die Produktion in Deutschland bleiben soll. Und daran, daß sie dies tut, hat Deutschland ein gesamtwirtschaftliches Interesse, das auf der Hand liegt. Es ist daher einigermaßen erschreckend, wenn in Bayern die IG Metall gegenüber einer Traktorenfirma, die ein Werk bauen will, auf einer Wochenarbeitszeit von 35 Stunden (!) besteht, auch wenn dies das Werk und mit ihm rund 150 Arbeitsplätze verhindert und die Investition nach Finnland und Frankreich verdrängt.[97] Es zeigt sich daran auch ein großer Mangel der deutschen Gewerkschaften in unserer Zeit: Sie vertreten ausschließlich die Interessen derer, die Arbeit haben, nicht aber die der fünf Millionen Arbeitslosen. — Über die Abwanderung deutscher Unternehmen in das Ausland sollte sich die Bundesregierung jährlich einen Abwanderungsbericht vorlegen lassen.

Doch sind die Löhne wie gesagt nicht der einzige Standortfaktor. Deutschlands Attraktivität läßt sich auch steigern über eine Senkung der *Unternehmenssteuern* und über eine Vereinfachung, Klärung und Sicherung rechtlicher Erfordernisse. Umwelt- und Sicherheitsstandards hingegen sind nicht verhandelbar, denn die Lebenswelt und das körperliche Wohlergehen der Menschen haben ideellen wie logischen Vorrang vor unserem Industrievolumen. Zu denken ist noch daran, Lohnverluste deutscher Arbeitnehmer

---

[97] Siehe DIE ZEIT vom 2. März 2006, S. 13.

durch staatliche Leistungen auszugleichen. Denn das kann unter dem Strich günstiger sein als die soziale Vollsubvention, die erforderlich wird, wenn der Arbeitnehmer sonst arbeitslos würde. Für Subventionen des Staates an die Wirtschaft gilt Vergleichbares. Sofern sie deutsche Unternehmen international wettbewerbsfähig halten, sind sie noch immer besser, als wenn die Unternehmen eingingen und ihre Beschäftigten in Deutschland voll versorgt werden müßten. Bei international tätigen Unternehmen sind Subventionen an das Unternehmen allerdings nur sinnvoll, wenn sie in Deutschland eingesetzt werden. Sofern man dies nicht verläßlich kontrollieren kann, sollte man die Finger davon lassen.

Für rein inländische Unternehmen – meist im Mittelstand – hat der Staat durch seine Rechtsordnung die Reibungsverluste zu minimieren, die durch die Verwaltung der Unternehmen entstehen. Vorbeugende staatliche Kontrolle durch *Genehmigungserfordernisse* ist auf vitale Interessen zu beschränken (Anlagen- und Arbeitssicherheit), während sich der Staat im übrigen auf Stichprobenkontrollen im nachhinein verlegen sollte. Sie müssen natürlich so dicht und mit solchen Sanktionsdrohungen verbunden sein, daß sie auf seiten der Unternehmen verhaltensleitende Wirkung entfalten. Die Steuer- und Abgabenlast muß zunächst unabhängig von der Rechtsform des Unternehmens sein; das ist mittlerweile auch unstreitig. Sie muß des weiteren durchschaubar und für die Zukunft verläßlich berechenbar sein.

Ein wichtiger Punkt auf der Agenda zugunsten heimischer Unternehmen ist noch der Kampf gegen die *Industriespionage*. Deutschland ist ein entwicklungsfreudiges Land der Patente und in noch höherem Maße nichtpatentierter Ideen (der Gang zum Patentamt hat den Nachteil, die Idee veröffentlichen zu müssen; gegen ihre unlizensierte Verwendung läßt sich dann zwar rechtlich vorgehen, aber das verlangt die Kenntnis von einer solchen Verwendung und Ressourcen – bezahlte Juristen –, die sich nicht jeder leisten will). Solche Ideen sind ein begehrtes Objekt fremder Ausforschungsversuche. Im Zeitalter von Fotohandys und Minifestplatten mit 60 GB und mehr fallen sie so leicht wie nie. Der Profiteur der Spionage erspart sich teure, zunächst unrentable eigene Entwicklungsarbeit und -zeit. Und das deutsche Unternehmen verliert den Vorteil, der oft sein einziger ist, den Innovationsvorsprung. Es sind keineswegs nur europäische Konkurrenten, die Spione nach Deutschland schicken, sondern auch Firmen aus Asien, namentlich China, und dort sogar mit staatlicher Unterstützung. Demgegenüber ist es oft schmerzhaft zu sehen, auf welch leichte Schulter mittelständische und kleine deutsche Unternehmen den Schutz ihrer Betriebsgeheimnisse nehmen. Das muß der deutsche Staat mit Informationen und tatkräftiger Hilfe ändern.

Apropos *China:* Zum Teil sieht die heimische Wirtschaft in diesem Land noch immer einen gigantischen Markt. Das ist ein tragischer Irrtum. China setzt alles daran, nicht zum Importeur hochwertiger, vor allem technisch anspruchsvoller Waren zu werden, sondern solche Waren selbst zu erzeugen und dann günstig auszuführen. Zu diesem Zweck holt sich China zwar ausländische Unternehmen ins Land und läßt sie dort produzieren und verkaufen. Aber nur in Kooperation mit chinesischen Firmen und chinesischem Personal und mit dem einzigen Ziel, das ausländische Engagement möglichst bald überflüssig zu machen. Dies gelingt durch Aneignung des fremden Know-hows, und hierauf und auf nichts anderes hat es China abgesehen, wenn es sich mit europäischen oder amerikanischen Unternehmen einläßt. In den Mitteln ist man dabei nicht wählerisch, und an dieser Stelle komme ich auf die Industriespionage zurück: Die Verwaltungen und Produktionsstätten deutscher Unternehmen sind in China gegenüber Ausforschungs- und Kopieranstrengungen so gefährdet wie sonst nirgendwo auf der Welt. Erfahrungen hat damit zum Beispiel der Hannoveraner Unternehmer und Pipelinebauer Eginhard *Vietz* gemacht.[98] Das chinesische Personal, das er den Forderungen der Behörden gemäß einstellte, kopierte und entwendete systematisch Baupläne und Betriebsgeheimnisse, und selbst chinesische Besucher, die als Delegation eines Großkunden nach Hannover kamen und denen *Vietz* dort eine Woche lang seine Produktionsstätten zeigte, stellten sich zu einem Teil als Mitbewerber heraus, die heute seine Maschinen kopieren. Daher ist der deutschen Wirtschaft groß an die Wand zu schreiben: China ist ein Land, in dem deutsche Innovationen verbrennen. Die Zusammenarbeit mit deutschen Unternehmen hat für Chinesen allein den Zweck, sich deren Fertigungswissen anzueignen – auch mit unlauteren Mitteln. Das einzige, was China importieren will, ist Wissen und Know-how. Die Chinesen betrachten Deutschland sehr wohl als einen Handelspartner für die Zukunft; aber in Form eines Käufers chinesischer Produkte.

---

[98] Siehe etwa den Artikel „Geschäfte – mit dem Messer im Rücken" in der Hannoverschen Allgemeinen vom 19. Oktober 2004, S. 4.

Wo es um die Wirtschaft und Löhne und Gehälter geht, ist auch ein Wort zu den *Manager-Bezügen* zu verlieren, die spätestens mit dem Mannesmann-Fall in den Blickpunkt öffentlicher Aufmerksamkeit geraten sind. In seiner „Kultur der Freiheit" vergleicht *Di Fabio* diese zum Teil schwindelerregenden Bezüge im Einklang mit der Selbstsicht vieler – nicht aller – Betroffener mit dem Einkommen von Fernsehstars und hält allfällige Kritik für unbilligen Sozialneid. Dieses altbekannte sogenannte Superstar-Argument ist allerdings von der Betriebswirtschaftslehre und empirisch längst widerlegt und paßt auch ersichtlich nicht dazu, daß die fraglichen Managerbezüge allenfalls in Teilen und mittelbar an den wirtschaftlichen Erfolg des Unternehmens gebunden sind. Erklären lassen sie sich nur dadurch, daß sich Aufsichtsräte und Vorstände als Passagiere desselben Bootes kein Auge aushacken und niemand sonst den Griff in das Vermögen anderer – der Aktionäre – kontrolliert. Bester Beleg sind Unternehmen mit einem starken, dem Wohl des Unternehmens langfristig zugewandten Großaktionär, bei denen solcher Mißbrauch nicht vorkommt, etwa BMW.[99] Bemerkenswert ist, was im Gegensatz zu *Di Fabio* der Chef der Unternehmensberatung McKinsey äußert, Ian *Davis*. Er weist im letztjährigen Juli-Heft der Zeitschrift *manager magazin* darauf hin, daß sich die Unternehmen bei der Entlohnung ihrer Führungskräfte den Gerechtigkeitsvorstellungen der jeweiligen Gesellschaft anpassen müssen und keine Gehälter zahlen sollten, „die als überzogen empfunden werden". Einschränkend wird man es als zulässig ansehen können, wenn die Gehälter tatsächlich dazu dienen, einen „Superstar" zu gewinnen, der dem Unternehmen zu großem wirtschaftlichem Erfolg verhilft, und wenn dies tatsächlich von einem breiten Willen der eigentlich Betroffenen, der Aktionäre, getragen wird. Das ist aber erst der Fall, wenn im deutschen Aktienrecht Vorkehrungen dafür getroffen werden, daß die wirtschaftliche Größe und der wirtschaftliche Erfolg des Unternehmens tatsächlich über nachvollziehbare Gleichungen Eingang in die Gehaltsberechnungen finden, und wenn die Aktionäre ohne das Kostenrisiko einer Klage auch schon mit kleineren Quoren die Möglichkeit haben, die einschlägigen Entscheidungen des Aufsichtsrates gerichtlich prüfen zu lassen.

---

[99] Siehe *Adams,* Michael, Vorstandsvergütungen – Der Fall Mannesmann und DaimlerChrysler, in: Regulierung, Wettbewerb und Marktwirtschaft: Festschrift für Carl Christian von Weizsäcker (2003) S. 295 ff. Siehe hierzu auch die Studie, die jüngst das *manager magazin* in Auftrag gegeben hat, veröffentlicht im Juli-Heft 2006, S. 32 ff.

Derzeit gibt es in Deutschland allzu viele Manager, die sich wie Superstars fühlen und bezahlen lassen, die aber leider ausweislich der Unternehmensentwicklung keine Superstars sind.

b) Produktivität ohne Menschen: Wo ist die Arbeit?

Tätigkeit ist eine Bedingung von Lebenszufriedenheit (1. Kapitel 2 c). Arbeitslosigkeit ist daher eine Ursache menschlichen Unglücks völlig unabhängig von den materiellen Einbußen, die sie mit sich bringt. Bei einer Arbeitslosigkeit von rund fünf Millionen muß eine Volkspartei eine Partei auch der Arbeitslosen sein. Dies gilt besonders für die SPD, denn sie ist nach ihrer Geschichte und ihrem Selbstverständnis auch in der Gegenwart eine Partei, in der sich gesellschaftlich Benachteiligte zu Hause fühlen können. An diesem Punkt kann sie heute in Konflikt mit ihren historischen Weggefährten, den Gewerkschaften geraten, denn die sind die Anwälte der Arbeitnehmer, doch nicht die der Arbeitslosen.

Ursachen unserer hohen Arbeitslosigkeit sind Maschinisierung, Elektronisierung und Abwanderung. Maschinisierung und Elektronisierung steigern die Produktivität ohne Beschäftigungseffekt. Die Wirtschaft kann wachsen, ohne daß die Zahl der Arbeitnehmer wüchse („jobless growth"). Daher ist es falsch, mit der FDP und anderen zu glauben, Wirtschaftswachstum allein schüfe Arbeitsplätze, und alles, was diesem Wachstum förderlich sei, bekämpfe zugleich die Arbeitslosigkeit. Die Elektronisierung macht die Arbeitsplätze zudem geistig anspruchsvoller. Das verschlechtert die Berufschancen geistig weniger beweglicher Menschen und solcher, deren intellektuelle Anlagen nicht hinreichend durch Erziehung und Bildung entwickelt worden sind. Man sollte bedenken, daß wir in Deutschland nach Schätzungen des Bundesverbandes Alphabetisierung etwa vier Millionen Analphabeten unter den Erwachsenen zählen! Verloren gehen Arbeitsplätze ferner durch Verlegung von Produktionsstätten ins Ausland, siehe oben.

Was sind die *Mittel gegen die Arbeitslosigkeit?* Gegen die Verlagerung von Produktionsstätten hilft nur, den Standort Deutschland anziehender zu machen. Zu den Parametern oben; zu ihnen gehören auch die Löhne. Gegen die Maschinisierung hilft wenig. Man kann das Rad der Zeit nicht zurückdrehen. Allerdings ist es durchaus vertretbar, einer Maschinisierung mit Otto-, Diesel- und vor allem Zweitaktmotoren über Abgaben und in engen Grenzen sogar mit Verboten entgegenzuwirken, denn diese Motoren verschmutzen die Umwelt in hohem Maße und schädigen das Klima. Auch die Gewohnheit, sämtliche Strecken motorisiert zurückzulegen, ist kein göttlicher Wille. Doch läßt sich nur wirksam gegensteuern, wenn entweder die Arbeit billiger würde als der Einsatz von Maschinen oder wenn es andere finanzielle Anreize gäbe zu demaschinisieren oder wenn gesetzliche Verbote den Einsatz (Verkauf) bestimmter Maschinen untersagten.

Im übrigen ist neue Arbeit wohl nur im Dienstleistungssektor zu schaffen. Zum Teil entsteht sie von allein, und zwar in der Pflege; denn die Menschen werden immer älter und damit immer häufiger auch pflegebedürftig. Zu einem anderen Teil ist die Arbeit erzeugbar. Dies kann durch Anreize geschehen: Wenn der Staat die Kosten für Haushaltshilfen und Kinderbetreuung übernimmt, um Doppelverdienern die Entscheidung für Kinder zu erleichtern, so vergrößert dies die Nachfrage nach solchen Dienstleistungen. Es kann aber auch durch Zwang geschehen in Form rechtlicher Vorgaben: Wenn es, wie geschehen, verboten wird, Autos auf der Straße zu waschen, dann vergrößert das die Nachfrage nach professionellen Autowäschern. Volkswirtschaftlich positiv wirken sich Arbeitsplätze im Dienstleistungssektor jedoch nur aus, soweit die Leistungen direkt oder indirekt vom Ausland bezahlt werden, denn im übrigen handelt es sich wieder nur um eine gesellschaftsinterne Umbuchung.

Lebenszufriedenheit hängt auch davon ab, wieviel Selbstbestimmung dem einzelnen zugestanden ist. In der Arbeitswelt setzt sich die Selbstbestimmung in den Betrieben als *Mitbestimmung* der Arbeitnehmer fort. Das deutsche Mitbestimmungsmodell hat sich dafür bewährt und entgegen den Vorhersagen konservativer Arbeitgeber bei seiner Einführung nicht zum Untergang des Abendlandes geführt. Es gibt keinen Grund, an ihm prinzipiell zu rütteln. Allenfalls ließe sich überlegen, wie man das Interesse der Beschäftigten an hohen Gewinnen und langfristiger Rentabilität des Unternehmens weiter stärken kann, indem man sie in höherem Maße daran wirtschaftlich beteiligt. Auch den *Kündigungsschutz*, den es noch gibt, gilt es zu erhalten. Dabei ist zu bedenken, daß dieser Kündigungsschutz in der Privatwirtschaft keineswegs den Arbeitnehmer, wenn er nur einmal eingestellt ist, dauerhaft in den Betrieb zementiert, so daß er sich von nun an alles erlauben könnte. Vielmehr sind Probezeiten zu absolvieren und befristete Einstellungen möglich und ist mit ihnen insgesamt genug Beweglichkeit der Unternehmen gesichert. Die Vorstöße der Arbeitgeber in die Richtung, den Kündigungsschutz aufzuheben, sind eher als irrationalklimatische Nadelstiche gegen den Arbeitnehmer- und Gewerkschaftsstolz zu werten. Allerdings sollten beide Seiten bedenken, daß kein Kündigungsschutz auf Dauer Arbeitsplätze erhält oder vernichtet. Er kann lediglich einen Rückgang der Beschäftigung, der andere Ursachen hat, leicht verzögern.

Apropos *Gewerkschaften*. Sie sind alte Weggefährten der Sozialdemokratie, haben sich aber leider weit weniger an die Veränderungen der Arbeitswelt und der Welt insgesamt angepaßt und agieren zunehmend anachronistisch. Ihnen schwinden die Mitglieder, sie schrumpfen sich zu immer neuen Sammelgewerkschaften zusammen, und sie haben keinen Kontakt zu den Arbeitnehmern, die der Industrie außerhalb Deutschlands billig zur Verfügung stehen. Ihre Forderungen richten sich nach dem maximalen Eigeninteresse der eigenen, beschäftigten Mitglieder aus; die fünf Millionen Arbeitslosen interessieren sie nicht.

Dem Schwinden ihres Einflusses entspricht ein Schwinden der Bedeutung der *Tarifverträge*. Immer mehr Beschäftigte werden außertariflich bezahlt. Auch auf der Seite der Arbeitgeber schwindet die Bedeutung der Verbände und suchen immer mehr Arbeitgeber einzelbetriebliche Lohnlösungen. Diese Entwicklung hat den Nachteil, daß Transparenz und Arbeitsgerechtigkeit abnehmen. Der Arbeitnehmer weiß nicht mehr, ob er vergleichsweise gut oder schlecht bezahlt wird; er kann sich nicht darauf verlassen, für gleiche Arbeit auch gleiches Geld wie andernorts zu bekommen. Auch führt die Dezentralisierung des Tarifkonflikts dazu, daß in jedem Betrieb gestritten und gegebenenfalls sogar – wenn auch rechtswidrig – gestreikt wird. Auch auf seiten der Arbeitgeber ist eine Verbandsflucht zu beobachten; die Arbeitgeberverbände verlieren kontinuierlich Mitglieder. In Verbindung damit, daß auch die Zahl der Tarifverträge mit Öffnungsklauseln zugunsten von Betriebsvereinbarungen steigt, wird der Arbeitsmarkt dadurch immer unübersichtlicher. Der Lebenszufriedenheit und der Leistungsfreude der Arbeitnehmer ist das aufs ganze gesehen abträglich.

Als Gegenmittel käme in Betracht, Tarifverträge häufiger für allgemeinverbindlich zu erklären. Hierzu müßten der Bundesarbeitsminister und der Tarifausschuß zusammenwirken, der mit Vertretern von Gewerkschaften und Arbeitgeberverbänden zu gleichen Teilen (paritätisch) besetzt ist. Zudem müßten in dem Geltungsbereich des Tarifvertrages die tarifgebundenen Arbeitgeber mindestens die Hälfte der branchenzugehörigen Arbeitnehmer beschäftigen, und die Allgemeinverbindlicherklärung müßte im öffentlichen

157

Interesse liegen. Hinsichtlich dieses zweiten Punktes besteht offenbar ein recht großer Ermessensspielraum, den man großzügiger zugunsten der Allgemeinverbindlichkeit nutzen könnte. Doch wäre dies eine Bevormundung der Sozialpartner, die den Umständen des betrieblichen Einzelfalls nicht hinreichend Rechnung tragen und so kaum zu bedarfsgerechten Lösungen führen kann. Die Gesetze des Marktes müssen über Arbeit und Entgelt entscheiden, und nur wo sich Arbeitgeber und Arbeitnehmer freiwillig zu Verbänden zusammenschließen, sind Kollektivregelungen marktgerecht. Statt Tarifverträge aufzuzwingen, sollte der Staat versuchen, für Transparenz zu sorgen. So ist an eine Pflicht sämtlicher Betriebe zu denken, die Hauptinhalte ihrer Arbeitsverhältnisse dem Bundesarbeitsministerium zu melden, das daraus dann für einzelne Regionen eine arbeitsmarktmäßige Parallele zum örtlichen Mietspiegel erstellen könnte; man mag sie „Tarifspiegel" nennen. Mit Hilfe eines solchen Tarifspiegels wären sowohl die Arbeitgeber als auch die Arbeitnehmer bei ihren Gesprächen über den Inhalt einzelner Arbeitsverhältnisse im Bilde darüber, was in ihrer Region das Übliche für diesen Inhalt ist und welche Bandbreite vorkommt, beides natürlich vor allem hinsichtlich der Arbeitszeit und des Entgelts. Die Tarifspiegel müßten im Internet einsehbar sein und ständig aktualisiert werden.

6. Finanzen und Steuern

a) Die Steuererklärung als Wahlzettel: unmittelbare Demokratie durch zweckbestimmte Abgabenleistung

In einem körperschaftlichen Konzept des Gemeinwesens geht es bei den Steuern um die *Verwendung eigener Mittel*. Überflüssig zu betonen, daß sie dann höchstes Augenmerk verdienen. Unser Steuersystem krankt daran, daß in ihm eine körperschaftliche Vorstellung vom Gemeinwesen keinen Niederschlag gefunden hat. Die Steuern sind anonyme Zahlungen ins Nichts, für die es keine psychologisch wirksamen Rückkoppelungen an staatliche Leistungen gibt. Folgen sind Steuerunehrlichkeit und Steuerunzufriedenheit: Man findet wenig dabei, den Staat um rechtmäßig ihm gebührende Steuern zu bringen. Im Gegenteil sind Schein- und Umgehungshandlungen ein ausgesprochener Volkssport geworden, bei dem sich die Steuerhinterziehung, das heißt ein Straftatbestand, vom „ganz legalen Steuertrick" in der Wahrnehmung des Steuerzahlers allein darin unterscheidet, daß man ihrethalben lästigerweise mit

Ungemach zu rechnen hat. Hiergegen ließe sich mit einem doppelten Paradigmenwechsel angehen. Das erste ist ein Wechsel von der Zweckfreiheit der Steuerleistung hin zu deren Zweckbestimmung durch den Steuerpflichtigen. Das zweite ist ein Wechsel von der Pflicht, Steuern in Geld zu leisten, hin zu der Befugnis, die Geldzahlung durch eine andere wirtschaftlich werthaltige Leistung zu ersetzen. Beides wäre ein fundamentaler Bruch mit Bestehendem, aber doch ein Gedankenspiel, das einige Ausführungen lohnt.

Beim Paradigmenwechsel zur *Zweckbestimmung* geht es darum, dem Steuerpflichtigen in gewissen Grenzen die Festlegung zu gestatten, wofür seine Zahlungen Verwendung finden. Natürlich kann man ihm nicht erlauben, einzelne Projekte anzugeben. Aber es müßte möglich sein, daß der Steuerpflichtige bestimmt, welche Ministerien (Ressorts) welchen Anteil seiner Steuern erhalten sollen. Allerdings wird man nicht den gesamten Steuerbetrag zur Verteilung freigeben können, sondern sich auf einen bestimmten Bruchteil beschränken müssen, zum Beispiel auf ein Viertel; ein Wert, der nach einer Versuchsphase erhöht werden könnte, vielleicht aber auch verringert werden müßte. Außerdem müßte die Planungssicherheit für den Haushalt dadurch gewährleistet sein, daß die Zweckbestimmung mit einem Vorlauf von zwei Jahren vorzunehmen wäre. Auch diese Größe unterläge späterer Revision. Eine solche bürgerschaftliche Zweckbestimmung für die Steuern wäre eine neue Art unmittelbarer Demokratie mit einem mittelbaren Einschlag insofern, als nicht festgelegt würde, wofür genau die zugeteilten Gelder der Ressorts Verwendung fänden. Der Bürger hätte den Vorteil, mit seiner Steuerzahlung persönliche Akzente setzen zu können und auf diese Weise zum Ausdruck zu bringen, was ihm wichtig ist. Er dürfte auch das Gefühl haben, stärker auf die Geschicke seines Gemeinwesens einwirken zu können. Das Parlament verlöre dadurch einen Teil seiner Macht, weil nur noch drei Viertel oder weniger des Steueraufkommens vom Parlament auf die Ressorts verteilt werden könnten. Doch wögen die Vorteile unmittelbarer Mitbestimmung der Bürger diesen beschränkten Machtverlust seiner Abgeordneten auf.

Ebenfalls in der Steuerpsychologie setzt die Überlegung an, Steuerzahlern ab einer gewissen Höhe ihrer Steuerleistungen die Befugnis einzuräumen, daß sie die Geldzahlungen mit einer *Leistung in Natur* ersetzen. Sie könnte etwa darin bestehen, Einrichtungen, Anlagen und Sachmittel zur Verfügung zu stellen oder zu beschaffen. Dabei dürfte der Steuerzahler seinen Namen herausstellen. Zum Beispiel könnte ein prominenter Sportler dann, statt Millionen ans Finanzamt zu überweisen, eine Schule mit seinem Namen errichten. Oder er baut ein Kinderheim oder eine Brücke oder finanziert und organisiert einen Jugendaustausch oder oder oder. Hintergedanke dieser Anregung ist das Streben des Menschen nach gesellschaftlicher Anerkennung (1. Kapitel 1 b). Viele Reiche, die vor dem deutschen Fiskus flüchten, könnten sich wohl mit dem Gedanken ins Benehmen setzen, umfangreiche materielle Leistungen für Deutschland zu erbringen. Sie möchten nur, daß diese Leistungen bekannt und gebührend gewürdigt werden. Das sollte man nicht belächeln, denn in unseren kleineren Maßstäben verhalten wir uns genauso. Es ist auch der Wunsch legitim, für besondere Leistungen besonderer Anerkennung teilhaftig zu werden. In diesem Gedankenspiel einer steuerlichen Ersetzungsbefugnis ist noch vieles Verhandlungssache: die Höhe des Steueranspruchs, ab der eine Ersetzungsbefugnis zu verleihen wäre, die Alternativen, auf die sich der Fiskus einzulassen hätten; die Möglichkeit, daß sich mehrere Steuerpflichtige zusammentun, wenn sie für sich genommen nicht den Schwellenwert für die Ersetzungsbefugnis erreichen, und einiges mehr.

Es hat keinen Sinn, darüber zu schimpfen, daß viele wohlhabende Bundesbürger ihren Wohnsitz in das Ausland verlegen, um deutsche Steuern zu sparen. Denn erstens sind solche Beschimpfungen nicht geeignet, bei ihnen einen Sinneswandel zu bewirken, und zweitens gebietet die Ehrlichkeit gegenüber sich selbst einzugestehen, daß man an ihrer Stelle leicht in die Versuchung geriete, ein gleiches zu tun. Der Mensch lebt von Liebe und Anerkennung, sei es von seiten seiner Mitmenschen oder von seiten eines göttlichen Wesens, und nur um ihretwillen ist er bereit, Großes zu leisten. Daher trägt unser Steuersystem die Ursache dessen, daß man ihm zu entkommen trachtet, in sich, indem es dazu verpflichtet, im Schweiße des eigenen Angesichts Erarbeitetes namenlos zu verpulvern; nichts anderes ist aus der Sicht des einzelnen die Steuerzahlung an den Staat. Hingegen dokumentieren gerade besonders wohlhabende Menschen und Superreiche sehr entgegen gängigem Klischee einen überaus entwickelten Gemeinsinn, indem sie ihr Vermögen in beachtlichem Umfang gemeinnützig und wohltätig einsetzen. Ein leuchtendes Manifest hierfür – wenn auch ein paternalistisch-naives – hat 1889 der amerikanische Eisenbahn-Milliardär

Andrew *Carnegie* verfaßt.[100] In Deutschland folgen seinem Beispiel auch heute eine lange Reihe geldschwerer Unternehmer, die von ihrem Engagement eher zu wenig als zu viel Aufhebens machen. Und deswegen spricht einiges dafür, daß sich die Steuermoral gerade wohlhabender Bürger verbessern ließe, wenn sie die Möglichkeit hätten, ihre Steuerschuld mit einzelnen gemeinnützigen Projekten zu begleichen, die ihren Namen tragen dürften.

b) Mit Steuern steuern. Die Steuer als Lenkungsinstrument

Unser Steuersystem ist zwar nach unstreitigem und zutreffendem Urteil zu kompliziert, doch sollten alle Bemühungen darum, es zu vereinfachen, nicht die Möglichkeit schmälern, das Steuerrecht als Lenkungsinstrument einzusetzen, das heißt als ein Mittel, Anliegen der Regierung auf anderem Wege als durch gesetzliche Ge- und Verbote umzusetzen. Auch ein ganz simples Steuersystem erlaubt es nämlich, zwischen erwünschten und weniger erwünschten Einnahmen und Ausgaben zu unterscheiden. Selbst in einem gedachten System, in dem es nur eine Steuerart gäbe, zum Beispiel die Einkommensteuer, und in dem auch nur eine Steuerklasse existierte, also keine Progression in Abhängigkeit der Höhe des Einkommens stattfände, ließe sich leicht mit drei Steuersätzen zwischen solchem Einkommen unterscheiden, das dem Staat einerlei wäre, solchem, das er mißbilligte, und schließlich solchem, das er als besonders erwünscht erachtete; ein Beispiel für neutrales Einkommen wäre Arbeitslohn, eines für mißbilligtes Einkommen Erlöse aus gesetzeswidrigen Geschäften (Waffenhandel und ähnliches) und eines für erwünschtes Einkommen Entgelt für Tätigkeit im öffentlichen Interesse, etwa für die Pflege alter Menschen. Bei den gegenzurechnenden Ausgaben könnte man entsprechend zwischen solchen Ausgaben unterscheiden, die in Ansatz gebracht werden dürften, und solchen, bei denen dies nicht der Fall wäre. Das steuerrechtliche Regelwerk könnte durch solche Unterscheidungen zwar auch einen gewissen Umfang gewinnen. Es bestände insoweit jedoch nicht aus einer Fülle verschachtelter Normen, sondern schlicht aus längeren Listen, in denen man spätestens am Computer rasch ein Stichwort mit der Suchfunktion ausfindig machen könnte.

Eine Lenkungsfunktion hat bei der Einkommensteuer auch das sogenannte *Ehegattensplitting* (Einkommensteilung nach Ehegatten). Es begünstigt die Ehe steuerlich gegenüber nichtehelichen

---

[100] Abgedruckt in *Cicero* 05/2006 S. 105 ff.

Formen des Zusammenlebens, schafft also einen Anreiz zu heiraten. Dies indes ungeachtet etwaiger Kinder, die aus der Verbindung hervorgehen. Die Einkommensteilung findet also auch zugunsten kinderloser Ehen statt, während nichteheliche Formen des Zusammenlebens auch dann ohne diese Vergünstigung bleiben, wenn die Partner Kinder haben. Um das zu ändern und einen Anreiz fürs Kinder-Haben zu schaffen, hat man den Vorschlag gemacht, die Einkommensteilung nach Ehegatten zu ersetzen durch eine Einkommensteilung nach Kindern. Von konservativer Seite ist der Ansatz sogleich wieder unsanft beerdigt worden, weil man in ihm einen Angriff auf die heilige Institution der Ehe gesehen hat. Das ist zwar unzutreffend, aber halb so schlimm, da die sachgerechte Lösung ein dritter Weg sein dürfte, den Robert *Leicht* jüngst in der ZEIT vorgestellt hat.[101] Dieser Weg besteht in einer Einkommensteilung nach den Mitgliedern einer häuslichen Gemeinschaft. Solche Mitglieder können Ehegatten sein, aber auch Kinder und gegebenenfalls deren nichtverheiratete Eltern. Gefördert werden auf diese Weise der Zusammenschluß zu und das Bilden von häuslichen Gemeinschaften; zugleich werden Kinderhaushalte steuerlich entlastet.

Auch bei den *indirekten Steuern* darf sich der Staat nicht seiner Möglichkeiten begeben, über die Steuersätze und -tatbestände Verhaltensanreize zu schaffen. Denn solche steuerlichen Anreize sind erfahrungsgemäß viel wirkungsvoller — jedenfalls wenn Steuerhinterziehung riskant ist — als plumpe gesetzliche Handlungsanweisungen. Beispiele liefern die steuerliche Begünstigung des Katalysators einerseits und die Erhöhung der Mineralölsteuer andererseits, bei der es nicht, wie der ADAC meint, darum geht, „die Autofahrer" (wer ist das nicht?) zu diskriminieren, sondern darum, eine bestimmte Antriebstechnik zurückzudrängen, nämlich den Otto- und den Dieselmotor. Dieses Beispiel zeigt zugleich, wie man steuerlich noch konsequenter sein könnte, und zwar müßte sich die Kfz-Steuer ausschließlich nach dem bemessen, was uns an jener Antriebstechnik stört, das ist der Schadstoffausstoß. Der Steuersatz müßte sich folglich errechnen aufgrund zweier Faktoren: dem Anteil der Schadstoffe an einem Liter Abgas (hauptsächlich Schwefeldioxid, Stickstoff, Ruß) und dem Durchschnittsverbrauch des Fahrzeugs. Denn das Produkt dieser beiden Faktoren ergibt die Umweltbelastung, die das Fahrzeug verursacht. Auch für ein sol-

---

[101] Siehe DIE ZEIT vom 22. Juni 2006, S. 1.

ches Modell bestände kein Anlaß, Überkomplexität zu fürchten. Denn selbst wenn die Formel zur Berechnung des Steuersatzes mathematisch komplex wäre, so bliebe das Ergebnis doch abhängig von lediglich zwei Faktoren und stände wie ein anderes wichtiges technisches Datum in den Fahrzeugpapieren. Schließlich weiß auch kaum jemand, wie man einen Hubraum berechnet, und doch wissen die meisten, wie groß der Hubraum ihres Fahrzeugs ist. — Eine weitere Rechtfertigung indirekter Steuern als Lenkungsmittel besteht in der Möglichkeit, ihre Erträge so zu verwenden, daß sie die unerwünschten Folgen des besteuerten Verhaltens beseitigen oder mildern. Zum Beispiel lassen sich die Einnahmen aus der Tabaksteuer für die Bekämpfung von Lungenkrebs verwenden. Allerdings sieht unser Steuersystem auch solche Zweckbindungen bislang nicht vor. Soweit Politiker damit Steuern rechtfertigen, kann die zweckgebundene Verwendung lediglich Inhalt einer Absichtserklärung sein, deren Vollzug im Landes- oder Bundeshaushalt schwer zu prüfen ist. Auch in diesem Punkt sollte sich das System ändern, um glaubwürdiger zu werden.

Der Glaubwürdigkeit des Systems diente es auch, wenn der Staat gehalten wäre, über die Verwendung der Steuern permanent, detailliert und öffentlich Rechenschaft zu geben. Auch eine solche öffentliche Dauerbilanzierung könnte gut im Internet stattfinden. Das wäre ein wertvoller Beitrag zur Durchsichtigkeit (Transparenz) und Übersichtlichkeit staatlichen Haushaltens und Wirtschaftens. Ihr Gegner sind die von der Regierung Kohl umfangreich begründeten Neben- und Schattenhaushalte für Sondervermögen des Bundes, die den wahren Zustand der Staatsfinanzen verschleiern. Sie sind zu vermeiden beziehungsweise aufzulösen und in den einen umfassenden Bundeshaushalt zu überführen.

c) Der Bierdeckel als Bierdeckel, oder: Was das New Yorker Telefonbuch mit unserem Steuersystem zu tun hat

Es ist wohl die älteste Klage über das deutsche Steuersystem, daß es zu kompliziert sei. Daher bringen Politiker, Ökonomen und Juristen in regelmäßigen Abständen die Forderung vor, es zu vereinfachen. Im letzten Wahlkampf haben sie sich mit ihren Vorschlägen wechselseitig überboten; am eindrücklichsten dürfte das Projekt von Friedrich *Merz* in Erinnerung bleiben, daß die gewöhnliche Steuererklärung auf einem Bierdeckel Platz finden müsse. Nun steht außer Frage, daß unser Steuersystem übersichtlicher und berechenbarer werden muß. Eine Einfachheit in diesem Sinne ist aber nicht notwendig die Primitivität, die im Bierdeckel-Modell erforderlich wird. Es ist nämlich nicht die Menge der verarbeiteten Daten entscheidend und nicht einmal die Menge der anzuwendenden Normen. Entscheidend ist allein die Transparenz der Datenverarbeitung und Normanwendung. Nehmen wir als Beispiel das New Yorker Telefonbuch. Es enthält mehrere Millionen Daten und auch mehrere Millionen Normen, da jeder Eintrag eine kleine Norm ist: wenn (Tatbestand) dieser Name, dann (Rechtsfolge) diese Nummer. Gleichwohl ist das New Yorker Telefonbuch übersichtlich, denn sein Inhalt ist nach einer äußerst transparenten, eingängigen Regel geordnet: dem Alphabet. Und so wäre es beispielsweise der Übersichtlichkeit eines Steuersystems nicht abträglich, wenn es zwischen tausend Arten von Ausgaben unterschiede, sofern es dies anhand des schlichten Kriteriums täte, ob diese Ausgaben von der Einkommensteuer abgezogen werden dürften oder nicht. Verworren und schlecht wird ein Steuersystem erst, wenn zahlreiche Regeln und Ausnahmen ineinander geschachtelt sind, wenn die einzelnen Regeln unklar formuliert werden und das Verhältnis einzelner Regeln zueinander unklar bleibt (Vorrang der einen – welcher? – Regel in welchen Fällen? Kumulative Geltung?). Wenn aber die Prinzipien und die Grundbegriffe eines Steuersystems überschaubar und verläßlich sind, werden die Steuererklärungen automatisch kürzer. Auf Bierdeckeln sollten aber auch in Zukunft lediglich Strichlisten für die bestellten Getränke geführt werden.

d) Steuern und Finanzen in der Globalisierung

Die größte Freizügigkeit genießt heute nicht der Mensch, sondern das Kapital. Die Wege, auf denen es dies tut, sind gleichfalls weniger und schlechter kontrolliert als die, auf denen Menschen reisen. Auch das Verhältnis der Währungen zueinander, das heißt ihre Wechselkurse, steckt heute voller Unwägbarkeiten; anders als dies noch bis Anfang der siebziger Jahre der Fall war mit dem System von Bretton Woods, seinen festen Wechselkursen und der Konvertierbarkeit von Devisen in Gold. Bretton Woods ist bis auf weiteres Geschichte. Dennoch wird man behaupten dürfen, daß für die Stabilität und ein gesundes Wachstum der Weltwirtschaft ein Mehr an Berechenbarkeit in den Währungskursen stets besser ist als ein Weniger. Haupteffekte freier, dem reinen Markt anheimgestellter Wechselkurse sind die Versuchung für eine Regierung, die eigene Währung schuldentilgend und exportfördernd abzuwerten, und die Versuchung für Banken und andere Finanzjongleure, auf die Ent-

wicklung der Wechselkurse mit dem Geld ihrer Kunden zu speku-
lieren; im Fall der Londoner Barings-Bank und ihres Investment-
bankers Nick Leeson bis zum Ruin der Bank, das war 1995 (Leeson
hatte freilich nicht hauptsächlich auf Wechselkurse spekuliert, sondern auf andere Kurs- und Zinsentwicklungen; unter seinen Käufen
war aber auch ein Euro-Yen-Future, und in dem wesentlichen
Punkt stehen sich Währungs- und sonstige Derivate gleich: Sie sind
Spekulationsobjekte). Daher muß die europäische und damit auch
die deutsche Außenpolitik bestrebt sein, für Stetigkeit, jedenfalls für
möglichst große Berechenbarkeit zu sorgen im Verhältnis des Eu-
ros zu anderen Währungen, insbesondere zum Dollar, zum Yen,
zum chinesischen Yuan und zur indischen Rupie. Die beste Möglichkeit wäre der Zusammenschluß zu einem System fester Wechselkurse nach dem Vorbild von Bretton Woods oder auch dem des
EWS (Europäisches Währungssystem), dem Vorläufer der einheitlichen europäischen Euro-Währung. Denkbar schienen mir aber
auch bi- oder multilaterale Abkommen mit wechselseitigen Inter-
ventionspflichten, das heißt den Pflichten, Devisen oder eigene
Währung zu kaufen oder zu verkaufen, wenn die Kurse bestimmte
Schwellen über- oder unterschreiten.

Ebenso erstrebenswert, aber noch schwieriger zu erreichen wären international angeglichene Steuersätze, vor allem für die Unter-
nehmenssteuer(n). Unternehmen sollen ihre Standorte nicht danach
wählen, wo sie dem Gemeinwesen die geringsten Beiträge zu leisten
haben, sondern danach, wo sie die besten Arbeitskräfte finden, die
beste Infrastruktur und stabile gesellschaftliche Verhältnisse. Das
muß jedenfalls die Sicht der Deutschen sein. Die Europäische Union bietet auch einen brauchbaren Rahmen, um immerhin in Europa ein Steuerdumping zu vermeiden. Ihn auszufüllen, sollte ein Teil
der deutschen Europapolitik sein. — Wessen es indes noch nicht
bedarf, ist eine Steuer, die von der Europäischen Union unmittelbar
vereinnahmt wird. In dem Maße, wie die Union weitere Staatlichkeit gewinnt, ist eine solche Steuer gewiß diskussionswürdig, und
daß die Vereinigten Staaten von Europa sie erheben können müßten, steht außer Frage. Aber noch ist es nicht so weit und verfügen
die europäischen Institutionen nicht über die demokratische Legi-
timation, die ein eigenes Steuerrecht voraussetzt. — Für eine europäische Zentralisierung hat sich die wirtschafts- und finanzpoliti-
sche Vernunft hingegen wieder auszusprechen, wo es um die Orga-
nisation der Kapitalmärkte geht. In den Tagen, in denen ich diese
Sätze schreibe, bemüht sich die Deutsche Börse weiter um einen

Zusammenschluß mit ihrem Wettbewerber Euronext. Ob er aber zustande kommt oder nicht, das Fernziel bleibt eine einzige gesamteuropäische Börse als deckungsgenaue kapitalmarktmäßige Ergänzung des Euro-Währungsraumes. Zwischenziel könnte ein einheitlicher kontinentaleuropäischer Handelsplatz sein als Gegengewicht zur Londoner Börse.

7. Innere Sicherheit

Die innere Sicherheit ist ein Thema, das traditionell von Konservativen „besetzt" wird, denen dazu allerdings kaum mehr einfällt als ein amerikanisiertes Law-and-order-Modell mit den Schlagworten „Null Toleranz", hartes Durchgreifen, kurzer Prozeß. Kriminalität ist in diesem Modell etwas, das jeder Mensch in gleichem Maße tun und lassen kann und zu dem jeder Mensch im gleichen Maße Anreize empfängt und Hemmungen entwickelt. Auch die Freien Demokraten und die Sozialdemokraten versuchen, mit dem Law-and-order-Modell beim Wähler zu punkten und die konservativen Parteien am besten noch an Rigorosität zu überbieten, nachdem sie Ende der sechziger Jahre und in der sozial-liberalen Koalition zeitweise auch Abwandlungen dieses Modells vertreten und umgesetzt hatten. Es scheint ihnen die Angst im Nacken zu sitzen, beim Wähler als verweichlichte Freunde der Kriminellen zu gelten oder verleumdet zu werden; was denn auch eine beliebte rhetorische Praxis konservativer Politiker ist. Und so unterscheiden sich heute die Angebote der Parteien zur inneren Sicherheit nicht mehr wesentlich. Selbst mit den Grünen lassen sich Verschärfungen des Strafrechts ohne weiteres machen, jedenfalls wenn sie sich gegen Beschuldigte und Täter solcher Delikte richten, deren Opfer die Grünen als wichtige Gruppen ihrer Klientel betrachten dürfen (Delikte gegen die sexuelle Selbstbestimmung, ausländerfeindliche Delikte). In den „Leitsätzen" des SPD-Vorstands für die Diskussion eines neuen Grundsatzprogramms der Partei findet sich das Thema innere Sicherheit auf folgenden Punkt gebracht: „Wir sind hart gegen die Kriminalität und hart gegen ihre Ursachen." Das könnte auch im Grundsatzprogramm der CSU stehen – oder in dem der DVU oder NPD.

Das Bedauerlichste daran ist nicht das verzweifelte Schwimmen und haltlose Treiben im kriminalpolitischen Strom des rechten politischen Spektrums, auch wenn dies bereits für sich genommen ein trauriger Befund ist. Das Bedauerlichste ist die Wirkungslosigkeit und Kontraproduktivität solcher Kriminalpolitik, und zwar die

Wirkungslosigkeit und Kontraproduktivität mit Blick auf das Ziel, die Kriminalität zu verringern und die innere Sicherheit zu erhöhen. Fraglos muß es möglich sein, Verbrechen angemessen zu bestrafen und Verbrecher mit vertretbarem Aufwand dingfest zu machen. Doch zum ersten können diesen Zielen nicht sämtliche anderen Werte, etwa die Unversehrtheit Unschuldiger, untergeordnet werden. Zum zweiten ist es innerhalb gewisser Grenzen bereits eine Frage der Kriminalpolitik, was eine Straftat ist und was nicht; man denke etwa an den Vorschlag, heimliche Vaterschaftstests strafbar zu machen. Drittens sind das Ergreifen und Bestrafen eines Täters keine ausreichenden Mittel, um künftiger Kriminalität vorzubeugen. Und viertens sind die klassischen Komponenten des Law-and-Order-Modells hierzu ebenfalls nur bedingt tauglich oder untauglich: das Schaffen neuer Straftatbestände, das Ausweiten bestehender Straftatbestände, das Erhöhen der Strafdrohungen, das Verkürzen der prozessualen Rechte des Beschuldigten und das Erweitern von Eingriffsbefugnissen der Strafverfolgungsbehörden.

a) Größte Ruhe und tiefster Friede – das Arkadien des Friedhofs

Wenn auch jede Straftat, die geschieht, eine Straftat zuviel ist, so bleibt es doch eine Grunderkenntnis, daß Kriminalität zu einer Gesellschaft gehört wie Krankheiten zum menschlichen Körper. Der Wahn, es könnte kriminalitätsfreie Gesellschaften geben, und in der Vergangenheit sei man diesem Ideal auch denkbar nahe gekommen, im wilhelminischen Kaiserreich oder in einem anderen vermeintlichen Idyll unserer Geschichte, dieser Wahn hat seine Ursache in der Neigung des Menschen, selektiv wahrzunehmen, selektiv zu erinnern und normativ zu denken; näher im 2. Kapitel unter 1 a und b. Vor allem die Jugend ist eine Phase des menschlichen Lebens, die von dem Bedürfnis gekennzeichnet ist, Regeln zu übertreten und dem Rest der Welt zu zeigen, wie stark und frei man ist, mit einem kräftigen Schuß Übermut. Später und in der Rückschau wird das dann gerne für die eigene Person zu köstlichen Räuberpistolen, Streichen und Abenteuern verklärt; nicht selten in Verbindung mit maximaler Unduldsamkeit gegenüber dem Fehlverhalten der zeitgenössischen Jugend, deren Werte offenbar verfallen sind. Gewisse Formen jugendlicher Kriminalität können sogar gesamtgesellschaftlich erwünscht sein, und zwar insoweit sie Ausdruck sind eines Aufbegehrens gegen Bestehendes und überschüssiger Energien, denn diese Faktoren können, in andere Bahnen gelenkt, fruchtbar und hilfreich sein. Zugespitzt: Vom Computerkriminellen zum Programmier-Genie ist es manchmal nur ein kleiner Schritt.

Doch selbst die denkbar unproduktivste und platteste Jugendkriminalität, etwa als Ladendiebstahl, ist in den allermeisten Fällen eine vorübergehende Erscheinung, die sich gleichsam mit den Jahren auswächst und durch eine Reihe von anderen Maßnahmen als schlichter Bestrafung für das künftige Leben des Betroffenen mit guter Erfolgswahrscheinlichkeit bekämpft werden kann. In dieser Hinsicht äußerst heilsam ist die Praxis, in der im Jugendstrafrecht nahezu alle an einem Strang ziehen, ganz gleich, welchen politischen Hintergrund sie haben, und in der niemand glaubt, man könnte dem Problem mit harten und schnellen Strafen Herr werden, etwa mit dem sogenannten Warnschuß-Arrest, der alle fünf bis zehn Jahre in die kriminalpolitische Diskussion gebracht wird. Im Gegenteil wissen die Praktiker, daß der klassische Freiheitsentzug am ehesten dafür sorgt, den Jugendlichen endgültig auf die schiefe Bahn zu setzen, mag es auch bei schlimmen Gewaltverbrechen unausweichlich sein, Freiheitsstrafen, selbst hohe Freiheitsstrafen zu verhängen, etwa wenn ein junger Türke seine Schwester erschießt, weil sie einen vermeintlich unislamischen Lebenswandel führt (Fall Sürücü). Doch das sind krasse Ausnahmen, die mit dem Alltag des Jugendstrafrechts nichts zu tun haben. Daß die Medien einen anderen Eindruck erwecken, liegt an ihrem fatalen Streben, von Katastrophen zu berichten, und an der fatalen Sucht ihres Publikums, von Katastrophen zu hören.

b) Die Agonie des Rechtsstaats und sein Triumph

Die Agonie des Rechtsstaates besteht darin, daß die Freiheit der Bürger zugunsten ihrer Sicherheit weit zurückgedrängt wird, und dies mit zweifelhafter Erfolgsquote. Sein Triumph ist eine gelungene Ausbalancierung von Bürgerrechten und Eingriffsbefugnissen der Behörden unter Inkaufnahme vereinzelter unliebsamer Ergebnisse. Beispiel eines solchen unliebsamen Ergebnisses ist der Fall Daschner (oder Fall Jakob von Metzler), für den ein Gericht zutreffend festgehalten hat, daß dem Staat bei seinem Bestreben, Gefahren abzuwehren und Straftäter dingfest zu machen, Grenzen gesetzt sind, die er auch dann nicht übertreten darf, wenn dies die einzige Möglichkeit wäre, ein Menschenleben zu retten: Der Staat darf nicht foltern und keine Folter androhen. Er darf dies kategorisch nicht, denn wenn man Ausnahmen zuließe, würden von ihnen früher oder später und selbst beim besten Willen aller staatlichen

Stellen auch Unschuldige betroffen, und das gilt es um jeden Preis zu vermeiden. Aus dem gleichen Grunde ist es auch richtig, daß unser Grundgesetz in Artikel 102 die Todesstrafe abgeschafft hat, obwohl es allerdings Verbrechen gibt, die todeswürdig erscheinen mögen, man denke an nationalsozialistische Gewaltverbrechen oder an die Untaten etwa eines Saddam Hussein. Weil aber nach unseren Erkenntnissen in den Strafprozessen wegen eines vorsätzlichen Tötungsdeliktes mit rund 3%iger Wahrscheinlichkeit zu Unrecht verurteilt wird, darf die Rechtsfolge einer solchen Verurteilung niemals die Todesstrafe sein. Denn sonst richtete der Staat in drei von hundert Fällen einen Unschuldigen hin, was ihm unter keinen Umständen erlaubt sein kann.

Solche kategorischen Verbote verlangen von den Rechtsgenossen Disziplin. Es kostet Selbstbeherrschung, einem dringend schwerster Taten Verdächtigen nicht mit Gewalt eine Information zu entreißen, wenn dies die einzige Möglichkeit ist, die Opfer der Taten zu retten. In kleinerem Maßstab gilt dies für nahezu alle prozessualen Rechte eines Beschuldigten. Etwa kostet es einen Richter auch Selbstbeherrschung, jemanden aus Mangel an Beweisen freizusprechen, von dem alle Welt aufgrund eines glaubhaften Geständnisses weiß, daß er keineswegs unschuldig ist, nur weil dieses Geständnis aufgrund eines Belehrungsfehlers unverwertbar geworden ist. Doch ist diese Disziplin unbedingt erforderlich, weil nur sie die Organe der Strafverfolgung hinreichend straff motivieren kann, die wichtigsten Verfahrensregeln strikt zu beachten, und weil diese Verfahrensregeln nötig sind, um eine Verfolgung und Bestrafung Unschuldiger zu verhindern. Und für einen Rechtsstaat ist es besser, einen Schuldigen unbestraft zu lassen, als einen Unschuldigen zu bestrafen; eine Weisheit, die sich bereits in den Digesten des römischen Rechts findet.[102]

Der erste und wichtigste Schritt zu einer wirksamen Bekämpfung der Kriminalität geht dahin, die Behörden der Strafverfolgung – Polizei und Staatsanwaltschaft, Strafgerichte – sachlich und personell gut auszustatten und für die dort Beschäftigten motivierende Arbeitsbedingungen und eine Bezahlung sicherzustellen, die ihrer Verantwortung und den Gefahren ihres Berufs gerecht wird. Sodann sind die Ermittlungsbefugnisse dem technischen Wandel der Zeit behutsam anzupassen, was in Deutschland etwa geschehen ist

---

[102] Dig. 48, 19, 5 pr. (Ulpian unter Berufung auf Trajan); siehe auch Dig. 44, 7, 47; 42, 1, 38 pr.; 50, 17, 125.

durch die jüngeren Gesetzesänderungen zum genetischen Finger-abdruck und zur Überwachung des Mobilfunkverkehrs. Ferner gehört zur Kriminalpolitik auch die Sorge um die Opfer von Straf-taten. Sie ist in den letzten Jahren deutlich verbessert worden. Auch für sie gilt allerdings, daß sie in eine Balance mit den Rechten eines Beschuldigten gebracht werden muß. Insbesondere muß der Be-schuldigte weitergehend als derzeit in Deutschland die Möglichkeit haben, Belastungszeugen – und das sind oft die Opfer – unmittel-bar zu befragen und unmittelbar zu sehen, wie die Zeugen auf seine Fragen sowie jene der Staatsanwaltschaft und des Gerichts reagie-ren. „Unmittelbar" bedeutet von Angesicht zu Angesicht, in ein und demselben Raum ohne technische Hilfsmittel.

Verbessert werden könnte die Stellung des Opfers allerdings, indem man es ihm gestattete, bereits im Strafverfahren seine Scha-densersatzansprüche gegen den Täter durchzusetzen. Dies ist zwar bereits möglich im sogenannten *Adhäsionsverfahren*. Das Gericht hat jedoch die Möglichkeit, den Antrag des Opfers auf ein solches Verfahren abzulehnen, wenn sich der Ersatzanspruch für eine Ent-scheidung im Strafverfahren nicht eignet oder wenn dies das Ver-fahren verzögerte; zumindest eine Verzögerung läßt sich praktisch immer prognostizieren, und da die Strafrichter üblicherweise Hemmungen haben, die zivilrechtliche Frage des Schadensersatzes mitzuentscheiden, weisen sie Anträge auf das Adhäsionsverfahren, sofern sie überhaupt gestellt werden, in der Regel ab. Folge ist, daß nach dem Strafverfahren für das Opfer ein weiterer Prozeß vor einem Zivilgericht erforderlich wird. In anderen Ländern geht man vernünftiger vor und verbindet beide Verfahren vor dem Strafrich-ter, der sich dagegen nicht wehren kann. Und auch in Deutschland ist die Abneigung der Strafrichter, über den Schadensersatz des Opfers zu urteilen, eher ein psychologisches denn ein rechtliches Problem.

Auf der Seite der Sanktionen sollte als dritte Hauptstrafe die *ge-meinnützige Arbeit* eingeführt werden. Dies entspräche auch den Empfehlungen einer Kommission, die noch von der früheren Bun-desregierung eingesetzt worden war und schon im Jahre 2000 ihren Abschlußbericht vorgelegt hat. Man kann und darf nach dem Grundgesetz zwar niemanden zur Arbeit zwingen. Doch ließe sich den Inhaftierten das Angebot machen, ihre Freiheitsstrafe abzukür-zen, wenn sie sich zu der gemeinnützigen Arbeit bereit finden. Daneben ist das Institut des Täter-Opfer-Ausgleichs (TOA) zu stärken, indem Bemühungen um einen solchen Ausgleich zum prozessualen Pflichtprogramm erhoben werden. Die Opfer dürfen aber in keiner Weise direkt oder indirekt genötigt werden, sich an solchen Bemühungen zu beteiligen. Es kommen dafür auch nicht alle Straftaten gleichermaßen in Betracht; etwa eignen sich Delikte gegen die sexuelle Selbstbestimmung wesentlich weniger dazu als kleinere Eigentums- und Vermögensdelikte.

In den *Gefängnissen* müßte der Staat sich idealerweise bemühen, den Inhaftierten neue Chancen zu eröffnen. Bestenfalls bekommen sie das Gefühl, daß sie infolge ihrer Verurteilung Möglichkeiten einer beruflichen oder schulischen Bildung bekommen, die ihnen sonst verschlossen geblieben wären. Derlei Bemühungen um den Inhaftierten erfordern viel Zeit und Personal, zahlen sich aber aus. Ein Beispiel dafür, daß Resozialisierung kein hohles Wort bleiben muß, ist Volker Ruhe.[103] Aus einem desolaten Elternhaus und in schwieriger sozialer Lage aufgewachsen, geriet er früh auf die schiefe Bahn und hatte schon im Jugendgefängnis gesessen, bevor er zur Behebung seiner Geldnöte Kokain zu schmuggeln begann und dafür zu 13 Jahren Gefängnis verurteilt wurde. Doch dieses Mal gelang es ihm in der Haft im Verein mit dem Vollzugspersonal, das Ruder herumzuwerfen. Er holte seinen Schulabschluß nach, begann ein Fernstudium und wurde Mitglied der Insassenvertretung. Noch vor seiner Entlassung gründete er mit zwei Mitgefangenen das Projekt „Gefangene helfen Jugendlichen", das Besuche auffällig gewordener Jugendlicher in der Hamburger Justizvollzugsanstalt Fuhlsbüttel („Santa Fu") und dort Gespräche mit Gefangenen organisiert, um den Jugendlichen zu zeigen, wohin und wozu ihr Weg führen kann. Ein Programm, das bereits deswegen wirkt, weil die Jugendlichen in den Lebensläufen der Gefangenen vieles ihnen nur zu Vertraute erkennen und sich daher von den Gefangenen auch etwas sagen lassen.

Am wichtigsten ist ein produktiver Strafvollzug natürlich gegenüber jugendlichen Gefängnisinsassen. Hätte der Staat unbegrenzt Geld und Personal, so könnte er binnen überschaubarer Zeit aus beinahe jedem jugendlichen Straftäter ein gut brauchbares und anerkanntes Mitglied des Gemeinwesens machen. Ideal wären Aufstiegsakademien, auf denen die jugendlichen Gefängnisinsassen als unverhoffte Chance die Möglichkeit hätten, die eigenen Neigungen und Fähigkeiten zu erkennen und auszubilden.

---

[103] Siehe in der Zeitung Das Parlament vom 10./18. April 2006, S. 13.

c) Menschen statt Kameras

Auf öffentlichen Plätzen und in öffentlichen Bahnhöfen und Bahnen nimmt die Videoüberwachung zu, obwohl empirisch noch nicht ganz belegt ist, daß sie Straftaten (ohnehin nicht alle) verhindert. Sofern solche Kameraüberwachung das Sicherheitsgefühl des einzelnen erhöht, ohne bei anderen ungute Gefühle des Beobachtet-Werdens zu erzeugen, geht diese Praxis in Ordnung. Denn in der Öffentlichkeit hat man nun einmal keinen Anspruch auf Privatsphäre. Allerdings sind die Kameraaufzeichnungen Sammlungen personenbezogener Daten und als solche nach angemessener Frist zu vernichten. Auch darf nicht jedermann der Zugriff auf die Aufzeichnungen offenstehen. Als Mittel zur Aufklärung von Verbrechen können die Kameras nützliche Dienste leisten, wie es etwa nach den Anschlägen in der Londoner U-Bahn und jetzt auch in Deutschland geschehen ist. Zudem ist es immerhin möglich, daß die Überwachung tatgeneigte Personen von Übergriffen abhält, weil sie das Risiko als zu hoch veranschlagen, gefaßt zu werden. Das Sicherheitsgefühl der Bevölkerung ist ebenfalls etwas, das es zu berücksichtigen gilt. Nur darf der Ruf nach dem starken Überwachungsstaat nicht dahin führen, daß sämtliche Zivilcourage erstirbt, weil der einzelne nunmehr meint, Verbrechensbekämpfung und -verhütung seien ausschließlich Sache des Staates. Und in einer zivilcouragierten Gesellschaft können Kameras auch nur eine begrenzte Bedeutung erlangen, denn wenn bereits alle Bürger wachsam sind auch hinsichtlich dessen, was ihren Mitbürgern geschieht, und wenn sie bei Übergriffen beherzt eingreifen, dann bedarf es kaum noch einer Videoüberwachung. Aufmerksame Menschen sind besser als aufmerksame Kameras. Nun trifft es zu, daß sich Zivilcourage nicht von oben verordnen oder erzwingen läßt. Doch immerhin kann man die Bürger ermutigen, und man kann die Zahl und Häufigkeit der Polizeistreifen erhöhen, was das Sicherheitsgefühl der Bürger noch deutlicher stärkt als Kameras, sofern sich nur die Polizisten tatsächlich als Freunde und Helfer erweisen und nicht als ungnädige obrigkeitsstaatliche Aufpasser. Der beste Weg zur inneren Sicherheit führt über den Mut und die Einsatzbereitschaft der Bürger, wenn es darum geht, sich gegenseitig zu schützen. Selbst wenn sich belastbar erweist, daß Videokameras die Häufigkeit von Straftaten an dem überwachten Ort deutlich vermindern, so sind solche Kameras gegenüber menschlichen Helfern stets nur die zweite Wahl.

Die Kultur der Verantwortung

Die letzten Seiten, die Seiten des 7. Kapitels, waren ein wilder Ritt über fast alle Felder der Politik. Die Vielfalt der Themen darf jedoch nicht den Blick dafür trüben, daß dieser Ritt in einem übergreifenden Zeichen stand: im Zeichen der Verantwortung. Wenn dieses Buch eine Kultur der Verantwortung verlangt, so verlangt es Verantwortung als praktisch geübte Haltung des Geistes. Sie hat bei uns selbst zu beginnen und ist so zunächst eine Kultur der Selbstverantwortung: Bevor sich ein hilfesuchender Blick zu den Mitmenschen oder staatlichen Stellen wendet, hat jeder sein Schicksal in die eigenen Hände zu nehmen. Das Gefühl für diese Notwendigkeit gilt es zu erhalten und, wo nötig, zu festigen. Doch führen menschliche Schwäche und die Ungleichheit der Startpositionen im gesellschaftlichen Wettbewerb unweigerlich dazu, daß viele der Verantwortung für sich und ihnen Anvertraute, namentlich Kinder, nur unvollkommen gerecht werden oder bei ihren Bemühungen auf sich gestellt keinen Erfolg haben können. Beide Fälle – nicht nur der zweite – appellieren an das Verantwortungsgefühl der anderen. Als Bürger bewegt es sie zu bürgerschaftlichem Einsatz in Vereinen, Initiativen und wo immer ihre Hilfe gefragt ist. Für die Träger der politischen Führung ist dieses Verantwortungsgefühl Grundlage und Triebfeder tätigen Regierens zum Nutzen der Gemeinschaft; mit Recht hat Max *Weber* in seinem berühmten Vortrag über „Politik als Beruf" Verantwortungsgefühl neben Leidenschaft und Augenmaß zum wichtigsten Kennzeichen eines guten Politikers erhoben. Maßfigur seiner Entscheidungen darf nicht allein der reife, vernünftige und souveräne Bürger sein – der das Ziel charakterlicher Bildung bleibt –, sondern er hat in wirklichkeitsnaher Dosis auch Unreife und Unvernunft in Rechnung zu stellen und auszugleichen. Es geht nicht darum, alles zu verzeihen oder gutzuheißen; sehr wohl aber darum, möglichst vieles zu begreifen und vorauszusehen und nie den Anspruch an die Stelle der Wirklichkeit zu setzen – so berechtigt dieser Anspruch auch sein mag. Ziel jedes gesellschaftlichen Strebens muß es sein, die Lebenszufriedenheit aller zu heben. Je tiefer sich das in unserem Denken verankert, desto eher schaffen wir in unserem Land eine Kultur der Verantwortung.